エリア・スタディーズ 162

ケルトを知るための65章

木村正俊（編著）

明石書店

はじめに

ヨーロッパ文明の基層のひとつとなったケルト文明への関心は、新たな視野からの探求が進展するにつれ、揺らぐことなく高まっている。２０１５年9月24日から２０１６年1月31日まで、ロンドンの大英博物館で催された『ケルト人　アートとアイデンティティ』と題した展覧会のにぎわいは、ケルト文明へ関心を寄せる時代趨勢の一端を示すものであろう。この展覧会は、ケルト文明を、多様性をもった文明として把握することの必要性を訴えるねらいをもっていた。ケルト文明には固定的で、一面的な解釈や認識をゆるさない要素が多分にあることが、この展覧会によって強くアピールされるかたちになった。この主張は大いに歓迎されるべきものである。時代や地域で異なった相をみせるケルトを多様な視点から捉えなおさなければならない。

ひとくちに「ケルト人」といっても、その実体と本質を明らかにするのはきわめて困難である。ケルト人（ケルト語を話し、のちにケルト人とよばれることになる民族集団の総称）がヨーロッパ中央部に居住したとみられるのは、紀元前1千年紀の半ば以前のことである。

最初期のケルト人集団は早くも前７５０年頃以降、東は今日のオーストリアから西はビスケー湾、さらにはブリテンやアイルランドにまで居住していた可能性がある（近年はケルト人がブリテンやアイルランドへ移住したことを否定する見解もある）。ケルト人の集団は、前５００年頃から前２７５年頃にかけて、大規模な民族移動を行ったが、移動範囲は広大で、イベリア半島（スペインやポルトガル）、イタリア、東ヨーロッパ、アナトリア（現在のトルコ）を包含するものであった。

古代のケルト人は部族社会をなし、ケルト語（言語学の区分でインド・ヨーロッパ語族の一派に属する）を話したが、自らの固有の文字を用いることがなかったために、残念なことに、彼ら自身による民族の文字記録はまったく残っていない。ケルト人の歴史については、古典古代のギリシア・ローマの歴史家や地誌学者などによる著作、島嶼部のブリテンやアイルランドに伝承された神話・伝説などの物語群、発掘・出土品など考古学上の証拠、などをもとに解明せざるを得ない。とはいえ、近年は考古学や言語学領域で実証的研究が進み、また遺伝子学の研究法が導入されたこともあって、ケルト探求にはさまざまな新知見が加えられている。

地中海世界の北方を本拠に、移動や侵攻あるいは交易によって勢力圏を拡大したケルト人は、前200年頃からローマ帝国と対立を深め、しきりに戦闘を繰り返したが、前52年、ガリア（現在のフランスを主とした地域）のアレシアでの決定的戦いで、ガリアの軍勢はローマ軍に敗北。ガリア人の領地はローマ支配下に置かれることになる。この結果、ガリアはローマ化され、経済や社会面で変化が起こるが、完全にローマ化されることはなく、古来の習俗や文化は一部ながら残存した。しかし、ケルトの純粋なかたちでの信仰や言語、口承文化などは、時の経過とともにほとんど消滅する運命をたどる。

一方、ブリテン島では、43年から410年まで（北部のスコットランドを除き）ローマ支配が行われたものの、ケルト文化の全域にわたって、ほとんど破壊されることなく、ケルト性を守り抜くことができたと考えられている。アイルランドはローマ軍が上陸することはなく、一部のローマ商人や旅行者が往来したに過ぎなかった。そのぶん、アイルランドのケルト文化は、ローマの影響をかなりまぬがれ得ているのは事実であろう。ブリテンとアイルランドのケルト文化は、紀元後に伝播したキリスト教と融合し、独自の宗教的文化を創出した。各地に修道院が建立され、修道院文化が栄えた。「天使の御業」とよばれた福音書の彩飾写本は修道院で制作されたものであるが、そうした写本は、土着的ケルト文化とキリスト教、さらにはほかの異文化との合一から生まれたと言ってよい。

アングロ・サクソン人の侵入やヴァイキングの襲来、またケルト人部族同士の拮抗・対立や合併・連合など、幾多のめざましい歴史的出来事はあったものの、ケルト人は命脈を保ち、その末裔とされる人びとは今も、ブリテン島やアイルランド島、大陸のブルターニュ（フランス）などに生存し続けていることに注視したい。これらの地域では、ケルト語・ケルト文化の衰退を食い止め、再興することを目指して、国家的な振興政策を根強く推進しているのが現状である。その動きは、アイデンティティを喪失しないための、必死の願望であるのは言うまでもない。

ケルト人は部族社会を営むことに終始し、統一国家を形成することをしなかった。ケルトの文明は、ギリシア・ローマ文明のように巨大でも豪華でもなかった。だが、彼らの文明は小規模であっても、鋭敏な感性、繊細な美意識、飛翔する想像力などに裏打ちされた、独自の性格をもつものである。ケルト人の特性は、鉄製の車両や道具、建造物、彫刻、金工品、装身具、陶器、彩飾写本、神話・伝説、音楽・舞踊など、驚くほど多くの領域で発揮されている。ケルト人の思考や表現の方法には、根源的な力が宿っている。彼らは各地を移動することが多かったことや、森林地での生活が多かったことによるのかもしれないが、彼らの創造物には、自然的、生命的流動感が横溢しているように思われる。ケルト人は外観にとらわれず、物事の内なる動きや変化に執着する傾向をもっているかにみえる。そうした特徴がケルト文明の大きな魅力となって、現代人を惹きつけるのかもしれない。

本書は、ケルトをめぐるさまざまな分野の課題や疑問をテーマ化し、現段階での最新の資料や情報にもとづき、適切な分析と解説の記事を提供することを意図している。第Ⅰ～Ⅹ部に大きく区分し、それぞれの部をさらに章に細分して、全体で65章に編成した。各章にはコラムを設け、特色あるテーマを取り上げている。本文の理解を容易にするために図版を挿入したほか、巻末には参考文献、ケルト関連年表を掲げた。使用した図版については、本文中に作品等の所蔵機関・団体名を記したほか、巻末に出典一覧を載せた。

最後になったが、本書の発行に際しては、版元の株式会社明石書店、企画と編集実務を担当された同書店編集部の兼子千亜紀氏、および有限会社秋耕社の小林一郎氏に対し、深く感謝申し上げたい。

本書がケルトに関し深い関心を抱いておられる多くの読者に愛読され、ケルト理解が一段と深まることを強く願っている。

２０１７年12月

木村正俊

ケルトを知るための65章

目次

Ⅲ　ブリテン諸島のケルト人

Ⅷ 神話と伝説の語り

IX ケルト復興

X いま鼓動するケルト

ヨーロッパのケルト圏地図　紀元前800－紀元前200年

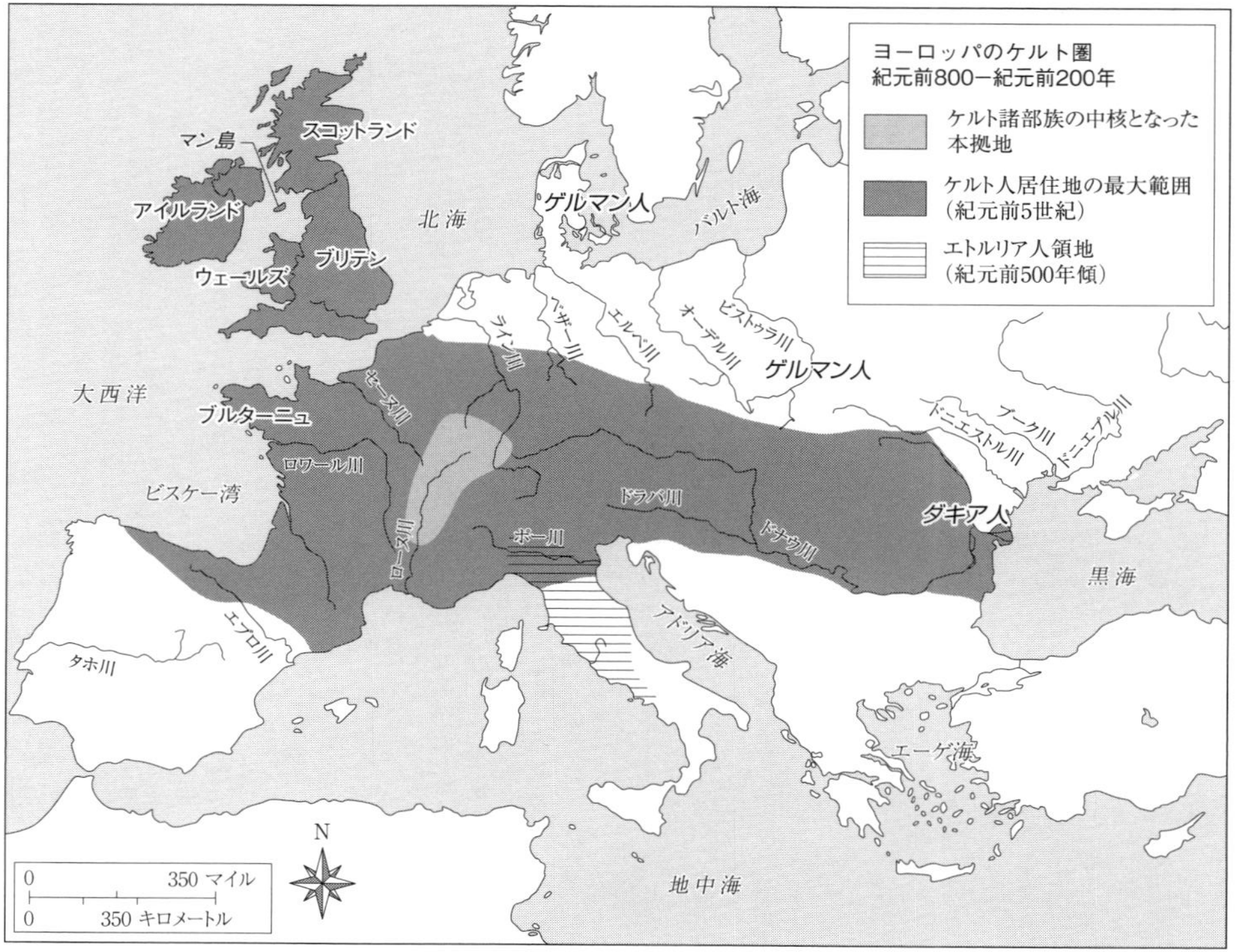

I

ヨーロッパ文化の基層

1

広大なケルト圏世界

★さまざまな民族と文明をつなぐ★

ケルトという言葉は、近年しきりに人々の耳目に達し、文化的テーマや話題を提供してきた。ケルトの地として知られる場所や文化への関心が高まり、学術的な著作だけでなく、一般向けの書籍や各種の記事、報告のたぐいが公刊、あるいは発表されている。ケルトの地へ直接足を運んで、自らの目で調べ、確認する人も少なくはない。

だが、ケルトとは何か。この問いに答えるのはけっして容易ではない。ケルト圏といわれる地域はあまりにも広大で、正確に把握しきれないのである。それに、未知の部分があまりに多く、事実をつかむには複雑すぎる。ケルト人の歴史は古く、彼らの移動と足どりの範囲は広い。そのうえ、輝かしいばかりの伝統と遺産は多面的、多層的であり、おおかたの単純明快な解釈を拒むかのようにさえみえる。

ヨーロッパの歴史の流れのなかで、古典古代のギリシアやローマはもちろん巨大文明であったが、もうひとつ主要な文明としてケルト文明を加えなければならない。ケルト人（とのちによばれることになる民族集団）は、歴史記録に現れたアルプス地方で最初のヨーロッパ人であった。紀元前3世紀までに、彼らは、西はアイルランドから東はアナトリア（小アジア）まで、北はベルギーから南はイベリア半島（スペインとポルトガル）やイタリアにまで及ぶ、じつに広い範囲の古代世界を支配した。さらに、エジプト征服を企てていたとも伝えられる。ケルト人はローマを略奪し、ギリシアを侵略して多大の破壊をもたらした。彼らはすぐれた鉄製武器や頑丈な二輪戦車を用い、向かうところ敵がなかったほどの勢いであった。いたるところで勝利をおさめ領土を拡大した。19世紀の歴史家のなかには、この時期のケルト人支配の領地をさして「古代のケルト帝国」と称した人までいる。

ヨーロッパ大陸でケルト人領土の中核をなしたのはガリアであった。ガリアは現在のフランス、ベルギー、スイス、オランダとドイツの一部をさす地域である。ケルト人は多数の部族社会をなして暮らしていたが、経済的、文化的にはつながりをもったにしても、政治的にはまとまって国家をつくることはなかった。ラ・テーヌ期のガリアは16の部族の領域に分かれていた。ボイイ族、ヘルウェティイ族、アエドゥイ族、アルウェルニ族などがよく知られている。ローマ人はアルプス以南のケルト人居住地を（ローマからみて）「ガリア・キサルピーナ」、アルプス以北のケルト

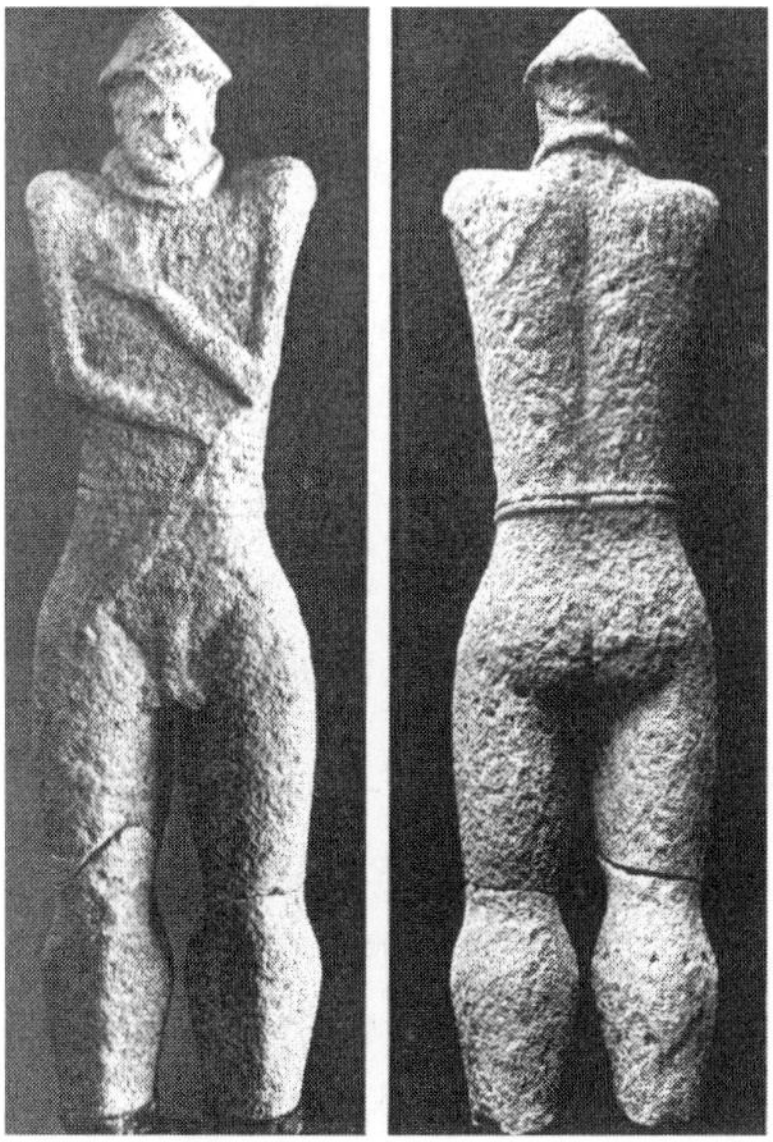

ケルトの戦士像（5世紀初頭～6世紀末）。ドイツのヒルシュランデン出土（ヴュルテンベルク州立博物館蔵）

人居住地を「ガリア・トランサルピーナ」と区分してよんだ。

ケルト人の領地は居住範囲によって大陸ケルトと島嶼《とうしょ》ケルト（島のケルト）に大きく分けられる。島嶼ケルトとは、具体的にはブリテン諸島（ブリテン島とアイルランド島）のことである。大陸ケルトは島嶼ケルトよりはるかに範囲が広く、ケルト人が移動によって各地に拡散したため、地域によって民族的、文化的特徴も異なる。前5世紀頃から前1世紀にローマ帝国によって支配されるまでの隆盛期には、ケルト圏世界は三日月形をなして広がった。中央部にガリア人諸部族が住み、西端のイベリア半島にはケルト・イベリア人が先住民のイベリア人と住み分けながら居住していた。東方の小アジアでは、ガラティア人が王国を築き、ギリシアやローマと対峙しながらもケルトの伝統を守った。イタリア半島では、ポー川渓谷沿いほか各地に強力なケルト社会をつくり、エトルリアやローマを攻略した。大陸ケルトはラ・テーヌ期に最盛期を迎え、石造彫刻、金属工芸品や陶器など芸術領域で高度な達成をみた。

一方、ブリテン諸島のケルト人は、狭い範囲を居住地としながらも、ケルト的特性を顕著に示した。ブリテン島には紀元前650年以降、ケルト人が住みつくようになった。といっても、大陸のケルト人が集団で大挙して渡ったのではなく、いくつかのルートで数次にわたって移住したとみられる（ブリテン島はケルト人によって侵略されたことはなく、ケルト以前の住民が独自のケルト文化を創出したとの見解もある）。騎馬術に長け、鉄文化の担い手であったケルト人は、強力な戦闘力をもって先住諸民族を征服し、ケルト文化圏を拡大した。

北部のスコットランドにケルト人の最初の集団がいつ頃移住してきたかはわからない。従来の推定では、紀元前700年までに、ケルト人の移動の第一波が到来し、その後数次にわたって集団の移動があったとされてきたが、スコットランドのケルト人は、外部から移住してきたのではなく、スコットランドに住んでいた青銅器時代人の子孫であるとの説が最近では有力である。

アイルランド島には紀元前600年頃から紀元前300頃に鉄器時代の技術を携えたケルト人の集団が移り住んだとされる。渡来のルートははっきりせず、ブリテン島から渡った経路やイベリア半島からの経路が考えられる。後者の場合は、地中海方面から航海し、ジブラルタル海峡を通ってさらに北上した可能性もある。いずれにしても、単一の固定的なルートがあったわけではなく、さまざまな場所を経由して、アイルランドに到着したであろう。もっとも、近年はケルト人がアイルランドへ直接大量に渡来したことには否定的見解が出されている。アイルランドのケルト文化は、ケルト人が大陸から直接運んだものでないとしても、さまざまな方法で、ケルト以前の先住民が大陸ケルト文化を吸収し、なお自らの創意を発揮して、アイルランド独自のケルト文化（具体的には、ラ・テーヌ文化の様式）を発展させたことは間違いない。

ケルト人は長い時期にわたり、広い範囲で

ケルト人の騎馬像（フランス、ヴォスゲスで出土）

文明社会を築いたことから、その文明の特質は拡散的で混合的であり、一様な解釈を許さない。ブリテン島は43年にローマ軍の侵入を受け、410年までローマの支配下におかれた。その後アングロ・サクソン人の侵略によって辺境に退却させられ、8世紀頃からは北方からヴァイキングが来襲し、ブリテン諸島は、さまざまな民族の対立と抗争、さらには戦闘の渦巻く劇的舞台となった。

文化面でも、キリスト教が伝来したことで、ケルト文化は根源的な変容を体験した。アイルランドの例でいえば、紀元後300年頃には最初のキリスト教徒が到着したとみられるが、431年にはパラディウスが最初の司教としてローマから派遣され、翌432年に聖パトリックが到着したとされる（時期については議論がある）。ケルト文化とキリスト教との融合によって、ケルト人の信仰が本質的変化を遂げたことは、宗教面だけでなく芸術や文学の領域でも、新たな次元を切り開くことになった。

ケルト社会は、多民族のもつ異質な要素が複雑に混合・混在しあう、希有な交流の場であったといえる。ケルト文化の遺産はそうした多様さによってもたらされた価値にもとづいている。（木村正俊）

2

民族と言語からみたケルト人

★ヨーロッパに残した最大の遺産★

ケルト人とは同一グループに属する諸言語を話す人々で、ブリテン島を中心とするヨーロッパの少数民族である。ケルト語を国家公用語としている世界で唯一の国家はアイルランド共和国で、実際に日常語として話されているのは西海岸を中心とする地域で、話者人口は10万人ほどである。英国のスコットランド北西部のハイランド地方とヘブリディーズ諸島で8万人ほどによって話されているスコットランド・ゲール語と同じ系統である。アイルランド語系統（ゴイデリック語群）に属するものでは英国のマン島語があり、この言語は1974年に絶滅したが、現在復興運動が行われている。

これら3言語からなるグループに対するのが英国ウェールズ地方を中心に話されているウェールズ語（カムライグ語）のグループで、ウェールズ語は英国南西部のウェールズ地方で約50万人によって話され、現代ケルト語のなかで最も活力のある言語である。英国にはこれ以外にコーンウォール語（ケルノウ語）が英国南西端のコーンウォール地方で話されており、18世紀末に絶滅したものの、現在復興運動が行われている。フランス・ブルターニュ地方ではブルトン語（ブレイス語）が20万から30万

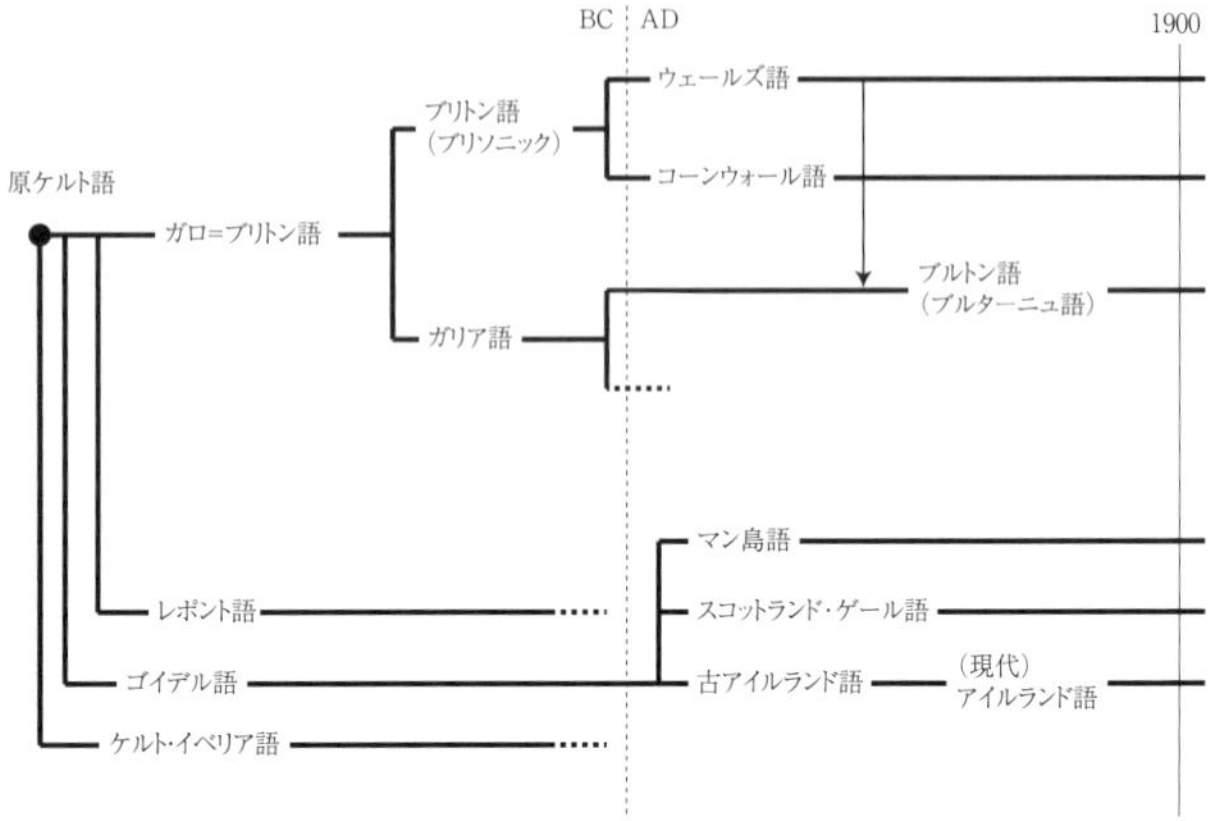

ケルト語群の発展を示す図

の人々によって話されている。

ケルトというが、ケルト語派の諸言語を話していた人々に対する統一的呼称はなかった。ケルトという語の最古の用例としてヘロドトス『歴史』（紀元前5世紀中葉）4・49に、ヨーロッパ最西端に住む人々の呼称としてケルトイという形が記録されている。ただ、紀元前52年かその直後に出版されたガイウス・ユリウス・カエサル（紀元前100～紀元前44年）の『ガリア戦記』（1・1）に述べられているケルタエは今日のフランス北西端から南西端の帯状地帯に住んでいた諸部族の総称で、言語的には印欧語族（インド・ヨーロッパ語族）ケルト語派のガリア語と断定してよい。ヘロドトスが記しているケルトイ（イベリア半島のケルト人）とは異なっている。

これらに記された「ケルト」という語が、比較言語学でいう印欧語族ケルト語派に用いられるようになったのは、印欧比較言語学が誕生してからである。印欧語族は最低でもゲルマン語派、スラブ語派、ラテン語とその子孫のロマンス諸語やインド・イラン語派など10の下位グループである語派に分かれる。

そのなかでもケルト語派の印欧語的特徴として①形容詞の最上級 -isamos、②動詞の受動語尾 -r、③印欧祖語の*p の消滅が挙げられる。

印欧祖語の*p が日本語のファ行子音で、両唇を合わせて摩擦する音である /ɸ/、/h/ を経て消滅したというのがケルト語の最大の特徴である。「父親」を意味する英語の *father*、ラテン語の *pater* に対し、ケルト語派ではガリア語 Ater-onius、古アイルランド語 athir といずれも語頭の*p- を失っている。残っていても h- である（ギリシア語 *pol-ý-s*「多い」：ガリア語 *Hel-v-etiī*（部族名）、英語の関連語は *full*）。

これら三つが印欧語としてのケルト語の大きな特徴であるが、ケルト語内部の区分としては印欧祖語の*k^w が /k^w/ のままであるグループ（一般にQケルト語と言われる）と / p / に変わったグループ（一般にPケルト語と言われる）の二つに分かれている。ラテン語の「そして」-*que* /$k^w\varepsilon$/ に対して、Qケルト語であるケルトイベリア語の「そして」-*Cue* /$k^w\varepsilon$/ では /k^w/ を保存しているが、Pケルト語のレポント語「そして」-*pe* では p になっている。

また、日本でもお馴染みのダグラス・マッカーサー（Douglas *Mac*Arthur）、マクドナルド（*Mc*Donald's）、セシルマクビー（CECIL *Mc*BEE）などの頭に出てくる Mac-, Mc- はアイルランド語で「息子」を意味する単語 *mac* から来ている。この単数属格の最古形は MA<u>Q</u>QI /ma<u>k</u>k^wi:/（西暦5世紀）である。これと同源のガリア語の神様マポノス（*Maponos*）には p で現れている。また、ウェールズ語では母音間で有声音化してマボン（*Mabon*）となり、その語源「息子」は *mab* である。

ケルト語が残した最大の遺産は物産名を中心とする単語とヨーロッパ各地の地名である。日本語の

ガリアの碑文。前１世紀中葉のもので、ケルト語とギリシア語が混じっている（アヴィニョン、カルヴュ博物館蔵）

ウイスキーの語源、英語 whiskey はスコットランドゲール語の *uisge* beatha「命の水」の uisge「水」からの借用語で、日本語のマイカーなどのカー（自動車）の語源、英語の car はガリア語の「二輪荷車」carrus からの借用語である。後者は印欧語レベルでは英語の「馬」horse と正確に対応する。

地名では例えば、イギリスに六つほどあるエーヴォン川（Avon）はブリタンニア語で「川」を意味した Abona から来ているし、イングランドとウェールズの「国境」の川、セヴァン川（Severn）はブリタンニア語の Sabrina（タキトゥス『年代記』など）からで、印欧語レベルでは英語の「樹液」sap とも同源である。

大陸にもケルト語起源の地名は多く残っており、ライン川はガリア語の Rhēnus に、ドナウ川はガリア語の Dānuvius に由来し、後者はウクライナのドニエストル川、ドニエプル川、南ロシアのドン川とも印欧語レベルで同源である。これら三つはいずれも古代イラン語から来ており、本来は「川」を意味した。オーストリアの首都ウィーンはガリア語の「白い町」Vind-o-bona からであるが、「白い」Vind-o- は印欧語レベルでは英語の winter と同源である。かつての西独の首都ボンの古代名 Bonna は「町」-bona からである。

フランスの地名については、フランス第2の都市リヨンはガリア語の「ルグ神の砦」Lug-dūnum からである。Lug- はガリアの最高神ルグス（Lugus）であり、「砦」-dūnum はゲルマン祖語に借用され、その末裔が英語の town である。ちなみに、当時のルグドゥーヌムはガリア3属州の首都でもあった。

イタリアでも北イタリアにはガリア人がいて、カエサルの時代までは現在のラヴェンナまでガリア・キサルピーナ属州（「アルプスのこちら側のガリア」の意）と呼ばれていたが、そのなかにある現在のロンバルディア州の州都ミラノはガリア語の「中原」Medi-o-lānum からである。Medi-o- はラテン語の「真ん中の」medius や英語の mid（*midnight*, *midsummer* など）に正確に対応し、-lānum はラテン語の *plānum*「平原」に正確に対応する。ラテン語の語頭の p- はなくなっているが、これは上述のとおり、ケルト語的特徴である。

これら以外にもパリ、ランス、ヴァンヌ、ブールジュ、オランジュ、アヴィニヨン（以上フランス）、ジュネーブ（以上スイス）、マドリッド（スペイン）、コインブラ（ポルトガル）といった西欧各地の都市名はすべてケルト語からであり、ケルト人はローマに征服され、帝国の臣民となり、いったんラテン語に同化したものの、地名という形でヨーロッパ各地に大きな大きな足跡を残したのである。


（吉田育馬）

3

ケルト文化の特質と遺産

★「動き」と「変化」への執着★

ひとくちにケルト人といっても、彼らの居住地は広範で、その活躍の歴史は長期にわたっており、さらに、どの領域からどのような視点でとらえるかによって、ケルト人の実像は大きく変わってくる。多様で複雑なケルト文化を特徴づけるのは難しいばかりか、一様にまとめようとすると、誤謬を招きかねない恐れさえある。

ケルト文化の根本には移動する精神があるように思われる。ケルト人の先祖ともいうべき民族集団は、はっきりわからないことではあるが、西アジア北部のステップ地帯に原郷をもつ騎馬遊牧民であったと推定される。彼らはユーラシア大陸の草原を構成規模の異なる集団で移動しながら牧畜生活を営んでいた。そうした騎馬遊牧民の集団はもちろん無数にいたが、有力な国家的民族勢力としては、古代ギリシア人から騎馬遊牧民（騎馬遊牧国家）の代表とみなされたスキタイ（人）の名を挙げることができる。スキタイは紀元前8世紀～紀元前3世紀にかけて、ウクライナを中心に西アジアで活動していたイラン系民族（国家）である。その支配力は強大で、文化体系や水準はギリシア的で高度であった。ケルト人の原初的集団とスキタイ人との関連はほとんど不明であるが、ケルト神話とスキタイ系の神話とには共通要素があることは神話学で証明されており、その類縁性をたどると、ケルト文化とスキタイ文化はほぼ同根（少なくとも類似性がかなりある）文化をもっていたかもしれない。

ケルト人の祖先というべき民族集団は、草原地帯をさまざまなルートで西方に移動し、紀元前10世紀頃までにヨーロッパに定住を始めた可能性がある。定住後は牧畜のほか農耕にも従事した。彼らはヨーロッパの中心から、さらに西方のイベリア半島や南方のイタリア、東方の小アジア（アナトリア）、さらには海を渡ってブリテン諸島へも移住した。ケルト人は、ローマ帝国に支配されたり、ゲルマン人に領土を奪われて辺境に退却したり、民族として苦難の運命をたどった。こうした集団的移動と拡散、被支配と服従の歴史体験が、彼らの民族的特質の形成に大きく作用し、影響を与えたことはたしかである。ケルト人の本性には総じて移動する精神がしみ込んでいるかのようにみえる。彼らは、定着や固定よりも、移動や変化を基軸とした生活や文化形態を志向する。

ブローチに飾られたライオンと戦うケルトの戦士像

移動することは他民族と衝突し、戦い

が多くなることも意味する。ケルト人は実際各地で戦闘し、勝利を収めることで、居住地を拡大した。ケルト人が戦いで多くの場合勝利できたのは、彼らが騎馬術に長けていたことと、鉄加工の高度な技術をもっていたことのおかげである。ケルト人の鉄製の武具や防具、鉄を使用した馬具などには、すぐれた製品が多い。ことに馬車（戦車）の車輪などは、実に巧みな工法で製造されている。こうした騎馬術と鉄加工技能を背景に、ケルト人は他民族を圧倒し、ヨーロッパで支配力をふるうことができた。馬と戦車を使ったケルト人の戦いぶりが勇猛果敢で、機動力があったことは、ブリテン島へ侵入したカエサルも認めている。ケルト人の恐れを知らぬ、不屈の戦闘精神は、こうした民族文化の技能に支えられていたのである。強大なローマ帝国との対決や、宗主国イギリスへの反逆などは、ケルト人の戦うことへの揺るがぬ姿勢の表れである。

ヨーロッパでうっそうとした森林地帯に住んだケルト人は、自然と闘うあるいは親和する生活環境から独自の自然観や宇宙観を得たと思われる。太陽や月、季節の巡りといった天体の動きや変化をはじめ、自然の事物、動植物などあらゆるものを、ケルト人は畏怖の念で眺め、崇敬の対象とした。それは、近代的な合理思考ではなく、むしろ前近代的で超自然的な感性によるとらえ方である。自然や生命の現象に、全身全霊で素直に感応することから、現代人からは異常に見えることがあるしても、ケルト人の超自然性は、不思議に魂へ訴えかける力をもっている。自然の事物や現象は、不動不変の原理ももちろん有しているが、多くは絶えず変化と変容を繰り返す。ケルト人はそうした変化し変容する自然に敏感に反応し、そこに永遠の真実を発見したのであろう。

ケルト人の芸術には、自然や生命がつねに流動し、循環し、回転してやまない、変化と変容の様子がみごとに表現されている。ケルト人は各地を移動したり、生と死の有様に直面したり、動植物の生命的な動きを凝視したことなどで、森羅万象のなかに流れやリズム、合一や分化、転回（反転）や増殖などの原理性を看取したに違いない。人間の生と死、死後世界、人間と神との関係などのとらえ方は、越境的で無制約的である。現世と死後世界が交錯し、交流が行われるテーマが、ケルト神話や伝説、美術品に多く表される。「見えないもの」への想念、あるいはヴィジョンは、豊かで多彩であり、しかも怪奇性や幻想性に富んでいたりする。原始性や土着性をもとどめ、表現の仕方には力強さがある。物語に魔術や変身のテーマが多いのも、そうしたケルト人の性向から生まれるものであろう。イギリスの詩人で批評家のマシュー・アーノルド（1822〜88年）は、ケルト文学に際立つ特性として「自然的な魔法」を挙げた。

デンマークで発見されたゴネストロップの大鍋（コペンハーゲン、国立博物館蔵）

ケルト文化の特質のひとつとして、ケルト人は民族固有の文字をもたなかったことが挙げられる。彼らは文字を使用することで、記憶力の退化をきたしたり、記録が他者に漏洩したり拡散したりするのを恐れたといわれる。その理由が事実かどうかはわからないが、結果的にケルト人は文字記録を（符号的な文字以外は）まったく残していない。文字使用がなかった分、音声言語による意思伝達や思考表現の仕方が進んだと思われる。彼らは特異な口承文化の伝統を築き、たぐいまれな語りの技法を駆使した物語を数多く残した。口承による物語は中世に文字化され、一部ではあるが、それらは今もテクストとして残存している。

ケルトの神話や伝説は、ケルト人の豊かな想像力に満ちており、大きな構想と巧みな詩的表現にあふれている。それらの全体は、ギリシアや北欧の神話や伝説と並んで、ヨーロッパの物語世界の源流となり、核心をなすものである。

紀元5世紀以降ブリテン諸島にキリスト教が伝播し、それ以前のケルト文化は様相を変える。ケルト文化はキリスト教の影響を受け、新たな信仰にもとづいた精神や思考による表現方法や様式を獲得する。キリスト教文化との融合で、ケルト文化が著しく特異性を高めたことを認識しなければならないだろう。

（木村正俊）

4

ヨーロッパ文化の基層を形成

★ケルト文化の痕跡と影響★

ヨーロッパ文化はいわゆるヘレニズムとヘブライズムを2本柱としているといわれる。ヘレニズムとは、ギリシア風という意味の言葉であるが、この場合は具体的にはギリシア・ローマの古典文化のことであり、ヘブライズムとはキリスト教文化のことを指す。もちろんこのこと自体は何人も否定できない事実であるが、ギリシア・ローマの古典文化がヨーロッパに広まるのは、地域差はあるが、発祥地であるギリシアやイタリアを除けば、ローマ帝国の支配下に入った後、おおよそ1世紀以降のことである。もう一つのキリスト教文化については、キリスト教がヨーロッパへ普及するのはさらに後のことであり、イタリアで1世紀から、フランスでは2世紀頃、イギリスやアイルランド、ドイツでは4世紀、5世紀以降のこととなる。キリスト教文化がヨーロッパ文化において重要な意味をもつようになるのはさらに時代が下ってからのことであり、キリスト教が4世紀にローマ帝国によって公認、国教化され、西ローマ帝国滅亡後の、フランク王国のカール大帝によって、西ヨーロッパの大部分が統一され、キリスト教に基づくヨーロッパ文化圏が確立する8世紀頃からであるといっていいだろう。

では、ヘレニズムやヘブライズムが広まる前、ヨーロッパではどのような文化が広まっていたのだろうか。ヨーロッパには、古くからバスク人、エトルリア人、ゲルマン人などさまざまな民族が存在していた。ヨーロッパがローマ帝国の支配下に入る前、諸民族のなかで最大の勢力を誇っていたのはケルト人であり、紀元前3世紀頃には、東は小アジア内陸部から、西はイベリア半島やアイルランドまで、ヨーロッパの広範な範囲にケルト人が居住し、ケルト文化が栄えていた。紀元前2世紀以降、ケルト人は次第にローマ人によって征服され、1世紀にはアイルランドなど一部の地域を除いてはローマ帝国に支配されることになった。そして徐々にケルト人はローマの文化を受け入れ、独自性を失っていったとされる。また、ローマ帝国に征服されなかったアイルランドなどでは、キリスト教の普及とともにケルトの伝統文化はキリスト教の教えに合うよう変容していったとされる。このようにケルト文化は後から普及した古典文化やキリスト教文化などによって上塗りされ、表面上は消滅したように見えるが、底流で残り火のようにヨーロッパの文化に影響を与え続け、消しきれない痕跡を残している。

最もわかりやすい例は地名であろう。アルプス山脈のアルプスは、「高い」を意味するケルト語に由来するなど、ヨーロッパ各地にケルト語起源の地名が残されている。また、パリなど、多くの町の名前がケルト人の部族名に由来していることもよく知られている。

ここではあと2例挙げるにとどめよう。普段われわれが使っている暦にもケルト文化の影響が認められる。現在用いられているいわゆる西暦は1582年にローマ法王グレゴリウス13世によって施行されたグレゴリオ暦であるが、これは紀元前1世紀に作られたローマのユリウス暦を改訂したものである。従って直接はローマの暦に基づくものである。ローマの暦は、伝説ではローマの建国者ロムルスが制定したとされており、その時の暦はマルティウス（現在の3月頃に相当）から始まりデケンベル（現在の12月頃に相当）までの10か月であり、そのあとに特定の月に分類されない日が60日ほどあったが、第二代の王ヌマ・ポンピリウスがその60日をヤヌアリウスとフェブルアリウスという二つの月に分け、1年は12か月になったとされる。つまり、もともとローマの暦は現在の3月頃、春から始まっていたが、紀元前155年からスペインで始まったケルトイベリア戦争及びルシタニア戦争の影響で、紀元前153年、1年の始まりがマルティウスからヤヌアリウスへと変更され、1年は冬から始まることとなった。このように、現在、1月から始まる暦が使われているのは間接的にはケルト人の影響なのである。

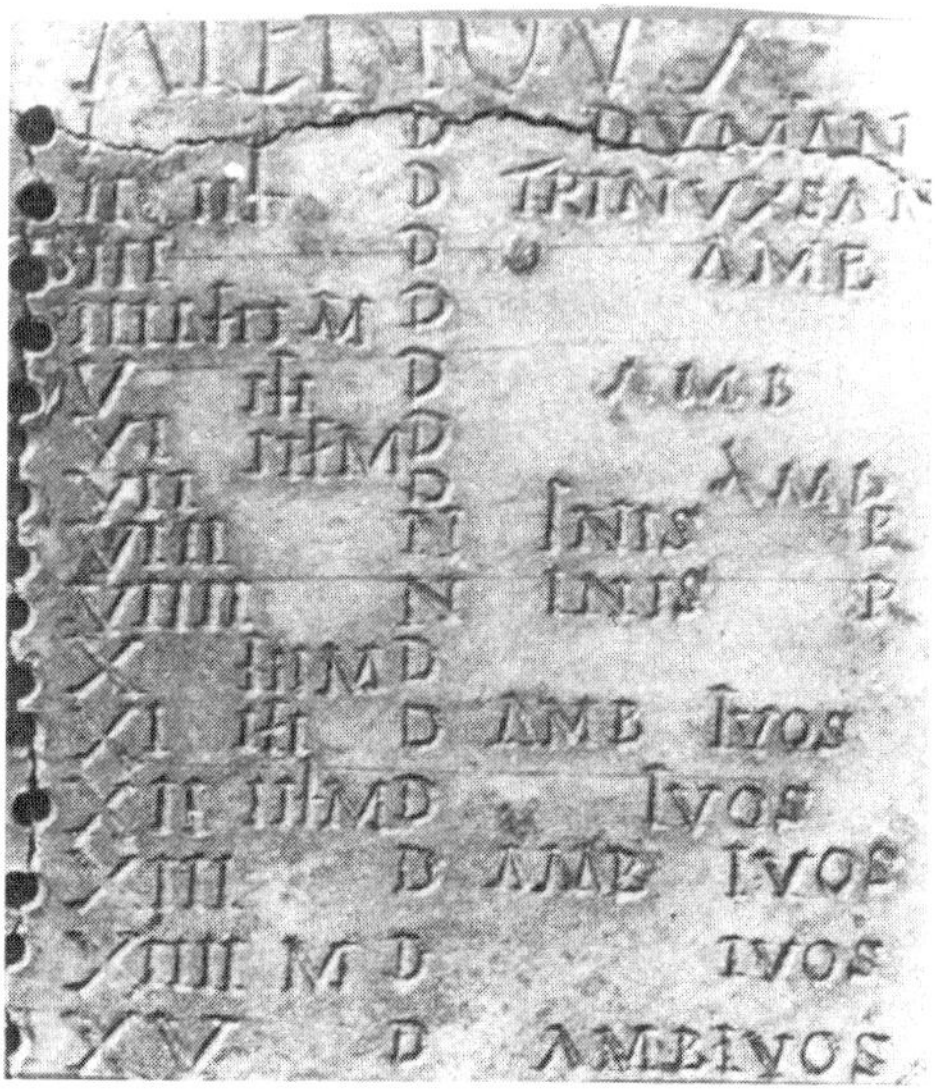

コリニーの暦（部分）。紀元前1世紀頃のもの（フランス、ガロ＝ローマ博物館蔵）

また、近年日本でも知られるようになってきたハロウィーンの祭りは、もともとはアイルランドの暦の新年の祭りに由来している。伝統的なアイルランドの暦では年の始まりは、11月1日とされていたからである。ハロウィーンは10月31日であり、1日ずれているように見えるかもしれないが、ケルト人の暦はもともと太陰暦であり、日没から日没までが一日とされていた。従って新年の祭りは10月31日の日没から始まっていたため、キリスト教の暦のなかに取り入れられた際に10月31日の夜がハロウィーンとされたのである。

われわれの日常の服装である洋服もケルト人と無関係ではない。ギリシア人やローマ人、ユダヤ人は、トーガなどのゆったりとした布を体に巻きつける衣服を着用していた。3世紀のローマ皇帝カラカラ帝（位211〜17年）は、ローマのカラカラ浴場の建設やローマ帝国内の全自由民にローマ市民権を与えたアントニヌス勅令などで知られている。正式名はマルクス・アウレリウス・セウェルス・アントニヌスであり、カラカラというのはガリアのケルト人が着ていたフードつきの外套のことである。カラカラ帝はこの外套を好んで着用し、ローマに流行させたことからこのあだ名で呼ばれることになったといわれる。このようにローマ人の服飾はケルト人の影響を受けているのである。ズボンをはいていたのはケルト人や、ゲルマン人、スキタイ人などの異民族であり、馬に乗る必要からズボンを着用していた。もちろんズボンをはいていたのはケルト人だけではないし、ケルト人が世界で初めてズボンをはき始めた人々というわけではないが、ローマ人がケルト人の服装から影響を受け、それを取り入れていることから、西ヨーロッパでのズボンの普及にはケルト人も一役買っているといえるだろう。

このように、明治の文明開化で「西暦」「洋服」として日本でも取り入れられたヨーロッパ文化の象徴は、どちらもケルト文化と深く結び付いているのである。

（疋田隆康）

5

なぜケルト文化に惹かれるのか

★「現実」と「虚構」が入り混じる魅力★

なぜ私たちはケルト文化に惹かれるのだろうか。もちろん、ケルト文化の魅力は一言に集約できるものではないし、その受け取りかたには個人差が大きいだろう。例えば、古代ケルト人が残したとされる工芸品の美しさに惹かれる人もいれば、海を越えて世界中を旅したケルト人の歴史の雄大さにロマンを感じる人もいる。ケルト神話の妖精や魔法によって彩られる物語の幻想性も魅力的だし、ケルト地域の食事や調理法も興味深い。

しかしあえて大胆に整理してみると、私たちにとってのケルト文化は、大きく分けて二種類あるように思われる。それは、実際に人々によって生きられている「現実（リアル）」としてのケルト文化と、しばしば空想や異世界を伴う「虚構（フィクション）」としてのケルト文化である。本章では、この二つの異なるケルト文化の魅力について、考えてみたい。

まずケルト文化の現実的な側面とは、現在でもケルト文化が日常生活に根付いた文化であり続けていることだ。現代でも世界各地で、ケルトと関連づけられるさまざまな言語が話され、物語が語り継がれ、歌や音楽が演奏され、ダンスが踊られている。ここではケルト文化は決して絶滅した古代の文化ではない。

フットボールチームのセルティックは、スコットランドとアイルランドのつながりを象徴する

かたちを変えながら時代や地域に適応し、現在でも現実のなかに生きている土着的な文化なのである。

現代のヨーロッパには、自分をケルト人として考え、その文化を日常生活のなかで実践・継承する人たちがたくさんいる。「21世紀のヨーロッパでケルト民族の末裔を探し出すのは、そう難しいことではない」と、『ナショナル・ジオグラフィック』誌の特集「欧州の辺境に息づくケルトの心」に寄稿したトム・オニールは言う。彼は西ヨーロッパのなかでも「辺境」に当たる地域、アイルランド、スコットランド、ウェールズ、マン島、コーンウォール、ブルターニュ、そしてスペインのガリシアやアストゥリアスを「現代のケルト文化圏」として紹介した。自分自身を古代ケルト人の末裔だと考える人たちにとっては、ケルト文化は死に絶えた文化でも虚構の文化でもなく、アイデンティティの核である。自分たちの現実を生き抜くために必要な文化にほかならない。

ヨーロッパの外側にも、自分たちをケルト人の末裔だと考え、ケルト文化に惹かれている人々がいる。その理由は主に近代以降に進んだ、ヨーロッパから世界各地への移民である。スコットランドだけでも19世紀から20世紀にかけての100年間で、およそ230万人が国外に移住したと推定されている。海外に商機を求めた野心的なビジネスマンもいたが、むしろそれぞれに事情を抱えながら、やむなく祖国を捨てて海を渡った貧しい人々が大半だった。アイルランドでは19世紀のじゃがいも飢饉でおよそ100万人が死んだが、同時に200万人以上の人々が海外に脱出した。その行き先の多くは大西洋を挟んだ「お隣」である北アメリカだった。先ほどの『ナショナル・ジオグラフィック』誌の記事を書いたトム・オニール自身がまさに、そのような移民の子孫としての「アイルランド系アメリカ人」だと自己紹介を綴っている。そんなケルト系を自負する人々にとっては、言語にせよ音楽にせよ物語にせよ、ケルト文化とは自らのルーツの証拠としての魅力があると言えるだろう。

こうした当事者たちにとっての現実的な側面に加えて、もう一つ忘れてはいけないのが、自らのルーツや祖先とは関係なく、世界中にケルト文化を愛好する人々がいるということである。インターネットには多くの関連サイトがあり、今やケルト文化のファンはグローバルな存在である。私が住む日本でも、ケルト文化は「知る人ぞ知る」ものから、ポピュラーな存在となって久しい。こうした世界各地の「非ケルト地域」では、ヨーロッパの土着的な文化であるという現実的な側面に加えて、「魔法ファンタジー」とでも呼びうるような「虚構」としての側面が、ケルト文化の大きな魅力になっているように思われる。

映画や音楽といったポピュラーカルチャーは、グローバルなケルト文化の魅力を代表している。特に映像作品はその間口が広く、世界中で人気がある。近年では、J・K・ローリングの児童文学『ハリー・ポッター』シリーズの全7作が2001年から2011年にかけて映画化された。現代の英国

アイルランドでも遺跡を訪れる人は多い（グレンダロッホ）

社会をベースとしながらも異世界の魔法が登場する独特な世界に多くのファンが惹きつけられた。また、1950年代に発表されたJ・R・R・トールキンの長編小説『指輪物語』も、2001年から2003年にかけて『ロード・オブ・ザ・リング』三部作として映画化された。さらにその前日譚である『ホビットの冒険』も、2012年から2014年にかけて『ホビット』シリーズとして映画化され、好評を博した。これらの作品がケルト文化と直接的なつながりがあるのかどうかは議論の余地があるが、虚実入り交ぜた「ケルト的なもの」が巧みに作品世界に生かされていることは間違いない。

　また、アニメーションの世界でも、ディズニーとピクサーが共同製作した2012年の映画『メリダとおそろしの森』は、中世スコットランドのハイランド地方を舞台とするファンタジー物語として話題になった。魔法、鬼火（ウィル・オー・ウィスプ）、金工品から環状列石（ストーンサークル）のような遺跡まで、物語のなかに古代ケルトを意識させるイメージが巧みに配置されている。日本のスタジオジブリによる2006年の映画『ゲド戦記』は、魔法ファンタジーとケルト文化が渾然一体となっている現状を反映している。これはアメリカのル＝グウィンによる同名のファンタジー小説を映画化したもので、原作そのものは取り立ててケルト人の世界を描いたものではない。しかし、スタジオジブリ版のアニメ映画では、スペインのガリシア地方出身のバグパイプ奏者であるカルロス・ヌニェスが音楽に参加し、作品のケルト色を強めている。監督を務めた宮崎吾朗によると、ヌニェスは『ゲド戦記』の音楽を「ケルトやガリシアの雰囲気を持ちながら、同時に日本的」だと評価したという。こうしたポピュラーカルチャーでのケルトを追いかけていくと、もはやケルト文化は現実世界に根ざしているのか、それともどこか虚構の世界の文化なのか、わからなくなってくる面白さがある。

このように、私たちがケルト文化に惹かれる理由として、ここでは現実と虚構という二つの側面から考えてみた。まず自分たちを「ケルト人」あるいは「ケルト系」とする当事者たちによる、日常的な現実としてのケルト文化への関心である。これは西欧文化圏においてたびたびケルト文化が復興され、今でも熱心に保護される理由の一端を説明している。そして、魔法ファンタジーの世界と「ケルト的なもの」の密接なつながりは、虚構としてのケルト文化の魅力を代弁している。現代のポピュラーカルチャーを通じて、ケルトを自分のルーツとはしない大多数の人々にとっても、ケルト文化は魅力的なものとして受け取られている。現実と虚構のどちらかが正解だというわけではない。おそらくケルト文化は、現実と虚構が入り混じりながら、時にはそのあいだの橋渡しをしながら、現在でも世界各地で愛されているのであろう。

（加藤昌弘）

「ケルト展」のにぎわい——多様なケルトの探求へ

コラム1

木村正俊

ケルト芸術の展覧会は人気が根強く、高止まりが続いている。最近では、2015年9月24日から2016年1月31日まで、大英博物館（ロンドン）がスコットランド国立博物館（エディンバラ）と共同開催した『ケルト人　アートとアイデンティティ』と銘打った特別展が、常設展とは異なる展示で多くの観客を引き寄せ、注目された。

この展覧会は、ケルトを今どのようにとらえるか、のテーマを強く意識して企画されたもので、ケルト文化は単一の文化ではなく、多様性をもった文化であるととらえる姿勢を貫いている。ケルト文化は地域によっても、時代によっても多様であり、決して共有された文化ではないとする認識は、今は新鮮なアピール力をもっている。

2500年以上の遠大な時代空間をカヴァーし、ケルトのアートとアイデンティティの歴史を検証する最初の大規模な展示会であるとのうたい文句で、英国やヨーロッパの各国から300点以上の至宝が出品された。バタシーの盾やゴネストロップの大鍋（大釜）など名の知られた美術品のほか、アバーディーンシャー出土の青銅製腕輪、ブリガンティア女神像、カーカブリーシャー出土の青銅製ポニー・キャップなど、スコットランドの名品も初めて展示され、ケルト芸術の多彩で多様な特質が強調されていた。

たしかに、ケルト文化は、ハルシュタット期やラ・テーヌ期の隆盛期から、キリスト教受容後の中世以降まで、広大な範囲にわたって長期に持続し、各地にすぐれた美術品を多数遺した。

それらを一様に同質のものとしてとらえることはとてもできない。その芸術様式や特徴的な装飾性などは、細かな究明と検証に値するであろう。ケルトについて認知度はかなり高まっているが、一方で未知の部分はあまりにも多い。

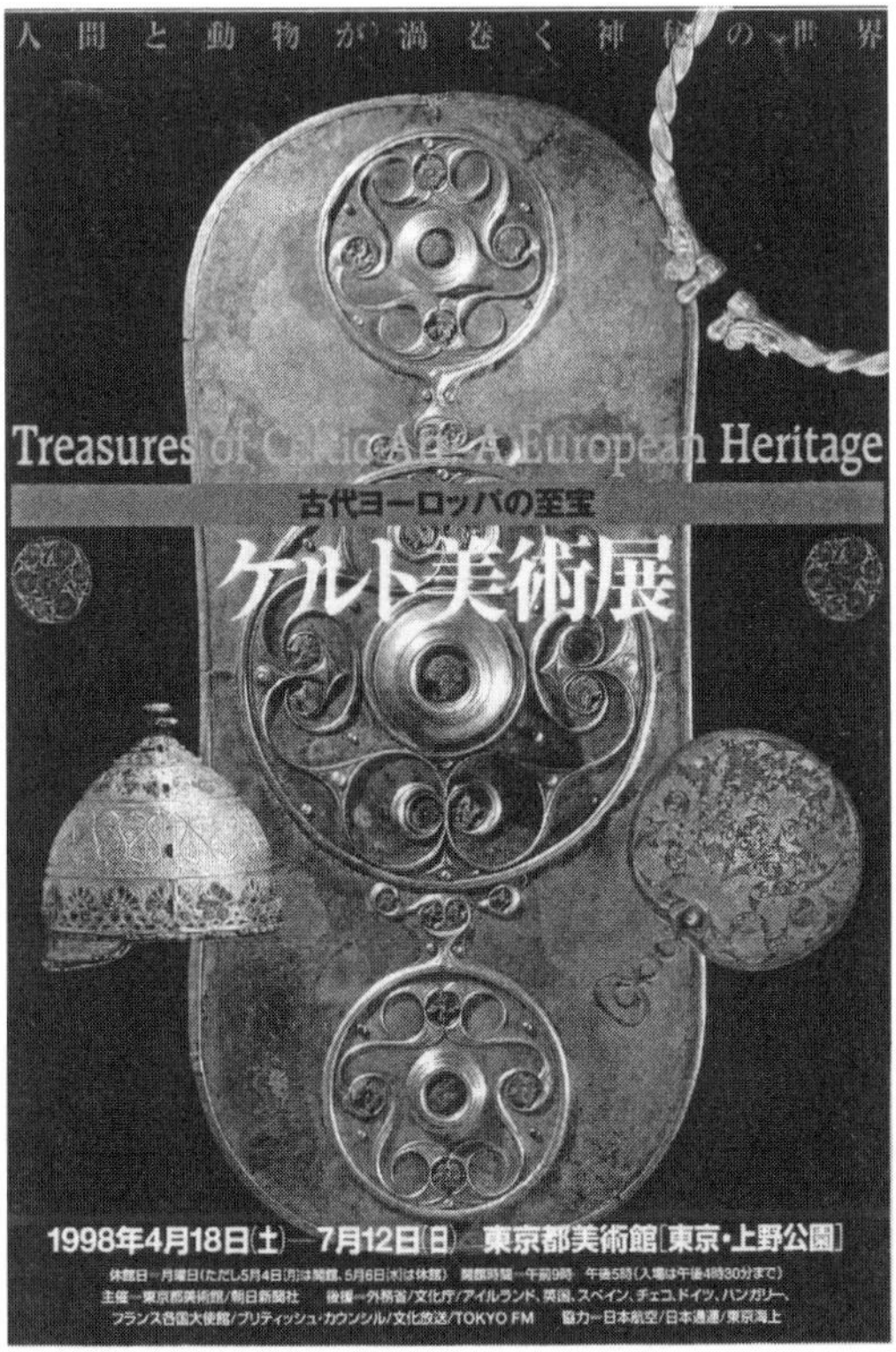

1998年に東京で開かれた『ケルト美術展』のポスター

思い返せば、ヴェネツィアで『ケルト、最初のヨーロッパ展』が開催されたのは、1991年のことであった。イタリア、フランス、ドイツ、イギリスなどヨーロッパ24か国から2200点にのぼるケルトの至宝が集められ、観客も100万人を超えたと伝えられた。凋落するヨーロッパの再起を図るねらいもあってか、ヨーロッパ人のケルト意識を揺さぶった。「ヨーロッパ」で固まりたい各国の切実な願いの核心に「ケルト」が据えられたのは、当時は正当であったかもしれないが、昨今のヨーロッパの混乱した状況をみると、皮肉にも思えてくる。

東京では、1998年4月18日から7月12日まで『ケルト美術展 古代ヨーロッパの至宝』が東京都美術館で開催され、こちらも大変にぎわった。ケルト美術の代表的な遺品250点が大英博物館、フランスの国立古代博物館、ドイツのライン州立博物館などヨーロッパ7か国から集められ、わが国でのケルト人気をだいぶ押し上げた。

日本で次に大規模なケルト展が開かれるのはいつのことであろう。そもそも開かれることが期待できるだろうか。開かれたとしたら、そのとき、日本人にとって「ケルト」の意味するものは？ その問いかけに答えるのは難しい。ケルト文化と日本文化の関りなどを日頃考えておきたいものである。

II

移動するケルト人

6

ケルト人の起源と移動

★ヨーロッパ各地へ拡散★

紀元前500年頃までに、アルプス北方の地域にこつ然と出現し、歴史記録に名を残したのがケルト人であった。彼らはアルプス以北での記録された最初のヨーロッパ人であったといえる。ケルト人がいつ、どのようにヨーロッパに移住するようになったかは明らかでない。もちろん、彼らが「ケルト人」として呼称されるのは近代以降のからのことで、先史時代から「ケルト人」であったわけではない。ケルト人といっても、統一されたまとまりのある民族集団ではなく、共通性のある言語を話し、生活様式が大いに類似していたとしても、それぞれ自立した個別的な部族集団に過ぎなかったと推定される。その意味では、彼らはまだ十分に顕著な民族的特徴を示してはおらず、ケルト人とはいえない、むしろケルト人の祖先、あるいは原ケルト人とでもよぶべき集団であった。

そうした民族集団のルーツを突き止めることは困難で、考古学や言語学などの領域での研究成果をもってしても、いまだに類推の域をでない。西アジア地方あたりの草原地帯に出自を求める見解があるが、はっきりしない。ケルト人が騎馬に長けていたとされることなどから、遊牧を主とした移動性の高い性格

第6章
ケルト人の起源と移動

ベルト飾りに浮彫された戦士と戦士の戦い。ハルシュタット期のもので、スロヴェニア出土（ノヴォメスト・ドレニュスキ博物館蔵）

をもつ集団であったことは考えられる。騎馬を得意とするいくつかの民族集団が、さまざまな仕方で西を目指して移動し、ヨーロッパに到来したのであろう。

ケルト人のヨーロッパへの出現を初めて記録にとどめたのは古代ギリシア人であった。といっても、その言及は短いもので、しかもまったくついでに触れたような書きぶりである。紀元前5世紀のギリシアの歴史家ヘロドトスは『歴史』のなかで、ドナウ川がケルト人の土地から発していると簡単に述べている。また紀元前540年頃から紀元前475年頃に活躍したギリシアの歴史家ヘカタイオスもケルト人の存在を確認した報告をしている。この時期にケルト人がドナウ川上流付近に居住していたことは考古学的にも事実とされている。しかしながら、この時期のケルト人はまだまとまった民族として顕著な特徴をもっていたわけではなく、ケルト人という呼称でくるのは適切ではない。あえてケルト人と総称するならば、初期ケルト人、あるいは原ケルト人といった呼び名が実体に合っているかもしれない。

紀元前6世紀から1世紀にドナウ川とライン川上流地域に住むケルト人を表す名称として、ギリシア人は「ケルトイ」を用い、ローマ人は「ケルタエ」あるいは「ガリ」(「ガリア人」の意)を使った。しかし、ケルト人は広域にわたってさまざまな集団をなして住んでいたため、これらの名称でケルト人を大雑把にまとめることにさほど意味はない。ギリシア人やローマ人の目からすれば、十分に情報のない未知の民族ケルト人は野蛮人にすぎなかった。とはいえ、ギリシアやエトルリア、ローマなど地中海の先進国とケルト人の諸部族のあいだには交易が行われ、ケルト社会は経済活動の面にとどまらず、芸術文化の面でも地中海世界から大きな恩恵を受け、発展を遂げたのであった。

ケルト人は、言語学上の分類でいえば、インド・ヨーロッパ語族に属する一派であるケルト語を話した。ケルト語の起源については諸説があり、はっきりしない。従来広く受け入れられてきた説によれば、インド・ヨーロッパ語族の発祥の地は中央アジア西部のどこかの地域とされる。紀元前4000年頃から、インド・ヨーロッパ語はユーラシア東方からヨーロッパへ移入し、現在のヨーロッパで話されているインド・ヨーロッパ語の祖先となる言語(祖語)へ発達した。ケルト語も、インド・ヨーロッパ語が伝えられた流れとほぼ同じく、西アジア地方からヨーロッパに入り、中央ヨーロッパで発達し、ヨーロッパ全域に広まったと推測される。

紀元前700年頃には、ケルト人の居住地は、東はオーストリアから西はガリア北西のビスケー湾まで広がり、前5世紀にはブリテン島やアイルランド島など島嶼部にまで拡大していた。ケルト社会が内部的に大小多くの部族集団の対立や緊張関係をかかえていたうえに、人口増や土地不足が引き金

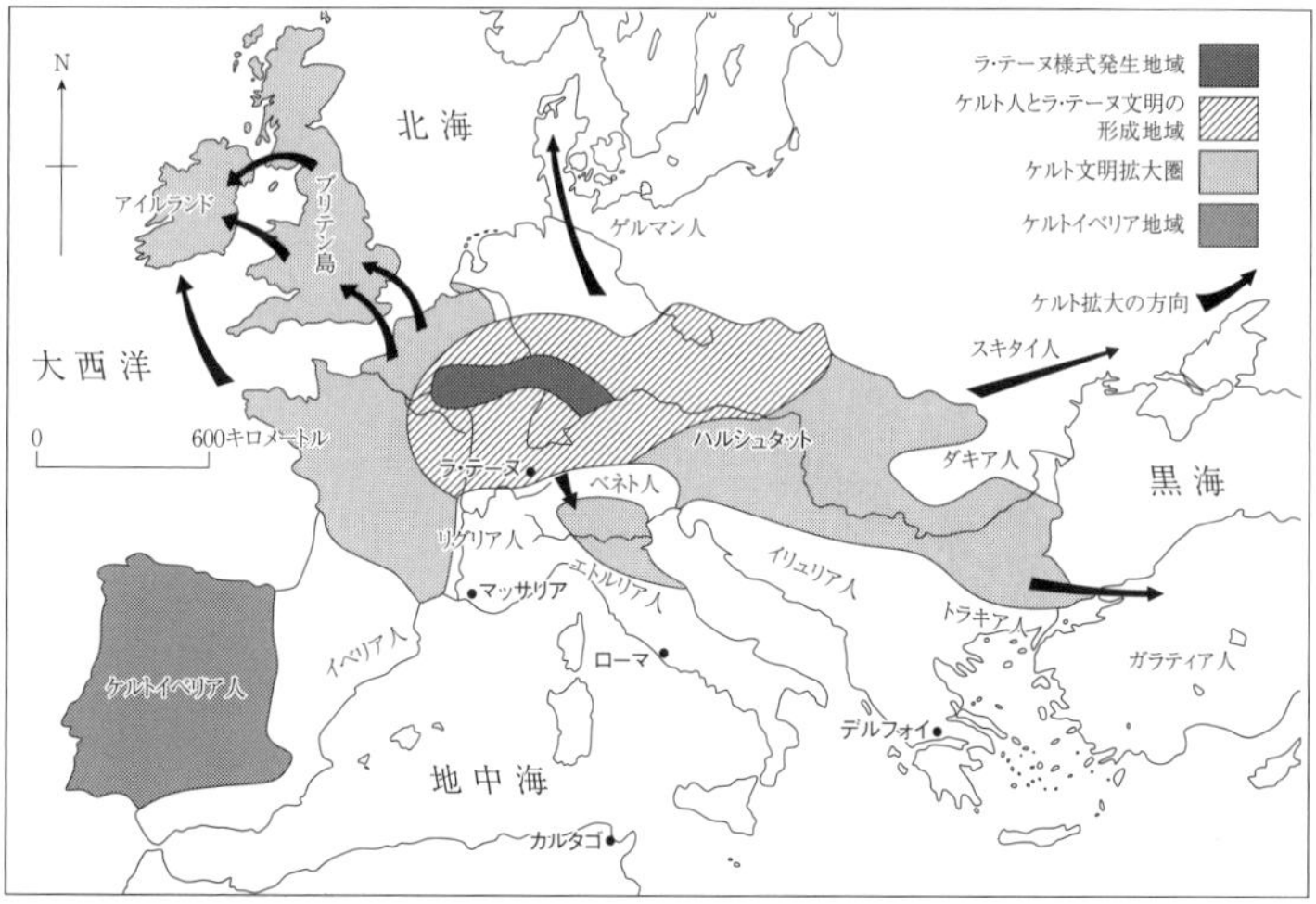

前１世紀から後１世紀にかけて、ローマ人が征服するまでケルト人が移住したヨーロッパ諸地域

になって、前600年頃から前275年にかけて、ケルト人部族はヨーロッパの各地へ本格的な移動を行った。

最初の集団的移動は、前7世紀から6世紀にかけてのイベリア半島（現在のスペイン・ポルトガル）への移動であった。ギリシアの歴史家ヘロドトスによれば、前5世紀までには、ケルト語を話す人々はイベリア半島に定着していた。彼らはガリアから陸地を移動してイベリア半島に達したとみられる一方、「ヘラクレスの柱」とよばれるジブラルタル海峡を航行する海上ルートで到来した可能性もある。ケルト人は先住のイベリア人と一部で同化し、ケルトイベリア人となった。彼らの言語はケルトイベリア語となり、独自の文化を形成した。ガリアと分断されたケルトイベリア文化は、ハルシュタット文化やラ・テーヌ文化とは異質で、イベリア風の特徴をもっていた。

イタリアへのケルト人の移動は、古代ローマの歴史家リウィスの記録によれば、前6世紀の終り頃である。アルプスの北側から山脈を越えて次々に移住し、ポー川流域を占領した。さらに半島の奥地へ領地を広げ、アドリア海とアペニン山脈にはさまれた地域に一大勢力圏を形成した。ローマ人はポー川流域と半島の北東部一帯を「ガリア・キサルピーナ（アルプスの南側のガリア）」とよび、「ガリア・トランサルピーナ（アルプスの北側のガリア）」と対照的に区分した。

ガリアのドナウ川流域に居住していたケルト人の一部は紀元前278年、故郷から最も遠い小アジアのアナトリア（現在のトルコ）へ向け移動した。彼らはガラティアにケルト人の王国を建設し、3世紀以上にわたってケルトの伝統文化を維持した。ガラティアの住民は「ガラタイ」として知られた。

ガリアのケルト人の東方への移動は、前400年頃から始まり、前3世紀まで続いた。東ヨーロッパへ移動したケルト人は、ドイツ南部、スイス、ハンガリー北西部、ボヘミアにかけて居住した。東ヨーロッパのケルト人の一部集団は前279年、英傑ブレンヌスに率いられてギリシアへ侵入、デルフォイを包囲した。支配するに至らなかったが、ケルト人の勢力の強大さを示す歴史的出来事であった。

（木村正俊）

7

古典作家たちの目

★ギリシア・ローマのケルト・イメージ★

ケルト人は自分たちのことを語ろうとはしなかった。ケルト人自身が書き残したものとしては碑文が残されているが、歴史や習慣などを書いたものはほとんどない。そのため、われわれのケルト人についてのイメージは、主に外部の観察者による記録、つまりギリシア・ローマの古典作家たちが残した文献によっている。この章ではギリシア・ローマの古典作家の記述をもとにケルト人がどのような人々であったのか見ていこう。

ケルト人について最初に記録を残したのはギリシア人であった。最古の記述は小アジアのミレトスという町出身の著作家ヘカタイオスのものだったといわれるが、ヘカタイオスの著作は現在ではすべて散逸し、後世の引用などによる断片しか伝わらないので、詳細は不明である。現存する最古の記述は、紀元前5世紀の「歴史の父」ヘロドトスによるものであり、ケルト人がイストロス川（現ドナウ川）流域に住んでいたことが述べられている。ヘロドトスは詳しい情報を得ることができた民族については、風俗・習慣などを細かく述べているが、ケルト人については、イストロス川流域に住んでいること以外何も触れておらず、どうやら当時のギリシア人はケルト人のことを西方に住ん

ヘロドトス

でいる異民族くらいにしか思っておらず、さほど関心も抱いていなかったようである。しかし、ケルト人がフランス、スペイン、イタリアなどに居住地を広げ、ローマを占領するなど、強大な勢力を築くようになると、ケルト人に興味を持ち始め、さまざまな記録を残すようになった。特に紀元前3世紀の初め、ケルト人がギリシアに侵入すると、その武勇はギリシア人の記憶に残り、ケルト人との戦いを題材にした文学作品なども書かれるようになった。

一方、ローマ人はギリシア人より早くからケルト人の脅威にさらされてきた。しかし、ローマではギリシアよりも文学作品が書かれ始めるのが遅かったため、ケルト人に関する記録が残されるのは主に紀元前1世紀以降のこととなる。

ケルト人の容貌は、シチリアのディオドロス（紀元前80～紀元前20年頃）の記述で見てみよう。ケルト人は、体格は背が高く、筋肉が盛り上がっていた。肌は白く、金髪で、あごひげは剃る者も生やしておく者もおり、生まれの良い者はほおひげを剃った。口ひげは生やしていた。服装は、袖付きで股くらいの丈のシャツ、羊毛の上着を着て、ズボンをはき、外出時は上から外套を羽織り、フィブラで留めていた。

ギリシアやローマの人々にとって、ケルト人といえば、まず何よりも勇猛なことで知られていた。

ケルトの戦士の武装は、色とりどりに細工したり、動物の像のついた長い大盾、動物の角や頭部を模した飾りのついた兜、鉄の鎖で編んだ鎧、縞模様や花柄の軍衣、幅広の長剣、投槍で、ストラボンによれば、弓矢や投石器も用いていた。戦士は、武勲の証として敵の首を馬にくくりつけて持ち帰り、家に飾ったり、名高い敵の首は樹脂につけて保存した。戦場で散った戦士の物語を歌にし、武勲を碑文に刻んで後世に語り伝えた。また名誉を重んじることと好戦的な性格から、些細な口論から一騎打ちに発展することもあった。ケルト人は戦争の時も歌を歌う詩人に従うと伝えられ、詩人が戦士たちの間に分け入って戦いをやめさせることもあった。ケルト人の詩や音楽がどのようなものであったかは伝えられていないが、ケルト人の会話は言葉少なに謎めかしたもので、多くの場合一つの言葉にさまざまな意味をもたせるとされ、またケルト人のラッパは戦の喧噪にふさわしい音と伝えられていることから、ケルト人の詩は、表面上の意味だけでなく、さまざまな解釈が可能な言葉遊びがふんだんに用いられたものだったのかもしれない。

ケルト人の食事はパンと肉が主食で、肉は煮たり焼いたりして調理した。その他水辺に居住する者は魚も食べ、塩や酢、アニスなどで味付けして焼いて食べていた。飲み物は小麦や大麦から作ったビール、蜂蜜酒（ビールに蜂蜜を混ぜたものとも、蜂蜜から作った酒とも記録されている）、ワインなどであった。ケルト人の酒好き、特にワインを好んだことは有名で、ギリシアの著作家たちはしばしばこのことに言及している。

ケルト人は眠るときはベッドではなく地面の上であり、葬儀は火葬で、有力者の場合は生前愛していたものを一緒に火にくべた。時には動物や奴隷、庇護民などがくべられることもあった。また、ケルト人は、死後の世界で死者が用いるものを一緒に焼いたり埋めたりするとも伝えられ、借金の支払いなども死後の世界まで持ち越されたという。

古典作家たちが特に興味を持っていたのが、ドルイドと呼ばれる人々である。ドルイドは神々への生贄などの宗教儀礼や裁判を司った人々であった。ドルイドの信奉する教義は、魂の不死というものであったとされ、カエサル、ディオドロス、ストラボン、ポンポニウス・メラ（1世紀の地理学者）など多くの作家たちがこのことに言及している。魂の不死という考え方は、ギリシアの哲学者ピュタゴラスも同様の主張をしていたとされ、ギリシア人やローマ人の間では、ピュタゴラスの思想として知られていた。そのためか、ドルイドはピュタゴラスの教えを信じていると記述されたり、ドルイドはもともとピュタゴラスの弟子で、ピュタゴラスから哲学を学んだと述べている作家もいるほどである。ドルイドの唱えていた魂の不死の考え方を、ピュタゴラスの思想と結びつける記述はおそらく事実を

ケルト人戦士の像（青銅製、紀元前1世紀頃）

反映したものではないであろう。

このように古典作家の記述には、実際のケルト人の観察に基づくものもあれば、古典作家の想像や創作に基づく記述もまた存在する。例えば、ケルト人の起源については、ギリシア神話に登場する一つ目の巨人キュクロプスの一人ポリュペモスと、海のニュンフの一人ガラテイアの子孫であるという話や、ヘラクレスが12の功業の途中でガリアに立ち寄った際、現地の女性との間にもうけた息子ガラティスの子孫とする話、ノアの息子ヤペテの長男ゴメルの子孫とする説などが伝えられている。ただし、これらの説はいずれもギリシア語のガラティアとこれらのエピソードに登場する人物の名前の音が似ていることから創作された話だと思われ、おそらくケルト人自身が伝えていた話ではないだろう。

（疋田隆康）

8

ガリアのケルト人

★パリの場合★

　ガリアとはラテン語で、おおむね現在のフランスに相当するが、ローマ人がガリアという言葉で指していた範囲は現在のフランスより広く、ライン川までのドイツ西部、ベルギー、オランダ、スイス、ルクセンブルク、北イタリアなどを含む地域である。この地域にケルト人がいつ頃住みつくようになったのかは分からないが、ギリシア人やローマ人がケルト人のガリアへの移住について記録を残していないことから、彼らがケルト人と接触するようになった時にはすでにケルト人はガリアに居住していたのであろう。従って、紀元前6世紀頃にはすでにケルト人がガリアを支配していたものと思われる。

　ブルゴーニュ地方のラソワ山で発見されたヴィクスの王女の墓などからは、紀元前5世紀頃にはこの地方で王族を頂点とする階級社会が成立していたことがうかがわれる。ラソワ山からは全部で五つの墓が発見されているが、そのうちの一つには女性が埋葬されており、ヴィクスの王女の墓とよばれている。ヴィクスの王女の墓は直径約38メートルの墳丘に覆われた墓で、１９５３年に発見された。墓からは王女の遺骨のほかに多数の副葬品が発見され、24カラット、４８０グラムの黄金のトルクをはじめ、フィブラなどの装身具、ギリシア製と思われる高さ164センチ、重さ208キログラムの青銅製の混酒器や陶器、エトルリア製の青銅器などが見つかっている。この墓の主が具体的にどのような身分の人物であったのかは定かでないが、地中海からの舶来品とともに埋葬されていることから、相当身分の高い女性であったと考えられている。

ラソワ山はただの墓地ではなく、麓には堀が作られており、おそらく城塞化された居住地で、王宮のようなものもあったのであろう。ラソワ山の近くにはセーヌ川が流れており、北のコーンウォールやアイルランドからは錫などの鉱物が、バルト海方面からは琥珀、南の地中海からは陶器や珊瑚などがもたらされる、交易網の中心地であった。その後、交易ルートが変化し、ラソワ山は本流からは外れ、城塞化された設備が不要になり、廃棄されたようである。

ケルト系部族のパリーシー族の貨幣（メトロポリタン美術館蔵）

ガリアの歴史的出来事に関しては、ローマ人が本格的に進出してくるようになる紀元前2世紀後半までは、記録が残されていないため、詳しいことは分からないが、ガリアでは紀元前2世紀頃からラテン語でオッピドゥムと呼ばれる居住施設が作られ始めたようである。カエサルの『ガリア戦記』にも名前が出てくるビブラクテ、ゲルゴウィア、アウァリクム、アレシアなどがよく知られている。

ここではそれらオッピドゥムのなかからビブラクテを例にとってみてみよう。ビブラクテはブルゴーニュ地方、現在のオータン近郊ブーヴレ山にあった、ハエドゥイ族の主邑であり、紀元前150〜130年頃に建設されたと推測されている。ブルゴーニュ地方はラソワ山が放棄された後の紀元前2世紀にあっても、依然としてガリアの政治や経済の要衝であった。ハエドゥイ族は、カエサルによれば古くからガリアで最も有力な部族の一つとされており、カエサルのガリア遠征時にはローマと同盟関係にあった。おそらくその同盟は紀元前2世紀初めには結ばれていたと考えられている。ビブラクテはハエドゥイ族の宗教、政治、経済の中心であり、はじめは神殿などの宗教施設を中心とした150ヘクタールほどが城壁で囲われた。この城壁はカエサルが『ガリア戦記』で「ガリア壁」と呼んでいるもので、石材と平らに横たえた長い梁木とを、碁盤の目のように交互に組み合わせて強度を高めたもので、ガリアのオッピドゥムの城壁はしばしばこの製法で作られている。紀元前100年頃には居住区が作られており、新たに城壁が建造され、面積が拡大し、約200ヘクタールとなった。

カエサルによるガリア征服後も、ビブラクテにはケルト人が住み続けたが、町の様相はそれまで通りとはいかなかった。紀元前30〜20年頃にはローマ風のバシリカ（集会などに使われた長方形の建造物）、1世紀終わりから2世紀初め頃には円形劇場が建設されるなど、次第にローマ風の都市へと造りかえられていった。

ガリアのケルト人の変化を、もう一つパリを例にとって見てみよう。パリという名は、ケルト人のパリーシー族に由来しており、名前の通り、パリーシー族の主邑であった。パリーシー族がもともと住んでいたのはセーヌ川の中州、現在のシテ島であり、紀元前3世紀頃のものと思われるパリーシー族のコインが出土していることから、紀元前３世紀頃には既にパリーシー族が居住していたと思われる。パリに関する最古の記述はカエサルの『ガリア戦記』で、紀元前52年に、カエサルの部下ラビエヌスが遠征した際、ケルト人は自ら町に火を放ち、ローマ人がセーヌ川を渡れないよう橋を破壊した上で、セーヌ川を挟んでローマ軍と対峙したが、ローマ軍に敗れた。

フランスのマルヌ県で出土したケルヌンノスの浮彫（紀元２世紀）

その後、パリはローマの都市ルテティアとして再建された。ビブラクテ同様、ケルト人はこの地に住み続け、水運の便もあり、ローマ時代になるとパリは一層発展し、もとの町があったシテ島から南方、主にセーヌ川左岸に新たな市街地が建設されていった。ティベリウス帝期（14～37年）にはカルド・マクシムス（南北の大通り）とデクマヌス（東西の大通り）が建設された。ちなみに現在のサンジャック通りが当時のカルド・マクシムスにあたる。１世紀後半には現在のソルボンヌ広場にフォルムが建設された。１世紀終わり頃にはリュテス闘技場やクリュニー浴場が建設された。クリュニー浴場は、現在では中世美術館となっている。パリにはさらに二つの浴場があり、一つは現在のコレージュ・ド・フランスに、もう一つは現在のゲイリュサック通りとル・ゴフ通りの交差点にあった。長さ26キロメートルに及ぶ水道橋も作られ、1日当たり2000立方メートルの流量の水をパリに供給していた。こうしてパリは1世紀終わりまでにはローマの都市としての外観を整えていき、3世紀になると、アラマン人やフランク族などゲルマン人の侵入を防ぐために城壁が建造された。外観がローマ風になっても、そこに居住していた人々は自分たちの文化を失ってしまったわけではなく、3世紀にもパリの水運業者によって製作されたケルヌンノスやエススなどケルトの神々に捧げられた石柱が残されている。

4世紀半ば、ローマ帝国の副帝に任じられたユリアヌスは、ゲルマン人の侵入に対処するためガリアへ赴任すると、ガリア防衛のためパリに駐屯した。360年には麾下の兵士に推されて皇帝に即位したが、ユリアヌスはパリで即位した唯一のローマ皇帝である。ユリアヌス以前、ガリアの政治的中心はルグドゥヌム（現リヨン）やウィエンナ（現ヴィエンヌ）、アレラテ（現アルル）、ブルディガラ（現ボルドー）であったが、これ以降パリが台頭してくることとなり、フランク族のガリア征服後、クローヴィスがパリを都に定め、以降現在まで続くフランスの首都となったのである。

（疋田隆康）

9

イタリアのケルト人

★ローマとの対決★

北イタリアでは紀元前8世紀頃からゴラセッカ文化（紀元前9世紀～紀元前4世紀）やエステ文化などの鉄器文化が繁栄していた。ゴラセッカ文化はI期からIII期に分けられているが、I期は紀元前900年頃から紀元前600年頃、II期が紀元前600年頃から紀元前500年頃、III期は紀元前500年頃から紀元前350年頃とされている。この地域からはレポント語と呼ばれる言語の碑文が数点ではあるが発見されている。レポント語はケルト語の一つとされており、これらの鉄器文化の担い手はケルト人であったという説もある。

ゴラセッカ文化やエステ文化の担い手のほかに、北イタリアに住んでいた人々としては、ウェネト人とリグリア人が知られている。ウェネト人は現在のヴェネツィア周辺に住んでいた人々で、おそらく民族的にはケルト人ではないが、ケルト文化の影響を強く受けており、文化的には、ケルト化が進んでいたと考えられている。

リグリア人は南仏から北イタリア沿岸部に住んでいた人々で、ケルト人かどうかは不明だが、ギリシア・ローマの古典文献では紀元前3世紀頃から「ケルト＝リグリア人」という言葉が現れるため、もともとはケルト人とは別の集団とみなされていたようだが、紀元前3世紀頃にはケルト人と融合し、文化的にはほぼ同化していたと考えられている。

中部イタリアではエトルリア人が独自の文化を発展させていた。エトルリア人は青銅器時代から中央ヨーロッパと交流していた。紀元前9世紀頃のエトルリア文化はヴィラノーヴァ文化と呼ばれているが、北イタリアやアルプス以北からも遺物が発見されている。ハルシュタットでも、紀元前9世紀から8世紀頃のものと思われる、ヴィラノーヴァ文化の前立てつき兜が発見されており、ケルト人も早くからエトルリアの影響を受けていたことが窺われる。

ギリシア・ローマの古典文献によれば、ケルト人が最初にイタリアに移住したのは紀元前5世紀から4世紀頃のことで、パドゥス川（現ポー川）流域であった。最初に住み着いたのはラオイ族（ラエウィ族）とレベキオイ族（リブイ族）で、彼らがパドゥス川中流域に居住地を定め、その後からやって来たインスブレス族やケノマニ族はパドゥス川下流域に定住した。パドゥス川流域が先にやって来た部族に占領されてしまうと、後から来た人々はさらに南に居住地を求めることとなった。こうして、パドゥス川の南には北から順番にアナレス族、ボイイ族、リンゴネス族、セノネス族が定住した。もっともこれら諸部族のやって来た順番に関しては、インスブレス族が最初と伝える史料もあり、定かではない。

ケルト人が北イタリアに移住してきた頃、エトルリア人は南から勢力を伸ばしてきたローマによって追いつめられていた。エトルリア人は都市国家に分かれていたが、ローマはエトルリアの都市を次々と攻略していった。それまで、ケルト人とローマとの間にはエトルリア人の居住地があったた

第9章

イタリアのケルト人

装飾のほどこされたエトルリアの墓の内部（前４世紀半ばに建造）

め、両者が直接接触することはほとんどなく、エトルリアがいわば緩衝地帯の役割を果たしていた。しかし、ローマによってエトルリアが滅亡の際に立たされると、ケルト人とローマ人が境を接するようになるのである。

ファーストコンタクトはエトルリアの町クルシウムをめぐる戦いであった。ガリアから移住してきたケルト人は、土地の割譲を求め、クルシウムの町を包囲した。エトルリア人はローマに助けを求め、ローマ人は援軍を派遣することは拒否したものの、ケルト人と友好関係を結ぶため、ローマからケルト人のところへ調停のための使者が送られた。交渉が失敗した後、ローマの使者クィントゥス・アンブストゥス・ファビウスはクルシウム軍に加わり、戦場でケルト人の指揮官を討ち取った。ケルト人は、中立であるべき使者が自分たちに敵対したことに対して怒り、ローマに当事者の引き渡しを要求したものの、ローマに拒否されたため、ブレンヌスの率いるケルト軍がアリア川でローマ軍を破り、都市ローマを占領した。生き残ったローマ人は

イタリア、ボローニャで出土した墓石の浮彫。最下段に騎馬のエトルリア人と戦う裸身のケルト人が彫られている（ボローニャ考古美術館蔵）

カピトリウムの丘に集まり、そこに建てられていたユーノー女神の神殿に立て籠もった。ケルト人はこれをどうしても陥落させることができなかった。7か月の占領の後、ケルト人は食糧が不足し始め、ローマ人たちも終わりの見えない包囲に士気が下がって来た。そこで両者は、黄金と引き換えにケルト人がローマから撤退するという条件で講和を結ぶことにした。ケルトとローマの代表が集まり、黄金を秤ではかり、錘《おもり》と釣り合ったところで、ブレンヌスは秤に自分の剣を載せて、より多くの黄金を取ろうとした。それに対しローマ人が抗議すると、ブレンヌスは「敗者は哀れだな」と言ったが、これは後にローマの諺《ことわざ》となった。

さて、この時、現れたのがローマの将軍カミッルスである。カミッルスはケルト人のローマ侵攻以前に誣告《ぶこく》され、亡命していたが、アリア川の戦いで敗れたローマ兵はカミッルスの下に集まり、ローマ奪還の指揮を執ってくれるよう頼んだ。カミッルスはカピトリウムの丘のローマ人と密かに連絡を取り、機を窺っていた。その時の使者が通った抜け道を利用して、ケルト人が夜襲をかけ、あわやというところでカピトリウムの神殿で飼われていたガチョウの鳴き声によって救われるなど、危うい時もあったが、カミッルスは最後の場面に何とか間に合い、ケルト人と戦った。ブレンヌスは敗れ、ローマから撤退し、滅亡の淵から救われたローマではカミッルスが第二の建国者と称えられ、復興に尽力していった。

その後もケルト人はしばしばラティウム地方へ侵攻し、ローマ人と衝突したが、紀元前3世紀になると次第に北へと追いやられ、紀元前225年のテラモンの戦いでローマに敗れ、さらに紀元前222年、ブリトゥマトゥス王率いるガイサタイと呼ばれるケルト人部隊がパドゥア川付近を劫略したが、ブリトゥマトゥスがローマの将軍マルケッルスに一騎打ちで討ち取られると、ローマ軍は勢いに乗り、マルケッルスはメディオラヌム（現ミラノ）を攻略し、ポー川以南のケルト人は完全にローマによって征服され、北イタリアから駆逐されることとなった。紀元前218年、カルタゴの将軍ハンニバルがスペインからピレネー山脈を越え、南ガリアのケルト人にイタリア侵攻の協力を求めると、北イタリアから追われたケルト人は、ハンニバルとともにアルプス山脈を越え、イタリアへ侵攻したが、ハンニバルの敗退により、北イタリアの奪還はならず、イタリアはケルト人の手から永遠に失われてしまうのである。

（疋田隆康）

10

イベリアのケルト人

★スペイン的愛国心の原型★

ケルト人がいつ頃、ピレネー山脈がヨーロッパの〝壁〟となり、ギリシア時代に「ヘラクレスの柱」と呼ばれていたジブラルタル海峡が〝橋〟となっているイベリア半島（現在のスペインとポルトガル）に、到来・侵入したのだろうか。

さまざまな説があり、大雑把であるが、紀元前10〜6世紀ころとなっている。もともと独自の文字を持たない民族だったので、彼らが到来した時代の特定は彼らと邂逅した周辺部の歴史家や地理学者の記録に頼らざるをえないであろう。ケルト人が半島に持ち込んで使用した道具・兵器類から推測すると、青銅器時代末期から鉄器時代初期に移る時代に相当すると思われる。

最初は大挙してイベリア半島の大西洋側に侵入したケルト人は、自らの領土を次第に広げるが、半島の南部はすでにフェニキア人やギリシア人が定住していたために、半島西部と北西部に定住するようになり、従ってその地の先住民族のイベリア人と所有地をめぐって熾烈な争いが絶え間なかったが、やがて両者の間で調停・和議が成立するようになる。とうぜん、同化・混交が進む。ギリシア人歴史家ディオドロス・シクルスによると「両民族の血が混ざったことでケルト・イベリアという呼称がついた。（中略）この二つの巨大な民族が結びつき一つの民族になり、その領土が肥沃だったこともあって、ケルト・イベリア人の名声は広がるようになった」。さらに続けて「彼らは、よそ者にはとても親切であり、優れた鍛冶屋であるとともに、恐るべき戦士でもあった。彼らは歌を歌いながら戦場に向かい、歌を歌いながら攻撃してきた。騎兵として、歩兵と同じように果敢に戦った。彼らの武器と服装はガリシア人のそれと似ていた。ズボンをはき、毛の肩掛けをし、羽飾りのついた兜をかぶっていた。彼らはとりわけ、略奪のための襲撃、山岳地帯からの電撃的突進、藪へ、岩山への瞬時的な撤退を得意としていた」（『世界史』）。彼らの固有の領土は、ガリシアからポルトガル、中央高原南部、イベリア山系まで弧を描くように広がるが、スペイン中北部に限られていた。

スペインに見られる「カストロ」（要塞施設）

ケルト・イベリア人は、独自の国家を持たなかった。とりわけケルト人といっても、多種多様な民族の集合体であり、全体的な統合力が希薄だったようであり、その流れを受けてか、ケルト・イベリア人も小規模の部族集団で定住し、主に海岸、山間部、丘陵地帯などといった自然の防

ケルト・イベリア人の戦士像

護機能のついている場所に「カストロ」という強力な要塞施設を築いた。その主な中心地は現在の旧カステーリャを西流するドゥエロ川流域の堆積盆地であった。

紀元前3世紀、地中海の覇権をかけて、フェニキア人が築いたアフリカ北岸の成熟した植民地都市カルタゴと新興ローマとのあいだで三次にわたるポエニ戦争が起こった。「ポエニ」とはラテン語で「フェニキア人」という意味。

第一次（前264～前241年）はシチリアを主戦場とし、海軍の活躍で勝利したローマは、カルタゴから取り上げたシチリアを属州とする。これがローマの海外属州の始まりである。

第二次（前218～前201年）は「ハンニバル戦争」とも呼ばれる、前237年、カルタゴの将ハンミカル・バルカが8歳の息子ハンニバルや部下の将兵を率いてカディスに上陸し、半島の征服を開始する。そのちょうど10年後の前227年、半島南部の市中海岸にカルタゴ・ノヴァ（現在のカルタヘナ）という首都を建設した。また地中海岸を北上し、「バルカの町」（現在のバルセロナ）という町も建設した。前218年、カルタゴ軍の総指揮官となった28歳のハンニバルは、父の遺志を継ぎ不倶戴天の敵であるローマ攻略に着手する。ハンニバル麾下、歩兵5万人、騎兵9000人、それにアフリカゾウ40頭からなるカルタゴ軍が冬のアルプスを越え、北からローマを進攻する。その決戦に際して、ハンニバルは、ケルト・イベリア人兵士——歩兵2万人、騎兵6000人——を傭兵として雇った。当時、彼らの戦力はつとに有名になっていた。とりわけ騎兵の乗馬術のレベルは高かった。ヨーロッパの戦場で戦車が使われなくなるにつれて、騎兵の戦力が重視され、彼らの軍事上の技術や戦術が実質的に変化していた。また、彼らの槍の投擲術も優れているといわれ、ともかく百戦練磨の部隊だったことは間違いない。カルタゴ軍は破竹の勢いで南イタリアの大半を征服し、ローマへあと一歩という地点まで進撃するが、ローマに決定的打撃を与えることができなかった。次第に戦線は膠着していった。ハンニバルは本国に戻り、前202年、北アフリカのカルタゴの西南の地にあるザマで第二次ポエニ戦争の勝敗を決する戦闘が繰り広げられた。翌年、ローマの将軍スピキオ（大）がハンニバルの率いるカルタゴ軍を撃破して、第二次ポエニ戦争を終結させた。この間、ローマ軍は前209年、カルタゴ・ノヴァを占領し、前205年までには、半島の南部に定住していたカルタゴ勢力をアフリカに駆逐し、そこを足掛かりに半島征服に着手した。

第三次（前149～前146年）は、スピキオ（小）が率いるローマ軍によるカルタゴの破壊が、三次にわたるポエニ戦争に終止符を打った。

その後のローマ軍によるイベリア半島全域の制圧に、実に200年もの歳月を費やした。組織だったローマ軍の北上にともない、抵抗するケルト・イベリア人は屈伏を強いられ、あるいは北部に追い詰められた。前180年、ローマ総督ティベリウスがいくつかのケルト・イベリア人の居住地を征服するが、彼らはさすがカルタゴ軍の一翼として名を馳せた末裔であり、ますます対抗心を燃やしたのだった。前１５３年、ローマ軍に対する第一次ケルト・イベリア人の反乱が起こり、前１４３〜前１３３年に第二次ケルト・イベリア人の反乱（ヌマンティア戦争）が起こる。ローマ軍に対する抵抗戦の象徴というべきドゥエロ川上流の自然の要塞都市ヌマンティア（ソリア郊外の、現在のヌマンシア）の戦いでは、総勢６万人のローマ軍将兵、７か所の包囲基地、10キロメートルの塁壁《るいへき》を築いてこの町を包囲したが、この町の８０００人の住人が執拗な抵抗を繰り返したために、ローマ軍は「ローマの恥」と言われたほどの苦戦を強いられ、この町を攻略するのに10年もかかった。この戦いは、スペイン人の愛国心を鼓舞する出来事として後世まで語り継がれ、例えば、セルバンテス（１５４７〜１６１６年）は戯曲『ラ・ヌマンシア』を書いた。また、20世紀の「27年の世代」の一人、ラファエル・アルベルティ（１９０２〜99年）は、スペイン内戦期にフランコ軍に包囲され、それに果敢に抵抗するマドリードを舞台にした同名の戯曲を書いた。

　ヌマンティア戦争以降、ケルト・イベリア人の抵抗は続いたが、前19年に最後の反乱が鎮圧され、ローマの支配がイベリア半島全域に及んだのである。

（川成　洋）

11

小アジアのケルト人

★ガラティア王国の興亡★

紀元前278年、小アジア北部のビテュニア王国は、ケルト人の傭兵を募集した。トリストボギオイ、テクトサゲス、トロクモイの3部族がこの募集に応じ、レオノロスとルタリオスに指揮され、小アジアへ渡った。ケルト人傭兵が小アジアへ渡る少し前、紀元前280年にケルト人は3派に分かれ、バルカン半島へと進軍した。そのうちの1隊は、紀元前279年、ブレンヌスに率いられ、ギリシア本土へと進出、エーゲ海沿岸を南下し、デルフォイに達したが、ギリシア連合軍に敗れた。ブレンヌスも命を落とし、指導者を失った敗残兵はギリシア軍の追撃を受けながら撤退し、ボスポラス海峡から小アジアへ逃れた。

ビテュニアに招かれた3部族は小アジア中央部に居座っており、そこへギリシアへ侵入した生き残りの者たちが合流し、ガラティア王国を建国した。最初にガラティアへやって来た3部族は、それぞれ勢力範囲を定め、テクトサゲス族はアンキュラ（現アンカラ）を中心に中央部に居住し、トロクモイ族は東部、トリストボギオイ族は西部に居住し、ペッシヌスを主邑とした。

ガラティア王国のケルト人はガラティア人と呼ばれたが、ガラティア王国の住民は大部分が土着のフリュギア人であり、移

「妻を殺して自害するガリア人」像（紀元前1世紀）。青銅製のオリジナルを複製した大理石製（ローマ、国立博物館蔵）

住してきたガラティア人が比較的少数で、この地域には古くからギリシア文化が浸透していたこともあり、徐々にギリシア文化の影響を受けていった。そのためか彼らの文化の痕跡は今日ほとんど残っていない。だが、自分たちの文化をすぐに失ってしまったわけではない。例えば、この地域ではガラティア語と呼ばれる言葉が使用されており、これはガリア語によく似ていたといわれている。ローマ支配下でも4世紀～6世紀頃まで用いられ続けたらしく、聖ヒエロニュムスの書簡によれば、彼がガラティアを訪れた際にも、ガラティア語が用いられていた。今日では人名や地名など固有名詞が伝わるのみで、詳細は知られていない。

ガラティア王国は建国当初から西のペルガモン王国と抗争を繰り広げた。最初はガラティア王国が優勢であり、ペルガモン王エウメネス1世（在位紀元前263～紀元前241年）は、ガラティア人の略奪を逃れるため、トリストボギオイ族に貢納していた。しかし、エウメネス1世の死後、養子のアッタロス1世（紀元前241〜紀元前197年）が即位すると、ペルガモン王国はトリストボギオイ族への貢納を拒否し、カイクス川でガラティア人と戦ってこれを打ち破り、これ以降次第に両者の力関係はペルガモンの方へと傾いていった。

紀元前2世紀になると、イタリア半島を統一し、ポエニ戦争で勝利したローマが西地中海の覇権を確立し、さらに東方へと進出してくるようになる。ローマとガラティアは紀元前189年に衝突し、トリストボギオイ族とトロクモイ族はグナエウス・マンリウス・ウルソ率いるローマ軍に破られ、ガラティア王国はローマの下風に立たされることとなった。この時、ガラティアの有力者オルティアゴンの妻キオマラがローマ軍の隊長に捕えられた。オルティアゴンは身代金を支払い、妻を取り戻すことにした。オルティアゴンの配下が金を携え、キオマラを迎えに行くと、キオマラは目配せして自分を辱めた者たちを殺させ、その首を持って夫の元に戻ったという。

また、ガラティアではアルテミス女神が信仰されていたと伝えられている。ある時アルテミス女神に仕える女性の祭司カンマに、ガラティアの有力者シノリクスが横恋慕した。シノリクスはカンマの夫シナトスを謀殺したうえで、カンマの親族を丸めこみ、カンマに迫った。カンマは夫の復讐を誓い、アルテミスの祭壇に籠り、シノリクスを拒絶していたが、親族の説得もあり、シノリクスの申し出を受けることにし、祭壇へとシノリクスを招いた。シノリクスが来ると、カンマは誓いの杯を交わした後、杯の中身が毒であることを告げた。シノリクスは治療のかいもなくその夜のうちに息絶えた。カンマは翌朝まで持ちこたえ、復讐がなったことを知ってから満足して息を引き取ったという。

ガラティアの政治体制は四分統治体制が取られていた。トロクモイ族、トリストボギオイ族、テクトサゲス族のそれぞれが四つの小グループに分けられており、それぞれの小グループに王、裁判官、軍の隊長、隊長補佐がいたとされる。前に触れたオルティアゴンやシナトス、シノリクスはこれらの地位にあった人物である。その他に、定員300人の評議会があり、ドリュネメトンと呼ばれる地に召集されていた。殺人については評議会が担当し、他の事件は王と裁判官が担当していた。

紀元前88年頃、ガラティアの北東に位置するポントス王国が台頭してきた。ポントス王ミトリダテス6世は一計を案じ、ガラティアの有力者たちを宴に招き、毒を盛り一網打尽にした。これにより、ガラティアの四分統治体制は崩壊し、指導者たちを失ったガラティア王国はポントス王国の勢力下に置かれた。この時、ただ一人生き残ったトリストボギオイ族の王デイオタルス（デイオタロス）は、ミトリダテス戦争（ローマとポントス王ミトリダテス6世との戦争）においてローマに協力した功により、戦後、ポントスを討伐したポンペイウスによってガラティアの王に任命され、ガラティア王国はローマ帝国の庇護のもとに置かれることとなった。

紀元前39年デイオタルスの死後マルクス・アントニウスによってアミュンタスが王に任命されたが、紀元前25年、アミュンタスが死に際してガラティア王国をローマに遺贈したため、ガラティア王国は属州ガラティアとして、ローマに直轄統治されることになった。そして、ウェスパシアヌス帝（在位69～79年）の時にカッパドキアと統合し、中央アナトリアからユーフラテス川までの東部アナトリアを含む巨大な属州に再編成され、歴史の表舞台から姿を消していくのである。

（疋田隆康）

12

カエサルとの対決

★ガリア戦争の顚末★

紀元前58年、ガイウス・ユリウス・カエサルは属州ガリアの総督となった。カエサルは、ミトリダテス戦争や海賊討伐で武功をあげながら、元老院から冷遇されていたポンペイウス、富豪で政界進出をもくろむクラッススと密約を結び、富と名声への足掛かりとしてこの職を手に入れた。その機会はすぐにやって来た。現在のスイスに居住していたケルト人部族ヘルウェティイ族が、より豊かな土地を求め、西方のガリアへと移動し始めたのである。当時ローマの属州ガリアは現在のリヨンの南方まで広がっており、ヘルウェティイ族は移動距離を短くするため、ローマの領土を迂回せず、通り抜けることにし、その許可をカエサルに求めた。カエサルはこれを拒否し、武力で阻止するため、まずゲネウァ（現ジュネーブ）で準備を整え、ヘルウェティイ族を打ち破った。

カエサルがヘルウェティイ族を破ると、ガリアの諸部族はカエサルのもとへ祝賀の使者を送り、さらにゲルマン人スエビ族の王アリオウィストゥスを撃退してくれるよう頼んだ。ケルト人たちは、はじめゲルマン人を傭兵としてガリアに招き入れたが、逆にゲルマン人は雇い主を服従させて、次第に勢力を伸ば

ロワイエ画「カエサルに武器を投げ出すウェルキンゲトリクス」（ル・ピュイ＝アン＝プレ、クロザティエ美術館蔵）

し、手に負えなくなったからであった。そこで、カエサルはガリアの人々との関係を重視し、またゲルマン人が将来災いの種になりかねないと判断したため、アリオウィストゥスと戦い、ゲルマン人をライン右岸へと追い払った。

翌紀元前57年、カエサルは、ガリア北東部ベルギカ地方の部族が結託し、ローマに対して陰謀を企てているとの情報を得て、機先を制し、ベルギカ地方へ遠征し、ベルギカの諸部族を打ち破り、屈服させた。同時に部下に別働隊を指揮させ大西洋沿岸へ派遣し、ガリア西部を平定させた。カエサル勝利の噂が広まるとガリアだけでなく、ゲルマニアからもカエサルに服従を申し出る使者が訪れ、この年の終わりにカエサルは「全ガリアを平定」したと考えた。

ところが、冬になりカエサルがガリアを留守にしていた間にガリア北西部、大西洋沿岸に住む人々が、ウェネティイ族を中心にローマとの対決姿勢を明らかにし、ローマ軍に襲い掛かった。この報せを聞くと、カエサルは急ぎガリアへ引き返し、海戦でウェネティイ族を打ち破った。さらに部下をガリア南西部アクイタニアへ派遣し、ガリアの大西洋沿岸を制圧した。この過程で、カエサルはゲルマン人やブリテン島の諸部族がガリアの人々を支援していることに気付き、紀元前55年、まずライン川を渡ってゲルマン人を攻撃し、それからブリテン島にも遠征した。しかし、ブリテン島への遠征は準備不足もあり、十分な戦果があげられなかったので、紀元前54年に再度ブリテン島へ遠征したが、この遠征中にガリア北東部へ残していた部隊が、アルビオリクス率いるエブロネス族によって全滅した。これに勢いづき、エブロネス、アトゥアトゥキ、ネルウィイ、セノネス、トレウェリといったガリア北東部の諸部族がローマに対し蜂起した。カエサルはこれらの部族を各個撃破していったが、反乱の口火を切ったアルビオリクスはライン川を渡り、ゲルマン人のもとへ逃れたため、カエサル率いるローマ軍は、紀元前53年、再びライン川を越え、ゲルマン人を攻撃し、エブロネス族を壊滅させたが、アルビオリクスはカエサルの手を逃れ、行方をくらました。

この北東部で起こった反ローマの動きは他の地域にも広まっていき、紀元前52年、ケナブム（現オルレアン）でのローマ人虐殺を契機に、カルヌテス族、アルウェルニ族が蜂起し、さらにこの動きはガリアほぼ全土に広まり、ガリア諸部族の総決起へと発展していった。そして、ガリア軍はアルウェルニ族の指導者ウェルキンゲトリクスに総指揮を委ね、ローマと戦うことを決意した。カエサルは、このようなガリアの動きを聞くと、冬営地の北イタリアから進軍し、すぐにウェラウノドゥヌム、ケナブム、ノウィオドゥヌムを陥落させ、鎮圧に乗り出した。

ガリアの英傑ウェルキンゲトリクスの像

ウェルキンゲトリクスは、ローマ軍に連敗したことで、作戦変更の必要性を感じた。そこでローマ軍と正面から戦うのを避け、補給を断ち、ローマ軍をイタリアへ追い返す策を提案し、各部族にそれぞれの城塞や町を破壊するよう指示した。しかし、ビトゥリゲス族は、自分たちの町アウァリクム（現ブールジュ）の破壊に抵抗し、アウァリクムは川と沼で囲まれた天然の要害となっており、守るに容易であるから例外として認めるよう懇願した。ウェルキンゲトリクスは反対したが、根負けし、渋々これを許可した。しかし、ガリア軍の必死の防戦にもかかわらず、ローマ軍の攻囲の前にアウァリクムは陥落した。

アウァリクムの陥落は痛手ではあったが、ウェルキンゲトリクスの作戦の正しさを皆に納得させ、またウェルキンゲトリクス自身も士気の鼓舞に努めた結果、彼の敗北にめげない姿勢が共感を呼び、かえってガリア側の結束は強まった。

次の戦いの場は、ウェルキンゲトリクスの出身部族であるアルウェルニ族の主邑ゲルゴウィアであった。カエサルはゲルゴウィアの補給線を絶つために、ここを包囲し、西に囮《おとり》部隊を派遣して、陽動をかけ、その隙に反対側からゲルゴウィアに攻撃をかけ、これを奪取する作戦を立てた。しかし、戦いの物音を聞きつけてガリア軍が駆けつけ、またローマ軍は援軍を敵と勘違いしたため、作戦は失敗に終わった。

カエサルはゲルゴウィアから撤退した後、ガリア各地の鎮圧に向かわせていた部隊と合流し、ガリア東部のセクアニ族の方へと進軍した。ウェルキンゲトリクスは、この動きをローマ軍が撤退準備を始めていると解釈し、輜重隊を襲い追撃を加えようと目論んだ。カエサルは輜重隊を部隊の内側に入れて守りながら戦い、ガリア軍の撃退に成功した。ウェルキンゲトリクスは、近くの町アレシアへ逃げ込み、ここが両者の決戦の地となった。

カエサルはアレシアを包囲し、ウェルキンゲトリクスは包囲網完成前に援軍を要請していた。ウェルキンゲトリクスは援軍と呼応してローマ軍を挟撃し、包囲を脱しようとしたが、果たせず、ガリアの援軍は、ローマ軍に背後を取られ、奇襲をうけ、敗走した。ウェルキンゲトリクスは、予定になかった籠城戦で食糧の蓄えも尽き、敗北の翌日、会議を開き、その結果、ガリア軍は使者をカエサルのもとに送り、武装解除とウェルキンゲトリクスら指導者の身柄の引き渡しを行った。こうして、ガリアはカエサルに征服され、残されたガリア軍はローマ軍に編入され、カエサルの下、地中海を転戦していくことになるのである。

（疋田隆康）

コラム２

馬と鉄を武器にした覇者——二輪戦車を巧みに乗り回す

木村正俊

ケルト人は騎馬術に長け、同時に鉄の高度な加工技術をもっていた。彼らがヨーロッパの広範な地域を制覇できたのは、これら二つの技術の使い手であったからにほかならない。

馬は、人間社会のなかでさまざまな役割を果たし、歴史の歩みに貢献した。ケルト社会においては、実用的な理由からだけでなく、宗教的、象徴的な理由からも最も重要な動物の一つであった。ケルト人（あるいは原ケルト人）がヨーロッパに出現する以前から、馬はヨーロッパに導入されていたのはたしかである。考古学の証拠では、紀元前７００年頃には、馬具を装備した馬がヨーロッパで急に広く用いられるようになった。当時の馬具の大部分が、馬の原産地である黒海平原のステップ地帯を支配していた騎馬遊牧民社会のものと似ている。そのことから、馬具を完全装備した東方の馬がこの時期にヨーロッパ中・西部へ流れ込んだかもしれない。馬はケルトの貴族たちにとって、特権の象徴となり、彼らは争って馬を手に入れようとした。馬がいかに貴重な存在であったかは、馬の骨や図像が、遺跡、墳墓、農場、貨幣、彫刻などさまざまな場に多くみられることからわかる。

ハルシュタットのいくつかの墓からは乗馬の痕跡を示す埋葬品が出土している。騎乗したまま戦うのに適した長剣も出土している。馬と戦車をつなぐ部品も発見されており、前7世紀末には戦車を用いた戦いがふつうになっていたことを示している。前3世紀から前2世紀にかけてのケルト人所有の戦車は、高度に進化した武器に変わっていた。カエサルがガリアに侵攻し

コラム2

馬と鉄を武器にした覇者

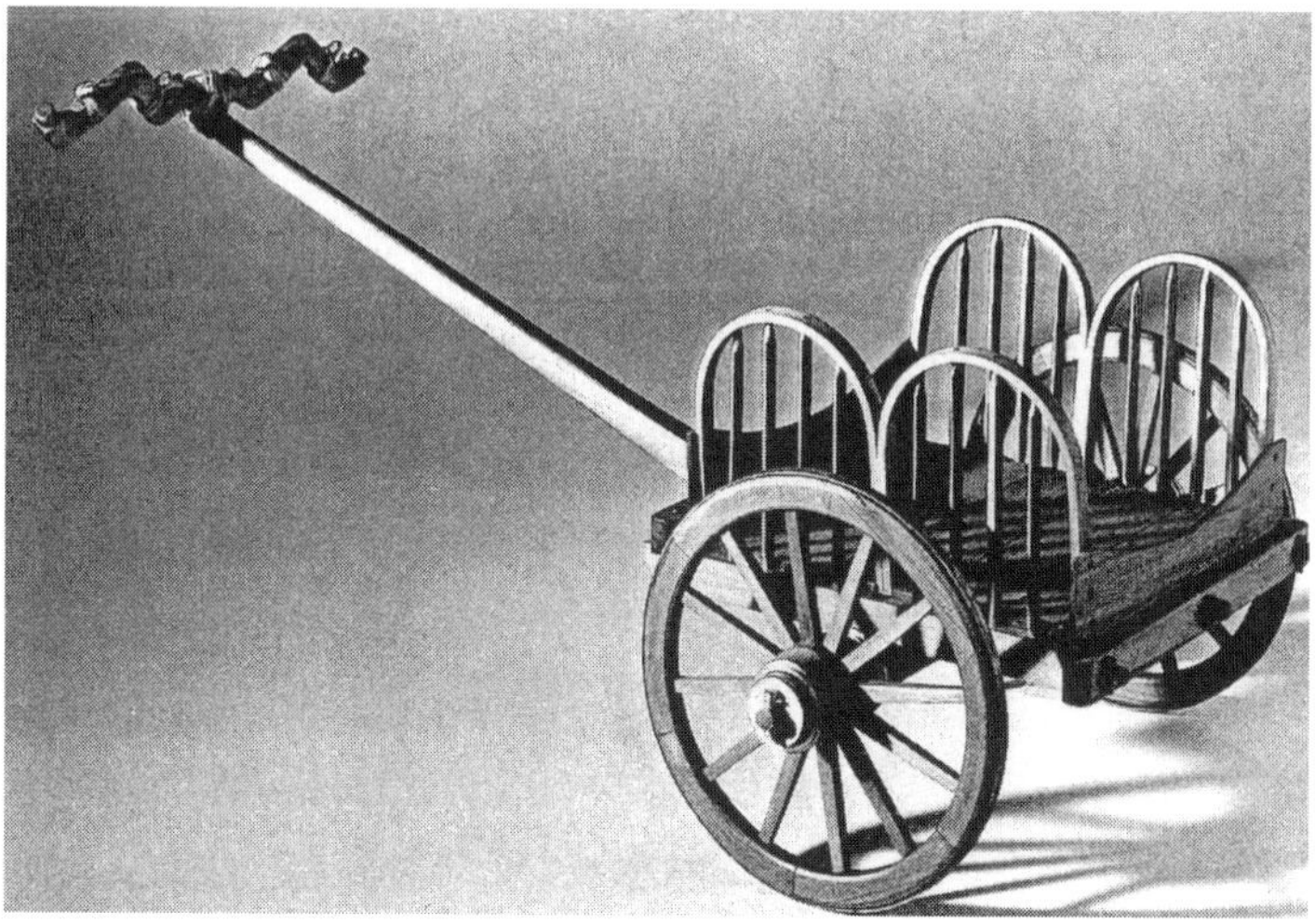

ケルトの二輪戦車（ヨークシャーから出土した型をもとに復元）

た前1世紀頃には、ケルト人は新しい騎兵戦術を用いるようになっていた。戦いの方法は「馬で戦車をあちこち乗り回して槍を投げる。馬が呼び起こす恐怖心と戦車の車輪の騒々しい音で、敵陣の戦列を大混乱させ、……敵陣の隊列に突進し、戦闘員は戦車から飛び降り、徒歩で戦う。その間に御者は戦闘からしだいに離れ、仲間が敵の大軍に圧迫されても、すぐに味方の許へ逃げて戻れる位置に戦車を並べて置く」（『ガリア戦記』4・33）。

ケルト人が戦いで敵陣を崩すことができたのは、彼らが駆使した頑丈な戦車のおかげであったといえるかもしれない。ケルト人は戦車を先端的な鉄加工技術で最高の品質のものに作りあげることができた。たとえば、馬車の車輪は、遠路や悪路に耐えられるように木製車輪の外側も内側も鉄製の輪できわめて堅固に仕上げた。車体と馬をつなぐ馬具類も精密に、また強固に作った。

戦車とよびうる車両形態は、紀元前2000年紀の前半に、西アジアでできたとみられる。インド・ヨーロッパ語系のヒッタイト人、ミタンニ人、カッシート人らが製造技術の開発を担ったが、その後戦車製造技術がどこかを接点に、ケルト人に伝わったものであろう。鉄器時代の豪華な墓から出土する二輪戦車（チャリオット）は優美で精巧な造りのものが多く、それらは、戦場での乗り物というより、特権階級の地位の象徴であったことを明かしている。時代とともに戦闘方法が変化し、大陸では二輪戦車はあまり使用されなくなったが、ブリテンではローマと戦った時期にもまだ使われていた。

ケルト人は戦車にとどまらず、鉄製の武具や道具、用具、装身具などの製造にもすぐれた技術を駆使した。武具・防具としては、入念な鉄製の槍《やり》や矢じり、刀剣、鞘、盾、鎧、兜などが作られた。日常的道具や用具にも、性能のよい堅固な鉄製品が使われた。斧、槌《つち》、鋏《はさみ》、包丁、鋤《すき》、鍬《くわ》、鎌、鍋（釜）と吊り鎖、暖炉の薪載せ台など生活必需品も鉄製のものが多かった。ケルト人は、馬と鉄を武器に、ヨーロッパを広範囲にわたって制覇した民族だったのである。

III

ブリテン諸島のケルト人

13

海を渡ってブリテン諸島へ

★独自のケルト文化を開花させる★

ブリテン諸島（ブリテン島とアイルランド島）のケルト文化は、大陸のケルト人がその言語や習俗だけでなく、高度な鉄加工技術をも携えてブリテン諸島へ侵入し、先住民を征服して広まったものと以前は考えられた。しかし、近年この侵略・征服説には異論が出され、ブリテン諸島にはケルト人が到着する以前からケルト文化が流入しており（あるいはケルト文化に類似した文化が存在しており）、大陸のケルト文化がそのまま移植されたものではないとする説がしだいに行き渡ってきている。

ブリテン諸島に大陸からケルト人が渡った確かな証拠はない、と移住を全面的に否定する主張までなされるが、大陸ケルト人の一部がブリテン諸島へ集団的に移住したことは、考古学上の発掘品（武具や武器、装身具など）などからも明らかである。大量のケルト人が一挙に海を渡ったことはなかったにしても、数次にわたってさまざまな経路をたどり集団で移住した事実は否定できない。

ブリテン島へ移住した最初のケルト人集団を明確に突き止めることは難しい。大陸ヨーロッパでケルト文化が隆盛を誇っていた頃、海峡で遮断されたブリテンでは、ゆっくりとケルト文

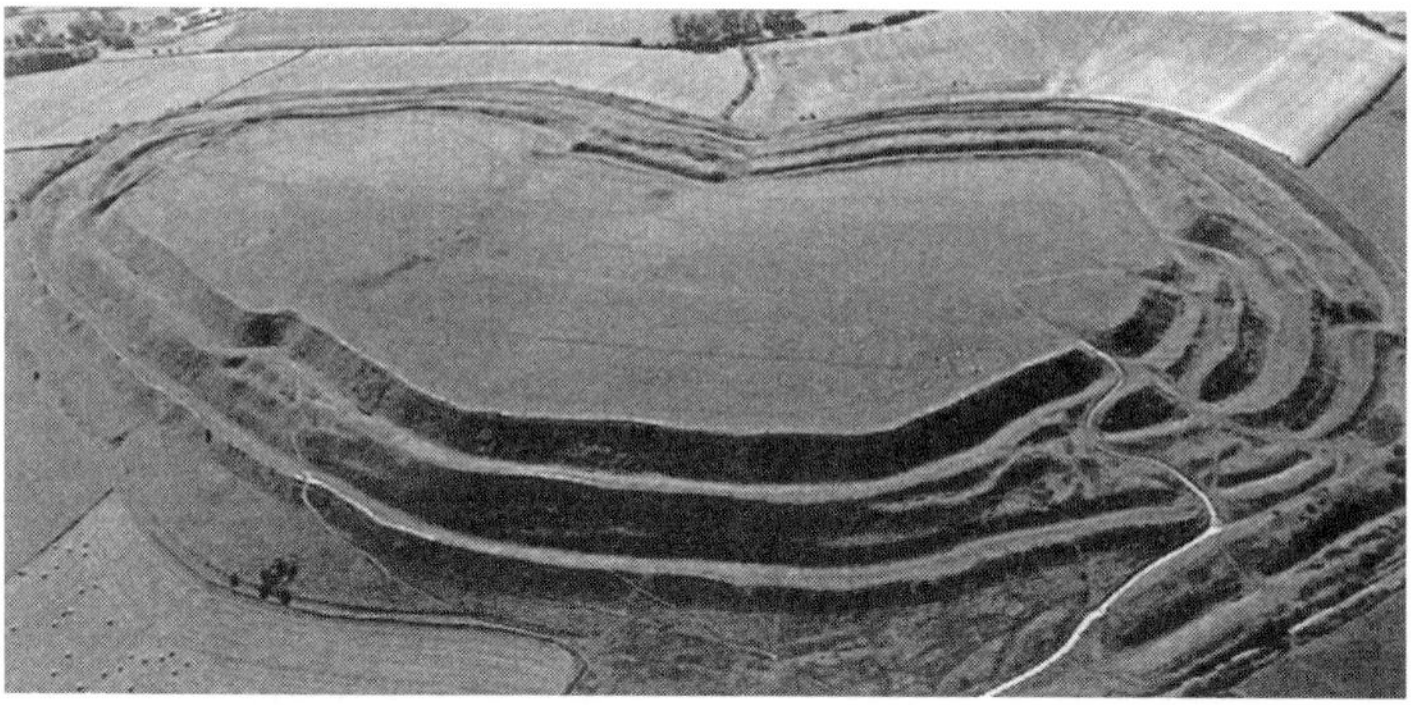

ブリテンの丘砦メイドン・カースル

化の影響を受け、独自のケルト文化を育んでいた。当時のヨーロッパでブリテンは「錫《すず》の国」として知られており、錫を中心とした金属資源の交易が行われたが、ケルト文化の影響は、主にその交易活動とウェールズやイングランドの海岸地帯への移住者を通じて進行した。ケルト文化に敏感に反応し、新しい思考や技術を取り入れる人もいたが、関知しない人もいたようである。

ケルト人が集団として初めてブリテンに移住したのは紀元前７００～６５０年頃であったと推定される。彼らはブリテン島の海岸地帯に上陸したあと、各地へ拡散したであろう。初めて移住してきたケルト人たちは新型の剣のデザインなどをもたらしたが、それをブリテンの鍛冶はすぐさま模倣し、改良を加えた。その後数世紀間、交易によって大陸からハルシュタットおよびラ・テーヌ様式の輸入品が増えたことで、ブリテンではケルト文化の摂取とそれをもとにした独自の創生に勢いがついていく。

紀元前２世紀の終り頃の、フランスのシャンパーニュの戦士団とその家族の移住は、考古学的遺物からの判断であるが、だいぶ規模が大きかったようである。その一団はヨークシャー東部に定住し、ケルトの習俗などを伝えた。彼らはラ・テーヌ期の特徴的な火葬の埋葬方式をもたらしたことで記憶される。ラ・テーヌ様式のケルト文化が、紀元前1世紀までに、ブリテンで十分に確立したことはほぼ間違いはない。ケルト人のブリテン島への最後の移住はガリアの北東部にいたベルガエ族であった。前100年以前にベルガエ族はイングランド南東部に定住し、大陸のケルト文化と彼らの習俗と信仰をもたらした。

ブリテン島に定着したケルト人は、大陸のケルト人と同じく、部族社会を形成し、城砦（ヒルフォート）に集落をなして生活した。ケルト人は多くの場合先住民の居住していた城砦を引き続き使用したが、増改築したり、新築する場合もあった。規模は大小さまざまで、小高い丘の上に防御壁を巡らせて造られた。なかには海抜の高い場所に築造されるものもあり、ダービーシャーのピーク地域にあった城砦は、海抜460メートルのところに建てられていた。

ブリテン島の北部、スコットランドへのケルト人移住については、前700年頃までに第一波が到来したのではないかと推測される。スコットランドの地形・地理などからケルト人はさまざまな経路でスコットランドへ渡ってきたのではなかろうか。もっとも、近年はスコットランドのケルト人は外部から移住してきたのではなく、スコットランドに住んでいた青銅器時代人の直接の子孫であるとの説も出ている。

スコットランドの初期ケルト人については、はっきりした事実はつかめないが、紀元1世紀にローマ人が登場するに及んで、ローマ人の記録からスコットランド全体の様子がおぼろげながらつかむことができる。ローマ人によれば、ケルト社会は軍事力をもった貴族階級に支配された部族社会で、ケルト語を話し、城砦を築いて軍事力をもたない部族民を守った。スコットランドのケルト人の芸術は大陸のケルト社会の芸術に類似したモチーフと技巧を用いたという。

アイルランドの場合は、最初のケルト人集団が前600年頃に渡来し、以後は数次にわたって波状的に移住してきたとされる。ヨーロッパ大陸からブリテン島を経由したルートやスペインから海路を北上したルートなどが考えられる。前500年頃までには、アイルランドは完全にケルト社会になった。ケルト人は大陸から鉄文化をもたらしたが、青銅器時代からのアイルランドの居住民はこの新しい冶金技術を受け入れ、青銅器時代末期と鉄器時代初期の二つの文化が共存する状態が起こる。前200年までにアイルランドへラ・テーヌ文化が伝わったことが確認されているが、アイルランドのラ・テーヌ文化様式の金属製品は二つのグループに区分される。ひとつは大陸に直接の起源をもつ様式で、もうひとつは、製作時期が少し遅れるが、アイルランド独自の特徴を示す様式である。

（木村正俊）

14

ローマ支配下のケルト人

★ローマン・コンクェストと女王ブーディカの反乱★

ある年の夏、イングランドとスコットランドとの国境付近にある町カーライルまで来たときのことだった。その日の宿は郊外のクロスビー・オン・エデンという村だった。「エデン」と聞いてアダムとイブの楽園を想像したが、実はこの村を流れるエデン川の名前からきていて、その言葉も「湧き出す」という意味の単語が母音変化を起こして「エデン」という発音になったのだということを後で知った。

ところで、カーライルに来て思い浮かんだのは英国史でよく知られている「ハドリアヌスの長城」だった。宿の女主人に訊いてみると、車で30分ほどのところにあるという。夏のイングランドは日が長く、夕方とはいえ明るいうちに十分に往復できる距離だった。

目の前に延々と続く防壁が現れた。曇り空のためうす暗くなった雰囲気が劇的効果を生み出して、はるか昔のローマン・ブリテンの時代を彷彿させるのに十分だった。完成当時は高さ5メートル近くあったということだが、場所によっては簡単に登れるところもあった。たまたま出会った地元の子らしい男の子が二人、13歳と16歳ということだったが、世界遺産を遊びの

第14章
ローマ支配下のケルト人

ハドリアヌスの長城

庭代わりにするかのように、自転車に乗って防壁沿いに走り去って行った。

ハドリアヌスの長城は、東は北海に面したニューカッスル・アポン・タインのタイン川河口のウォールズエンドから西はアイリッシュ海に面したソルウェイ湾の入り江にあるボウネス・オン・ソルウェイまで建設された総延長およそ118キロメートルに及ぶ防壁である。第14代ローマ皇帝ハドリアヌスが、ローマに反抗するスコットランドからのケルト系部族の来襲を防ぎ、ブリテン北部の守りを固めるためであった。建設工事は122年に始まり、およそ6年をかけて完成した。だがなお来襲は続いた。そのため、142年には次の皇帝アントニヌス・ピウスはさらに約160キロメートル北、フォース湾からクライド湾に至るおよそ63キロメートルにアントニヌスの長城を築く。

この防壁をみると、ガリアを越え、さらに海を越えて、ブリテン島のこのはるか北にまで勢力を拡大しようとしたローマ帝国の力の強大さを感じるとともに、覇権という潮流は内包するエネルギーが枯れるまでひたすら拡大し続けるものだということを感じさせる。

ところでこの防壁に象徴されるようなおよそ400年にわたるローマ帝国のブリテン島支配が始まったのは西暦43年、クラウディウスの時代であった。生来病弱で、母親からもさえ遠ざけられ、政治家としての資質に期待されることもなく、すでに50歳という年齢を迎えていたクラウディウスであったが、新皇帝としての軍事的な威信を内外に示す必要があった。

折しも、ブリテン島内でもブリトン人の部族間の覇権争いがあり、アトレバテス族の王ウェリカが、新皇帝の助けを求めてローマにやってきた。ブリテン島を実質的に支配していたカトゥウェラウニ族のクノベリヌスの息子カラタクスに征服され、王の座から排除されたというのである。新皇帝にとって自身の軍事的威信を示すには絶好の機会となった。

クラウディウスはさっそくアウルス・プラウティウスに遠征を命じる。これを受けてプラウティウスはその年の夏、4軍団約2万と、同規模の援軍の総勢約4万をともなってブリテン島に乗り込む。上陸地点はドーヴァー海峡の西、ケントのリッチバラであろうとされている。軍団はブリトン人の主要都市カムロドゥヌム（現在のコルチェスター）にむけて北上した。ローマ軍団はメドウェイ川を渡るときの二日間にわたる攻防を経験しただけでケントを征服した。またたくまにテムズ川河口に至り、ここで皇帝クラウディウスの到来と援軍および支援物資を待った。この闘いでクノベリヌスの息子たちであるトゴドゥムヌスは戦死し、カラタクスはウェールズに逃れ反抗を続けた。ついでながら、後に捕らえられローマ市内引き回しをされた際にも彼の反抗の心は消えず、その演説内容の気高さに打たれた皇帝クラウディウスは、妻を含めた一行の鎖を解いたと語り伝えられている。

数か月後に到着したクラウディウスは征服を果たしてカムロドゥヌムに向かい、11の部族をその支配下においた。

属州ブリタニアの支配がこのようにして始まったが、ローマに対する反感の根は残っていた。西暦60年、ローマの歴史家ディオ・カシウスに「海は血で染まり、潮の引いた海岸には人間の死体らしきものが山と重なっている」と言わしめたほどのイケニ族の女王ブーディカの反乱が起きている。

ブーディカの銅像（ロンドン）

その引き金は二つあるという。ひとつは王である夫亡き後の、収税官吏らによる傍若無人な徴税と土地収用などである。ブーディカはこれに抵抗したため罪人と同じように裸にされてムチで打たれたうえ、自分の娘二人も陵辱された。もうひとつの理由として、ストア派哲学者のセネカが高利貸だったことをあげている。セネカはブリトン人に無理矢理貸し付けを行い、あげくは全額一括返済を要求して厳しく取り立てたという。

屈辱を受けた上にさらに財産までも奪われかねないやり方に怒ったのが「背がとても高

く、たくましい体躯を持ち、目は射貫くようで、声はしわがれ、豊かな黄色の髪を腰まで垂らしていた。首には大きな金のネックレスを巻き、およそ考えられるありとあらゆる色を配したチュニックを体に巻きつけ、その上に肩でブローチで留めた厚いマントを重ね、手には見る者に恐怖を与える槍を持っていた」と描かれるブーディカだった。雄ライオンを彷彿させるこの女性が、およそ23万からなる軍を引き連れて、ローマ人の中心都市でありクラウディウスの神殿のあるあのカムロドゥヌムを目指したのだった。街は瞬く間に占領され、神殿は倒され、街は二日間にわたって燃え続けたという。イケニ族の虐殺のすさまじさは、「身分の高いローマ人の女性は乳房を切り取られたうえ、それを口に押し込まれ、さらに頭からつま先まで串刺しにしてさらされた」というディオの記述からも推察できよう。ブーディカはさらにロンディヌム（ロンドン）を破壊し、ウェルラミウム（セント・オールバンズ）を占領して勝利に終わるかに思われた。

しかし、反乱軍は戦術優位のローマ軍に制圧された。この闘いで殺されたイケニ族の数は、ローマ軍の戦死者400名に対し7万とも8万とも言われる。ブーディカは絶望し毒をあおいで、あるいは病に落ちて死んでいったという。

ロンドンのテムズ河畔、ウェストミンスター・ブリッジ西端には、ロンドン・アイに目を引かれた観光客には見過ごされてしまいそうにブーディカの銅像が置かれている。

43年にブリテンに侵入しブリテンを属州ブリタニアとしたローマ帝国は、407年、帝国のたそがれを象徴するかのようにブリタニアを放棄した。ブリトン人に文化的・政治に大きな影響を与えたが、最後まで植民地化することなくその支配を終えたのであった。

（市川　仁）

15

キリスト教の伝来

★「聖人と学者の島」アイルランド★

ブリテン諸島とフランスには、ローマ帝国とともにキリスト教がもたらされた。フランスは、あの有名な『ガリア戦記』を執筆したカエサルによって紀元前1世紀半ばに征服されたが、その後、ローマ帝国の属州となった。カエサルはブリテン島にも遠征したが、ブリテン島の大半（おもに現在のイングランドとウェールズ）がローマ軍の支配下に入ったのは、紀元後1世紀後半のことであった。これらの地域は「ローマン・ブリテン」と呼ばれる。ローマ帝国においてキリスト教は迫害されていたが、4世紀初め以降、信徒の安全が確保されるようになっていった。そして、4世紀末にはキリスト教以外の宗教が「異教」として禁止されるようになった。

このようなローマ帝国におけるキリスト教の普及と解禁の過程が、属州であったブリテン島とフランスにも影響を及ぼした。石碑に刻まれた十字架などが、これらの地域にもローマ帝国の時代にすでにキリスト教徒がいたことを示している。しかし、どれほどキリスト教化が進んでいたのかについては、判断が難しい。

395年にローマ帝国は東西に分裂した。異教徒である異民

聖パトリックの肖像

族の侵入などによって西ローマ帝国は衰退し、４７６年に滅びる。ブリテン諸島においては、現在のウェールズから時計回りにキリスト教が伝来・普及していく。ローマ帝国の属州であったイングランドは、異教徒の侵入によって「脱キリスト教化」したと考えられている。キリスト教は、ウェールズなどブリテン島南西部にとどまり、そこからアイルランドに伝来し、アイルランド全土に普及した。６００年頃までにアイルランド各地に教会や修道院が創建されていったのである。

ちなみに、ウェールズの聖地セント・デイヴィッズは、聖デイヴィッドが厳しい修道生活を送った地と伝えられ、聖人の名が地名となっている。聖デイヴィッドは、5世紀に活躍したとされる伝説的な聖人であり、ウェールズの守護聖人である。

アイルランドでは、教会や修道院の創建者が「聖人」と見なされ、多くの聖人が生み出された。ローマン・ブリテン出身の聖パトリック（5世紀後半に活躍）は、アイルランドの守護聖人となり、3月17日の「聖パトリックの日」には世界中でパレードが開催されるほど有名になった。ほぼ同時代に活躍したとされる聖ブリジットは、キルデアに教会と修道院を創建したと伝えられる。6世紀にクロンファート修道院を創建した聖ブレンダンは、ラテン語で書かれた『聖ブレンダンの航海』によってヨーロッパ中に名を馳せた。同時代に、クロンマクノイス修道院を創建した聖キアラン、グレンダロッホ修道院を創建した聖ケヴィンなどがいる。キルデア、クロンファート、クロンマクノイス、グレンダロッホには、当時の木造の建築物は残っていない。しかし、後に再建された石造の建築物の廃墟をみることができる。修道院の建物群、教会、ハイ・クロス、ラウンドタワーなど、保存状態が良いクロンマクノイスやグレンダロッホは、今では観光地としてにぎわっている。

アイルランド出身の聖コルンバ（「コルム・キレ」）は、563年にアイオナ修道院を創建した。アイオナは、スコットランド西北部へブリディーズ諸島に位置する小さな島であるが、今ではブリテン諸島屈指の「聖地」であり、世界中から多くの巡礼者や観光客を集めている。当時のスコットランドにはピクト人が住んでいたが、このピクト人にキリスト教を布教したのが、アイオナの修道士たちであったと考えられている。また、当時のノーサンブリア王国（イングランド北部）の王の要請に応じて、アイオナ修道院から聖エイダンが635年に司教兼修道院長として派遣された。エイダンは、アイオナとよく似たリンディスファーン島に修道院や教会を創建した。『リンディスファーン福音書』はここで制作された。一方、アイオナは、『ケルズの書』が制作された場所と推定されている。

このようにアイルランドにルーツをもつアイオナを中心に、スコットランドやイングランド北部へとキリスト教が伝来・普及していった。また、リンディスファーンは、イングランドの「再キリスト教化」の一役を担うことにもなった。

5世紀に活躍したとされるコーンウォールの守護聖人ピランは、錫掘削労働者たちの守護聖人で

ピクト人への布教活動をする聖コルンバ

もある。伝説上の人物であり、アイルランド出身とされ、しばしばアイルランドの聖キアラン（クロンマクノイスの聖キアランとは別人）と同一視される。

ブルターニュでは、港町サン・マロの名前の由来となった聖マロをはじめ、5世紀末からウェールズやコーンウォール出身の聖人が次々と移住し、キリスト教を布教したと伝えられる。

一方で、ローマ帝国の支配を受けたイングランド、ウェールズ、ブルターニュにおいては、その時代にローマ側から直接入って来たキリスト教が根づき、キリスト教の信仰が守られてきた例もあることを忘れるべきではない。また、ローマ帝国の支配を受けなかったアイルランドであるが、ローマ帝国や地中海世界と交易を行っており、これらの地域の影響を色濃く受けていた。アイルランドも、基本的にローマを中心とするキリスト教世界の一員であり、パトリックにしろ、後述するコルンバヌスにしろ、著作を残した聖人の叙述からは、彼らがキリスト教の聖地ローマを強く意識していたことがわかる。

アイルランド出身の聖コルンバヌス（615年死去）は、フランスのリュクスーユ、アンヌグレイ、フォンテーヌやイタリアのボッビオなどに修道院を創建した。アイルランドの厳格な修道院規律や贖罪規定書を大陸にもたらし、ヨーロッパ中に大きな影響を及ぼした。コルンバヌスやコルンバは、アイルランドの故郷を離れてブリテン島や大陸に移住し、修道院を創建してキリスト教を広めた「異郷宣教者」として知られる。彼らの行為は、「キリストのための異郷宣教」であり、キリスト教徒として最高の禁欲的実践でもあった。

また、アイルランドでは、修道院が豊富な蔵書を保管し、修道院で当時としては高度な学問研究が行われていた。それゆえ、コルンバヌスのように「学者」としても有名な「聖人」を何人も輩出する。

これまで見てきたように、ブリテン諸島とフランスのキリスト教の伝来と布教については、「聖人と学者の島」アイルランドの存在を抜きには語れないのである。


（田中美穂）

16

アングロ・サクソン人の侵入

★辺境に退却したケルト人★

「イングランド」は「アングル人の土地」を意味するが、彼らはいつどのようにしてここへやってきたのだろうか。アングロ・サクソン人とは、現在のユトランド半島のデンマークとドイツ付近（シュレスヴィヒ・ホルシュタイン）に居住していたアングル人、サクソン人、ジュート人の総称である。731年頃にベーダが著した『英国民教会史』や、9世紀から12世紀にかけて編纂された『アングロ・サクソン年代記』には、ケルト系先住民ブリトン人の王ヴォーティガーンが、北方のピクト人や西方のスコット人に脅かされて大陸のゲルマン人に支援を求めたという記述がある。ヴォーティガーンから要請を受けたジュート人の兄弟、ヘンギストとホルサは、449年に大陸から3隻の長い軍艦でブリテン島に到来した。彼らは、かの地が肥沃であること、しかもその住民が怯懦であることを知り、祖国にさらなる援軍を募った。

『英国民教会史』によれば、「かつてアルビオンと呼ばれた大西洋上の島ブリテン」は以下のような所であった。「穀物と樹木が豊富で、牛や荷物運搬用の家畜を飼育するのに非常に適している。ぶどうが実るところもあり、家禽類や大型の水鳥の類が多い。魚がたくさんいる川や豊かに湧き出る泉があることも注目すべきである。最も大量に生息しているのは鮭とウナギである。アザラシもよく捕獲され、イルカや鯨もまた同様である。加えてイガイのようなさまざまな種類の貝もあり、赤色、紫色、すみれ色、緑色などあらゆる色の、とは言え主に白だが、すばらしい真珠を産することもよくある。巻貝もふんだんにあり、それが深紅の染料の原料となって、何よりも美しい赤色が作られ、日射しや雨にさらされても色あせず、年月の経過とともにますます美しくなる。塩井も温泉もあり、そこから湯治場を潤す川が流れ出て、すべての年齢の男女にとって各地でそれぞれの要件に見合うものとなっている。(中略)ブリテンは、銅、鉄、鉛、銀などの鉱脈にも恵まれている。(中略)北極点のほとんど真下に位置しているので、夏の夜は明るく、そのために真夜中に見ていると夕方の薄明かりが続いているのか、朝がやってきたのかわからなくなる」

イングランド東部の遺跡サットン・フーで発見されたアングロ・サクソン人の鉄製ヘルメット(大英博物館蔵)

これを伝え聞いたヘンギストの同胞たちは、無敵の大艦隊を率いて勇猛果敢に戦った。その勢いにブリトン人までもが震え上がったが、それはブリトン人自身が彼らに支配される予兆となったのだろうか。ブリトン人を助けるために渡来したはずのアングロ・サクソン人は、やがて敵役だったピクト人と手を結び、略奪と惨殺の矛先をブリトン人に向けるようになった。『英国民教会史』には、ブリテン島が「かつて無数の砦に加えて28の名高い都市を擁していることで抜きんでており、その砦は壁、塔、門、砂州で堅く守られていた」とあるが、これはローマ人の支配下にあった時代の話であり、ローマ人が撤退した後の防護が脆弱であったからこそ、ヴォーティガーンは助力を必要としたのである。それ以前にもサクソン人はブリテン島を度々攻撃していたと言われるが、ブリトン人は自ら招き入れた民族によって決定的に駆逐される運命に転じた。

『アングロ・サクソン年代記』によると、457年にヘンギストと息子アスクがブリトン人と戦って4000人を殺害し、ブリトン人が南東部のケントを見限ってロンドンへ恐れをなして逃げのびたという。また、473年にはヘンギストとアスクに応戦したウェールズ人が炎から逃れるかのように逃亡し、ヘンギストたちは数え切れないほどの戦利品を手に入れたと記されている。

ブリテン島の各地に定住したアングロ・サクソン人たちは、アングロ・サクソン七王国と呼ばれる七つの王国を形成した。ジュート人は南東部にケント王国を建国し、アングル人はイングランド北部にノーサンブリア王国、中部にマーシア王国、東部にイースト・アングリア王国を建国した。サクソン人はブリテン島東部から南部にかけてエセックス王国、ウェセックス王国、サセックス王国を建国した。

577年にグロスターシャーでサクソン人に敗退したウェールズの人々は、イングランド南西部やコーンウォールのブリトン人から孤立した。『アングロ・サクソン年代記』には、614年以降、ウェセックス王国によってブリトン人が殺害や退去を余儀なくされる様子が相次いで記録されている。

616年にサクソン人がチェスターを征服すると、ウェールズの人々はカンブリア地方とのつながりも絶たれた。693年には、ウェセックス国王イネのもとでウェールズ人を臣下として言及する法が発布されている。

ブリトン人は、アングロ・サクソン人の一方的な侵略を甘受していたわけではない。ウェールズ北西部のグウィネッズ王国は、アングロ・サクソン人に対抗するブリトン人の中核的な存在であった。8世紀半ばにマーシア国王オッファは、ウェールズとの境界として240キロメートルに及ぶ防壁を築いた。これは、現在のイングランドとウェールズとの分割線とほぼ一致している。しかし828年にマーシア王国がウェセックス王国に制圧されると、マーシア王国の支配下にあったウェールズ人のダヴェッド王国とポウイス王国もその領域に含まれた。927年には、現在のスコットランドに位置するストラスクライド王国までウェセックス王国に属することになり、アングロ・サクソン人の勢力範囲が更に北へ拡がった。現在のデヴォン州を流れるテイマール川は、コーンウォールの人々がアングロ・サクソン人に攻防する力が及ぶ東端となった。

殺戮を免れたブリトン人は、スコットランド、ウェールズ、コーンウォールなどブリテン島の周縁地域や、海峡を隔てたフランスのブルターニュに逃れた。ウェールズはアングロ・サクソン人のことばで「よそ者」(wealas)を意味するが、コーンウォールの「ウォール」も同じ語源である。ブルターニュとは、ブリトン人が後にしたブリテン島に対して「小さなブリテン」を意味する。

(米山優子)

17

ヴァイキングの来襲

★北方の民がもたらした功罪の痕跡★

イングランド北部と中東部、スコットランドの島嶼部には、デヴィッドソン（Davidson）、ジャクソン（Jackson）などのように「ソン」（-son）で終わる姓や、ダービー（Derby）、オルソープ（Althorpe）、ブレイスウェイト（Braithwaite）、イーストフト（Eastoft）などのように「ビー」（-by）、「ソープ」（-thorpe）、「スウェイト」（-thwaite）、「トフト」（-toft）で終わる地名が多く見受けられる。これらは、8世紀末から11世紀初頭にブリテン島やアイルランド島に来寇したヴァイキングと関係がある。

ヴァイキング（Vikings）とは「入江の人々」を意味し、スカンディナヴィア半島やデンマークなどのゲルマン民族を指す。船を自在に操るデーン人やノルマン人は北方人（Northmen）とも呼ばれ、その強硬さと残虐さは留まるところを知らなかった。『アングロ・サクソン年代記』の793年の欄には、次のように記されている。「この年にノーサンブリア一帯に不吉な前兆が現れ、住民を悲惨なまでに恐れおののかせた。尋常ではない稲妻の閃光や、火を噴く複数の竜が空中を飛んでいるのが目撃された。このような前兆の直後に大飢饉があった。それからすぐに（中略）異教徒が侵入し、略奪と殺戮を働いてリンディス

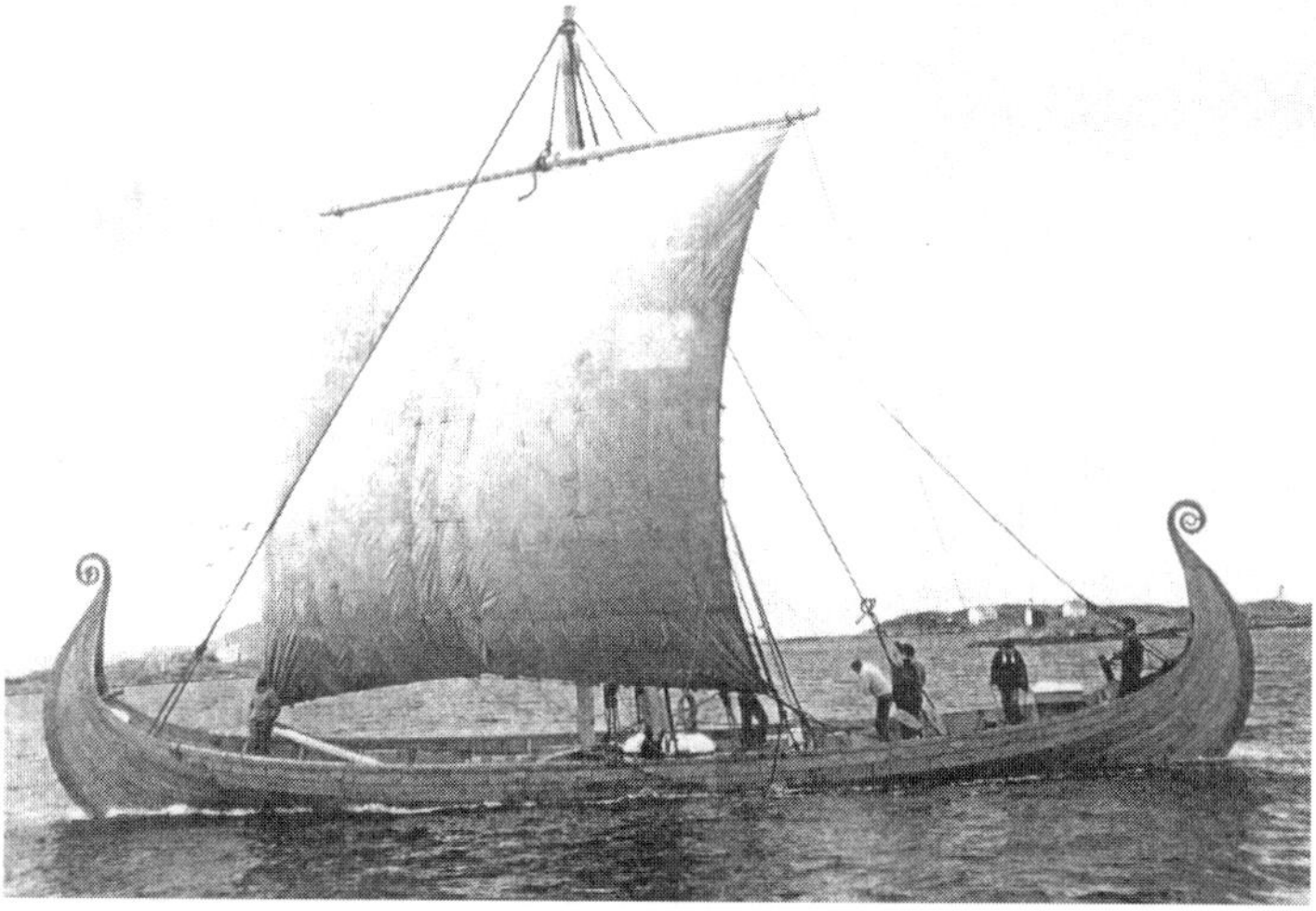
復元されたヴァイキング船

ファーンの神の教会を壊滅の惨状に陥れた。(以下略)」

9世紀初期の作とされるゲール語の詩からは、ヴァイキングがどれほど恐れられていたかが窺える。「今夜は激しく荒れた風が吹いている、海洋の髪を白くなるまでかき立てて。こんな晩にはほっとする、獰猛な北方人が航路をとるのは海が凪いでいる時だけだから」。とくにスコットランド北部の島嶼部と西方諸島、イングランド北部、アイルランド島では大きな被害を受けた。修道院の敷地にそびえる円い筒状の塔は、鐘楼であるとともに海賊の攻撃に備えた避難所でもあった。563年にアイルランドから渡来して、アイオナ島をキリスト教布教の拠点としたコルンバの聖遺物は、略奪を避けるために別の場所へ移された。キリスト教文化の中心となったジャロウ、リンディスファーン、ヨーク、カンタベリー、ロンドンなどの修道院も相次いで破壊され、衰退を余儀なくされた。

ウェールズでも、東から攻めてくるアングロ・サクソン人と、西から攻めてくるヴァイキングの応戦を強いられた。ウェールズ西部に領土を拡げたポウイス国王ロドリーは、856年にアングルシー沖でデーン人の首領を倒したが、その後も脅威は消えなかった。

アングロ・サクソン人の王国のなかで、とくに優勢を誇ったウェセックス王国のアルフレッド大王は、デーン人との断続的な戦闘の末、878年にエディントンの戦いで快勝した。エディントンの石灰質の丘の斜面を削り取って描かれた巨大な白馬は、この時の勝利を記念するものだと伝えられる。アッサー著『アルフレッド大王伝』によると、大王は「大虐殺でヴァイキングを破滅させ、敗走する者を城砦まで追撃して撲殺した。また、城砦の外で見つけたあらゆるもの——人間（即殺害）、馬、牛——を獲得した。そして不敵にも、ヴァイキングの城砦の門前に全陣営を張った。そこへ14日間留まると、ヴァイキングは飢えと寒さと恐怖で完全に怖気づき、最後には絶望して以下のような条件で和平を求めた。大王は望むだけの人数の気に入った人質を得られるが、大王側からは何も差し出さなくてよいという条件である。彼らがこのような条件で和平を結んだことは、今まで一度もなかった。（中略）さらに、彼らはただちに王国を去ると厳粛に誓い、デーン人の王グッズルムがキリスト教に改宗してアルフレッド大王の手で洗礼を受けると約束した」。その3週間後に、グッズルム王はアルフレッド大王のもとを訪れ、約束通りのことを果たした。ウェドモーで行われた洗礼式の後、グッズルム王は12日間アルフレッド大王とともに過ごし、グッズルム王の伴の者も財宝を与えられて手厚いもてなしを受けたという。

第17章

ヴァイキングの来襲

それから、アングロ・サクソン人とデーン人の居住地域を分け、人民や牛馬の所有等に関して両者の対等な立場を保障する協定が結ばれた。境界については、おおよそロンドンとチェスターを結ぶ線より北をデーン人の区域、その南をアングロ・サクソン人の区域と定めた。デーン人の居住地域は彼らの法が及ぶ「デーンロー」地帯と呼ばれ、冒頭に述べたように、現在もこのあたりはヴァイキングのことばである古ノルド語に由来する姓や地名が多い。スコットランドでも、北西沖のルイス島では地名の大半が古ノルド語に由来し、スカイ島では約半数以上、アイラ島では約三分の一の地名が古ノルド語の要素を含んでいると言われる。デーン人の古ノルド語は、地名や人名以外にも、日常的に使用頻度の高い基本語彙が英語に借入されており、アングロ・サクソン人とヴァイキングとのかかわりの強さを反映している。

境界を越えてたびたび攻め入ってくるヴァイキングとアングロ・サクソン人との間には、平時と戦時が繰り返された。937年にブルーナンブルフの戦いでヴァイキングが敗退した様子は、『アングロ・サクソン年代記』の同年の項目に鮮やかな韻文で描かれている。戦闘は熾烈を極め、「戦場は男たちの血で黒く染まった」という。「アングル人とサクソン人が東方から広い海を渡ってブリテンに上陸し、侵略して以来、この島でこれより酷い大殺戮が行われたことはなかった」。しかし、991年のモールドンの戦いでは一転してアングロ・サクソン人が大敗し、その後デーン人の王クヌートがイングランド、デンマーク、ノルウェーを統治するに至った。

アイルランドでは9世紀中頃までに、北部を流れるバン川や中部を流れるシャノン川をヴァイキングが行き来し、定住して港湾都市を築いた。ダブリン、コーク、リメリック、ウォーターフォードなどは、ヴァイキングによって建設された代表的な都市である。ヴァイキングは、水運を利用して羊毛や獣皮を輸出したり、大陸からワインを輸入したりした。ヴァイキングに海賊と商人の両方の才覚が際立っていたことは、これらの都市の発展が物語っている。ヴァイキングの到来は、都市の形成と物流の活発化を促したという点で、功罪を兼ね備えたものとして捉える必要がある。

アイルランド島の有力者たちは、団結して海賊に立ち向かうというよりも、島内の勢力争いにヴァイキングを利用して内部分裂を進展させた。最終的に、南部のマンスター王国を領有したゲール人の上王ブライアン・ボルーは、1014年にダブリン北東の湾に面したクロンターフで、ヴァイキングと東中部のレンスター王国との連合軍を打ち破った。これは、ヴァイキングによるアイルランド征服を阻止した激戦として歴史に刻まれている。

スコットランド北西沖の島嶼部とマン島は、スカンディナヴィアからアイルランド海に至る航路にあり、ヴァイキングにとって攻撃しやすかった。スカンディナヴィア地域と地理的に近いオークニー諸島とシェトランド諸島では、早期からヴァイキングの定住が進み、やがてそれはヘブリディーズ諸島にも及んだ。オークニー諸島とシェトランド諸島は、1469年にスコットランド王ジェイムズ3世の妃となったデンマーク王女の持参金としてスコットランドに渡るまで、デンマークの支配下に置かれた。今日も両島の人々は、心情的にも文化的にも北欧諸国に寄り添う面が強いと言われる。

（米山優子）

18

ケルト圏王国の苦難続く

★試練に立ち向かう英雄たち★

ローマ人が紀元410年にブリテンから撤退して、ブリテンではまたケルト人が自ら主体となって統治する時代が始まったが、ケルト圏の王国はさまざまな試練に遭遇し、危機を乗り切らなければならない運命をたどった。

ローマ帝国がブリテンを支配した期間はおよそ370年に及んだが、長い期間の割には、ローマの影響は少なく、まったくローマと関わりのなかった地域も多かった。ローマ人撤退後の最初の数十年間については、ローマの著述家も言及することがなく、はっきりわかっていない。この時期に二度にわたり（428～9年／445～6年）ブリテンを旅行した司教、聖オーグゼールのゲルマヌスは、ブリトン人（ケルト人）の生活は、ローマ支配時代と全く変わることなく続いていたと報告している。ローマ世界と接触のなかった北部や南西部の多くの地域では、ほとんどローマ化されることなく、ケルト独自の本質的価値を維持していた。

ローマはその統治原理をケルト人に強制したり、ケルト人の方式を破壊することなく、むしろケルト人の自治能力をうまく活用し、ローマ支配を円滑にするようにした。それはケルト人にとってありがたいことであった。そのことが、ケルト人自身の統治能力を高め、後に強大な王国を形成する足がかりになったと思われる。

ブリテンはふたたびケルト人の手に戻ったとはいえ、ケルトの諸部族は、ローマ支配以前のような分立体制に戻り、部族集団のあいだで対立や抗争を繰り返しただけでなく、カレドニア（スコットランド）のピクト人やアイルランド人、アングロ・サクソン人らの侵略を受けるなど、激動の時期を迎えた。この時期は「空白の時代」とか「暗黒の時代」、あるいは「英雄の時代」ともよばれる。大小の戦争がたえず起こり、政治的連合や併合が繰り返され、やがてより強大な支配権をもつ王国が形成されていった。

紀元６００年頃のブリテンの強力な王国の配置をみれば、アングロ・サクソンの王国は別にして、現在のコーンウォールにあたる地域にドゥムノニア、ウェールズにあたる地域の南東部にグウェント、南西部にダヴェッド、中東部にポウイス、北部にグウィネズなどの王国があった。現在のイングランド北西部にフレゲッド、スコットランドの南西部にはストラスクライド、南部にはゴドジンなどの王国があった。スコットランド北部は西側にダルリアダ、東側にはピクト人の王国が北と南に分かれて存在した。これらの王国のほか、各地にはより小規模な王国が存在し、それぞれに緊張関係をはらませながら政治的動きをしていた。

ハドリアヌスの長城の北側、スコットランドに王国を築いていたピクト人は、たびたびブリテンを襲った。ピクト人については不明な点が多く、長らく「謎の民」とよばれたが、近年は少しずつヴェールが取られ、実態が垣間見えるようになった。ピクト人は、言語や遺構・遺物などの証拠から、アイルランドからスコットランドに渡ってきたスコット人と同じく、ケルト人とみなされている。ピクト人の名は紀元3世紀末にローマ人がつけたもので、「ピクト」という語は「彩色した人々」を意味するとされる。近代になって刺青をしたピクト人の図が描かれたりしたが、実際にピクト人が身体に彩色していたかはわからない。ローマ人はピクト人を「裸体で裸足」とも表現しているが、このことの当否も明らかではない。

ピクト人の居住地は、スコットランドのフォース・クライド線の北側に位置し、南西部のスコット人の王国と隣り合わせであった。ピクト人の領地（ピクトランド）は北と南に分割されており、北に三つの王国、南に四つの王国、合わせて七つの王国があった。ピクト人は勇猛で、戦闘に強く、連合軍を組んで戦ったといわれる。紀元83／84年、スコットランド北東部のモンズ・グラウピウスでのローマ軍との戦いで、ピクト人がローマ軍の進撃を食い止めたのは、ピクト人の恐るべき戦闘力を示すものである。

「謎の民」ピクト人の遺したシンボル・ストーン

アイルランドからスコットランドへ移住し、ダルリアダ王国を建国したスコット人（ケルト

人）が、紀元5世紀末頃、スコットランド中西部のアーガイル地方に植民地を建設すると、ピクト人はスコットランド東部へ本拠地を移し、以後両王国は長らく対立し続けた。ダルリアダ王国はスコットランド中央部へ向けて領地を広げ、843年にピクト人の王国を併合する。

北方からのブリテン襲撃はローマ支配の頃からひんぱんに行われ、紀元4世紀頃からアイルランドの「スコッティ」（「侵略者」の意）と称する海賊がブリテンを襲い、強奪を繰り返した。ダルリアダ王国がアーガイル地方を支配してからは、スコット人がブリテン北部に支配力を及ぼし、領地を拡大した。685年には、ノーサンブリア人がピクト人を征服しようと目論んだが、ドゥナハン・モス付近のネフタンズミアで大敗した。

ピクト人もスコット人もケルト人であり、ブリトン人にとってはいわば同族との相打ちであったが、アングロ・サクソン人の侵入とヴァイキングの来襲の時期の戦いは、異民族との激戦であった。5世紀中頃、アングル人、サクソン人、ジュート人が波状的にブリテン島へ来襲してきたときは、ブリトン人の諸王国は連合しながら迎え撃ったが、結局防禦しきれず、ブリトン人は今のウェールズなど辺境地域に後退した。600年頃、ゴドジン王国と同盟国の軍団はカトラエスでアングル人と戦ったが、ゴドジン側軍はほぼ全滅するという悲劇に終わったことがウェールズの詩人アネイリンの詩『ゴドジン』によって伝えられている。この時期にブリテンの英雄的戦士としてアングロ・サクソン人と戦ったとされるのが「アーサー王」である。

またブリテン諸島は8世紀から11世紀にヴァイキングの襲撃を受け、多くの地域で略奪行為に見舞われるなど大きな被害を被った。

（木村正俊）

「アーサー王」の活躍

渡邉浩司

トマス・マロリーが中世英語で著した『アーサーの死』を１４８５年に刊行したキャクストンは、物語に寄せた「序文」のなかで、三人の最良のキリスト教徒としてアーサー王を筆頭に、カール大帝、ゴドフロワ・ド・ブイヨンの名を挙げている。マロリーの描くアーサー王は、ブリテン島に群雄割拠した11人の王を打ち負かし、島へ侵攻した北方の五王を殺めたばかりか、大陸にも遠征してローマ軍との決戦を制する英雄王である。こうしたアーサー王の姿は、ジェフリー・オブ・モンマス作『ブリタニア列王史』（ラテン語、１１３８年頃）が創り出したものである。建国者ブルートゥスに始まる99人もの歴代のブリタニア王の治世とその業績を記したこの年代記のなかで、アーサー王の生涯は実に全体の三分の一の分量を占めている。オックスフォードで学問を収めた修道士ジェフリーが、この書物を時の権力者に献呈したのは、聖職者としての出世を目論んでいたからであろう。大陸からブリテン島へ渡って、イングランドの新たな支配者となったノルマン人には、島の歴史のなかに王権の根拠を求める必要があった。そのためアングロ・サクソン来寇以前の島の住人がケルト系のブリトン人であり、その遠い祖先がローマ建国の英雄アエネアスだったという創出された歴史は、ノルマン朝とそれに続くプランタジネット朝にとって有利に働いたのである。

現存写本が２１５点を超える『ブリタニア列王史』は、中世ヨーロッパのベストセラーであり、ハイライトの部分にあたるアーサー王の一代記は、12世紀中頃からフランス語をはじめとしたさまざまな言語で語り継がれていく「アー

インスブルックの王室礼拝堂にあるアーサー王像（1480年頃、ペーター・ヴィッシャー作）

サー王物語」の骨格として使われた。それでも、西ローマ帝国の滅亡後に始まる中世初期に、「アーサー王」がヨーロッパのほぼ全域を支配下に収めたという史実は存在しない（8世紀前半に尊者ベーダが著した『英国民教会史』にも、アーサーへの言及は見つからない）。実際には「アーサー王」のモデルは、ジェフリーが年代記の執筆にあたって利用した典拠のなかに見つかる。ジェフリーは数多くの口頭伝承のほか、ギルダスの『ブリタニアの破壊と征服』（6世紀前半）や、ネンニウスが編纂した『ブリトン人史』（9世紀前半）などの書物も参照している。ギルダスは、大陸からブリテン島へのアングロ・サクソン族の来襲とそれに対するブリトン人の反撃を語り、侵略者がバドニクス山で敗北したと述べているが、ブリトン軍の指揮官の名を挙げてはいない。この指揮官に「戦闘隊長」の資格とアーサーの名を与えたのが『ブリトン人史』であり、アーサーの輝かしい戦歴はバドニス山の戦いをクライマックスに持つ12の戦いと関連付けられている。ジェフリーは古戦場バドニス（バドニクス）を古くから温泉保養地として知られるバースと同定し、この町で960人のサクソン人を単独で倒したとされる「戦闘隊長」を、模範的君主としての「アーサー王」へと昇格させたのである。

『ブリトン人史』を伝える写本の欄外には、「アーサーはラテン語に翻訳されると、恐るべき熊を意味する」という意味深長な注記が見つかる。これは語源に基づく言葉遊びなのではなく、アーサーの名がケルト起源で「熊」を指す語に由来することを裏付けている。アイルランドでも上王《ハイ・キング》は「アルドリー」、つまり「熊王」という称号を持っていた。ケルト世界では、熊は戦士階級を象徴する動物だったのである。ロベール・ド・ボロン作『魔術師マーリン』(フランス語、13世紀初頭)によると、謎めいた幼少年期を送ったアーサーは、石段に刺さった誰にも抜けない剣を難なく抜くことで、熊の怪力を実証している。ジェフリーに始まりマロリーまで踏襲されていく「アーサー王の最期」によると、甥モルドレッドとの最終決戦で致命傷を負ったアーサーは、運ばれたアヴァロン島で怪我の回復を待っているとされるが、これは「熊」アーサーの冬眠に他ならない。

IV

ケルト社会の特徴

19

ハルシュタット期とラ・テーヌ期

★ケルト文化の萌芽から極点へ★

ハルシュタット期（紀元前700～紀元前450年）とラ・テーヌ期（紀元前450～紀元前50年）は、ケルト社会が勢力を増して繁栄した時期で、この間にケルトの特性を示す文化が、萌芽から開花へ、そして隆盛へと発展した。ハルシュタット文化はふつうケルト人と結びつけられるが、必ずしもケルト人に固有のものではない。ハルシュタット期には、ケルト人はギリシアやエトルリアなど地中海地域と交易・交流関係をもち、先進文化を吸収した。その影響がやがて独自のケルト的思考や表現を育み、ことに美術に関連する領域では、卓越した職人技で唯一無二のすぐれた製品を多く生んだ。しかし、それらはまだ十分にケルト性を発揮する段階には達してはいなかった。真にケルト的といえる文化を創出し、個性的で輝かしい達成をとげるには、ハルシュタット期に続くラ・テーヌ期を待たなければならなかった。

ハルシュタット文化が最も栄えた時期は、通常四期に区分される。A期（前1200～前1000年）、B期（前1000～前800年）、C期（前800～前600年）は後期青銅器時代にあたり、D期（前600～前450年）は初期鉄器時代にあたる。こうした区分はもちろん画然としたものではなく、地域や時期によっては青銅器と鉄器が同時的に使用された。

ハルシュタットという呼称が用いられたのは、オーストリア西部の岩塩鉱山のあったハルシュタットで、大規模の遺跡が発見されたことによる。ザルツブルグの東南およそ50キロメートル、湖水地方のザルツカンマーグートの山岳地帯にあるハルシュタットは、塩の産地で知られ、塩の輸出で繁栄した。そのハルシュタットで、1848年、オーストリアの考古学者ゲオルグ・ラムザウアー（1795～1874年）が湖岸で古代の墓所を発見したのである。ラムザウアーらは、1862年までに、墓98基を発掘したが、遺骨のほか膨大な数の武器や武具、陶器、装身具、馬車、ギリシアやエトルリアの美術品などが出土した。

ハルシュタットの風景（エングル画）

ハルシュタット文化はオーストリアを中心に、西と東の二つの地帯に広がった。西の地帯は、ドイツ南部、スイス、イタリア北部、フランス東部などで、東の地帯は、スロヴァキア、ハンガリー西部、ルーマニア西部、クロアチア、スロヴェニア、チェコなどである。

ケルト社会がこのように広範囲に及んだ背景には、なんといってもハルシュタットが岩塩採掘の中心地だったことによる。食糧の保存に欠かせない塩は、地中海方面を中心にヨーロッパ全域に運ばれ、それによってケルト社会は莫大な富を蓄積した。塩のほかに、農産物、金属加工品などが輸出され、代わりにケルト社会の首長や支配層は贅沢品、ことにワインを大量に仕入れ、消費した。ハルシュタットD期には文化の中心が西のほうに移動し、前600年頃にローヌ川河口に近いマッサリアにギリシア植民地ができたことを契機に、交易はローヌ川とロワール川、セーヌ川、ライン川、ドナウ川の流域地帯とを結ぶルートで行われるようになる。各首長たちはこれらの川を使った交易によって裕福になった。首長たちの豪華な墓は、彼らがいかに豊かであったかを明かしている。

ハルシュタット文化は西文化圏と東文化圏に分けられる。西文化圏の中心はドナウ川の水源地帯であるが、西文化圏には王族の墳墓が多く、そこから出土する豪華な副葬品から、当時のケルト社会の状況をうかがうことができる。東文化圏は、ハルシュタットから東へ広がり、現在のプラハ、ウィーン、ブダペスト方面へ延び、南のボスニア・ヘルツゴビナ、クロアチアへと達する範囲である。ケルト人の遺跡から、ワインを入れる容器のアンフォラ、フラゴン、シトゥラが多数発見されているが、地中海世界のものもあれば、ケルト人の製造したものもある。ケルトの容器は、最初はギリシアやエトルリアの影響を受けていたが、しだいにケルトの特色をもったデザインのものが作られるようになった。フランス、モーゼル県、バス＝ユッツで出土した前450年頃のフラゴンは、エトルリアのものが原型であるが、ケルト人職人の想像力と技術が生かされている。

第19章
ハルシュタット期とラ・テーヌ期

ラ・テーヌ文化の発祥地、ヌーシャテル湖（スイス）

ラ・テーヌ期の文化は　マルヌ川とラインラントのあいだで、前5世紀半ば頃から始まり、ヨーロッパ中央部と西部で広い範囲にわたって発達した。ハルシュタット期はケルト文化の揺籃期であったが、ラ・テーヌ期は最盛期にあたり、ケルト文化の独自性を存分に発揮した。ラ・テーヌ期の名称は、1858年に、スイスのヌーシャテル湖湖畔のラ・テーヌで、湖面が下がったときに先史時代の遺跡が発見されたことに由来する。遺跡からは、槍、剣、盾などの武具や、馬と車両をつなぐ部品、ブローチ、フィブラ（留め金）、コインなどの金属製品などの奉納物が大量に出土した。犬や豚、牛など動物が奉納された跡もみられ、遺跡は神聖な祭祀場であったことをうかがわせる。

ラ・テーヌ期は一般に、I期（前450〜前250年）、II期（前250〜前150年）、III期（前150〜前50年）の三つの時代に分けられる。もちろんこの時代区分は大まかなもので、地域によってさまざまに異なる。ブリテン南部では紀元1世紀まで続いた。スコットランドとアイルランドはローマの支配を受けなかったので、Ⅲ期は紀元５世紀頃まで長引いた。

ラ・テーヌ文化圏はハルシュタット文化圏と重複する地域もあるが、ハルシュタット文化圏よりはるかに広範な地域に広がった。前３００年頃には、フランスの大西洋岸からカルパティア山脈に至る、ヨーロッパを帯状に横断する主要な文化圏となった。その影響はイベリア半島やガリア・キサルピーナ（アルプスの南側）、イタリア半島北部に及んでいたとみられる。前1世紀には、イギリス諸島にまで影響が及び、その特徴的な芸術様式を一層はきわだたせて発展していった。その芸術様式はアイルランドで生き残り、中世初期にはブリテンへと逆戻りして広まった。

ラ・テーヌ期のケルト芸術は、ギリシアやエトルリア、それにハルシュタットの芸術をルーツにしながらも、独特の洗練された美意識にもとづく様式を生みだした。典型的なラ・テーヌの様式は曲線的なS字型、螺旋形、渦巻文様などによって特徴づけられる。そこには、ケルト的感性による流れや変容を重視する姿勢が顕著にみられる。

（木村正俊）

20

地中海世界との交流

★商業・軍事・宗教★

ケルト人は遅くとも紀元前9世紀頃には地中海世界と関わりをもっていた。ハルシュタットからは紀元前9世紀頃のものと思われるエトルリアの兜《かぶと》が発見されており、エトルリアと交易していたことが分かっている。当時、交流のために使われたルートは、北イタリアのポー川を遡り、アルプス山脈をサンベルナール峠で越え、フランスのローヌ川を遡り、レマン湖を経て、ジュラ山脈を越え、セーヌ川やマルヌ川へ出るルート、同様にサンベルナール峠を越え、ローヌ川からさらに東のライン川へ出るルートなどである。その他にも、ギリシアやイタリアから地中海を西へ航海し、ジブラルタル海峡を越え、大西洋沿岸を海岸線沿いに北上し、ビスケー湾からブルターニュ半島を経て、北仏やイギリス、アイルランドへ至る海路、などが用いられていた。

ケルト人はギリシア人とも古くから交流をもっていた。ギリシア人は紀元前8世紀頃から地中海沿岸に植民していたが、ケルト人はギリシア本土だけでなく、イタリアやフランス、スペイン沿岸のギリシア人植民市と交易などさまざまな関係を築いていた。例えば、紀元前600年、ギリシアのフォカイアとい

ワインを運ぶ船の石像

うポリスの人々が植民市を建設するため、スペインへとやって来た。そして、その地を支配していたケルトイベリアのセゴブリギイ族に植民市建設の許可を求めるため、王のもとに使節団が送られたが、艦隊の指導者の一人プロティスがセゴブリギイ族の王ナンヌスの娘に気に入られて、婿となった。そこでナンヌスはフォカイア人にローヌ川の河口の地を与え、フォカイア人はマッサリアという町を築いた。その後、マッサリアは交易を通じてケルト人にギリシアの文物をもたらしただけでなく、文字や農耕技術など、ケルト人の文化や生活のさまざまな面に影響を与え、古代のギリシア人から「マッサリアはガリアの学校」とも評されている。

紀元前4世紀半ば頃から、ケルト人傭兵がギリシア本土やシチリア島など地中海沿岸部のギリシア人の植民都市などで活躍している。ケルト人傭兵の活動範囲は、地中海にとどまらず、紀元前280年頃から紀元前180年頃までケルト人傭兵がプトレマイオス朝エジプトに仕えていたり、アフガニスタンからケルト人を描いたと思われる騎馬像が発見されるなど、シリアやエジプトなどヘレニズム諸国でも活躍していた。ヘレニズム諸国のギリシア系支配者たちはケルト人傭兵なしでは戦争を行わないといわれるほど、ケルト人傭兵に頼っていた。しかし、ケルト人の傭兵は待遇に不満があったり、敵側からより良い条件を提示されたりすると、雇い主を裏

第20章
地中海世界との交流

切り刃を向けてくることも珍しくなかった。ケルト人傭兵は勇猛だが、気まぐれで信の置けない、いわば両刃の剣であった。紀元前3世紀にはマッサリアもケルト人の傭兵を雇っており、カルタゴの将軍ハンニバルがスペインからローマへ進軍するため、ピレネー山脈を越え、南仏に入ると、マッサリアはローマに協力し、ケルト人傭兵を用いてハンニバル軍を追跡した。この時、ハンニバルの側も道案内としてケルト人を雇っており、追う側も追われる側もケルト人に頼っていたのである。

これらケルト人傭兵の活動は、紀元前3世紀がピークで、契約を終えた傭兵たちは報酬として、ギリシアの金貨や銀貨を持ち帰った。ケルト人は傭兵が持ち帰ったコインをもとに自分たちでもコインを作り始めた。初めは元のコインを忠実に模倣し、特にマケドニアのフィリッポス2世やアレクサンドロス大王のコインが、図柄だけでなく銘文まで模倣された。また、ケルト人がギリシア文字を用いて自分たちの言葉を記すようになったのは、紀元前2世紀頃からのことである。これは、ギリシアのコインを模倣する際に、銘文まで模倣したことから文字の使い方に習熟したことが大きく影響しているのであろう。

ケルト人は傭兵として地中海世界に入り込む前から、ギリシア本土やギリシア人の植民市と交易をしていたから、ギリシアのコインをみるのは傭兵が初めてというわけではなかったであろう。それにもかかわらず、ケルト人が紀元前3世紀以前にコインを作ろうとしなかった理由は明らかではないが、交易の際には物々交換が主で対価としてコインがもたらされる量が少なかったためなのか、あるいはケルト人傭兵の報酬が破格の額だったためなのかもしれない。後には、ローマのコインを模倣してもいるから傭兵として活動していた期間が終わった後でも、地中海のコインを模倣し、その図案を取り込み続けていたようである。

また、ケルト人と地中海世界との交流は、宗教にも現れている。ケルト人は多神教で多くの神々を信仰していたが、それらの神々の像を作り祀っていた。特に数が多いのはマトロナエと呼ばれる女神やエポナという馬の女神の像である。マトロナエの像は、マトロナエ単体の場合もあれば、3体の女性像だったり、赤子を抱いた母子像の姿で表わされることもある。このようなマトロナエの像は、ギリシアの地母神デメテルの像を模倣して作られたと考えられている。ギリシアでは、地母神がその母性を強調するために、赤子を抱えた母子像として表現されるようになり、それは次第に女性の人生の二つの段階を示すものと考えられるようになり、やがて、少女、青年期、老年の3体1組の女性像へと変化していった。ケルト人のマトロナエ像は、このギリシアの母子像や3体1組の女性像を取り込んだ図像表現であると思われる。

エポナの図像は女神が馬に座った姿で表わされる場合と、女神が中央に描かれ、その両脇に2頭の馬が描かれているパターンとがある。この後者のパターンと同様の、女神が中央に置かれ、その両脇に獣が描かれている図柄はギリシアやオリエントでも知られており、おそらくこれらの図像がギリシア人経由でケルト人の間に伝えられ、それをケルト人がエポナの像に応用したものであろう。また、前者の乗馬姿のエポナ像も地中海からの影響を受けているかもしれない。1世紀の著作家大プリニウスの記述によれば、ケルト人の間でエポナ像が作られるようになる前に、既にローマでは女性の騎馬像が存在していたと考えられる。従って、その図像表現をケルト人がエポナ像に応用した可能性は十分にある。

（疋田隆康）

21

部族社会の隆盛

★極致に達した地域文化★

ケルト人の営んだ社会は、本質的に部族社会であった。ヨーロッパの広範な地域に部族社会のネットワークを築き上げたが、中央集権的国家を建設することはなかった。部族社会は同じ出自や歴史的背景をもち、共通の文化や言語、価値観を基盤に、共同生活をするのが普通である。近代的な民族概念とは異なった性格を帯びている。

ケルトの部族社会は、首長制のあと、貴族らエリート階級による支配体制に移行し、未開国家を形成する段階に進化したかにみえたが、ローマ帝国の圧倒的な力に崩されてしまった。ブリテン諸島では、スコットランドで長らく独自のクラン（氏族）社会が存続したが、それも19世紀にイギリスによって抑圧され、本来性をほぼ失ってしまう。とはいえ、ケルトの部族社会は、ケルト固有の文化を作り上げ、芸術的領域では見事な極点に達する成果をあげた。それが今やケルトの文化遺産となってまばゆい輝きを放っている。

ケルトの大小さまざまな部族集団が、中央および西部ヨーロッパでしだいに社会的にまとまりのある部族社会を確立し、隆盛を迎えたのは、ハルシュタット期であった。紀元前700

ドイツ、シュトゥットガルト近くのホッホドルフにある古墳。発掘調査で部族社会の富裕さが立証された

年から紀元前４５０年のあいだの時期で、青銅器時代の最終期、鉄器時代の初期に重なる。ハルシュタット期の初期は、ケルト社会は比較的に小さい多くの首長領に分かれ、王としての首長の支配のもと、農耕や牧畜を主に生活が営まれていた。しかし、鉄器文化が拡大し、ケルト人の勢力が強まるにつれ、首長を頂点とする階級的、集権的社会が現出した。首長はじめ支配層に富と権力が集中し、部族社会の繁栄は目を見張るばかりとなる。

ハルシュタット期の後期には、王が世襲的に部族を統率していたが、しだいに文明化が進むにつれ、いくつかの部族では選ばれたものが指導者となり、王位に就くようになった。王は強大な権力をもち、裕福で贅沢な生活を送った。贅沢で有名なアルウェルニ族のルエルニ王は領土を戦車で巡回し、金銀の貨幣をばらまいたと伝えられる。王という王がみな贅沢をしたわけではないだろうが、ケルト社会の栄華をしのばせるエピソードである。

しかし、ケルト社会では王による支配体制に変化が生じ、王に代わって上流家族あるいは貴族階級がトップの支配者になり、権力を行使するようになった。旧来の王位制を維持した部族もあったが、しだいに支配力のある上層階級の指導者が首長になる制度がふつうになる。ボヘミアからフランス中部にかけてのヨーロッパ中央部では、やがて旧来の貴族階級も存在しなくなり、多くの部族では年ごとに選ばれた者が首長になった。そのシステムで選ばれた首長は、かつての王というよりは、行政官のようであったらしい。

ケルトの部族社会に繁栄をもたらした要因はいくつもあったが、重要なのは、地中海世界との商業活動・交易である。ハルシュタット近くで産出される塩、農産物、金工品などがギリシアなど地中海地方へ輸出された一方、地中海産の奢侈品、ワインなどが輸入された。ケルト社会のエリート層はことのほかワインを愛好し、大量のワインが消費された。船で大量に運ばれた各種のワイン容器などを通じて、地中海世界の先進的芸術文化もあわせてケルト社会に流入され、それがケルト人工芸家の職人技にも影響を与えていくことになる。ケルト人はワイン容器に描かれた図像や文様から多くの技法を学び、それを自分たちの製品に取り入れた。

交易で繁栄した都市としては、フランス南東部ブルゴーニュ地方にあるヴィクスがよく知られる。セーヌ川上流に位置するヴィクスの一帯は後期ハルシュタット期から初期ラ・テーヌ期に繁栄した。この町はケルトのオッピドゥム（都市型城塞）で、地中海交易の中継都市であった。ヴィクスの町が繁栄したのは、この町をセーヌ川が流れていることをうまく利用して、ヴィクスの首長が王国を通過する船に重い税を課して、富を増やしたことによる。ヴィクスで発見された「ヴィクスの王女」ともいわれる女性の墓からは、黄金の王冠をつけた「王女」の遺骸のほか、豪華な四輪馬車やスパルタ様式の巨大なクラテル（ワインをいれる取っ手つき壺）、エトルリア製のテーブルセットなどが出土し、ヴィクスの町の豊かさと繁栄ぶりを今に伝えている。

初期鉄器時代のケルト部族社会は、小高い丘の上に丘砦（ヒルフォート）を建設し、そこに生活の本拠を置いた。丘砦はさまざまな規模のものがあるが、外敵の侵入と攻撃を防ぐために、柵を張り巡らせ、濠を築き、出入り口に工夫を凝らした。造りは堅固だったといえる。建造の技法も高度で先端的であった。敵は容易に近づけなかったであろう。丘砦の防護柵内に首長や支配層の住居、部族の生産工場などがあったが、丘砦の外側の土地には農民たちが居住し、農耕や牧畜に従事した。人口が増えるにつれ、部族社会の生産高が上昇し、部族全体の富と勢力の増強につながったはずである。

ブリテン島の北部スコットランドとアイルランドにもケルト人の部族社会が分立し、地域文化が隆盛した。スコットランドのハイランド（高地）地方では、部族社会の基礎となったのが氏族（クラン）であった。クランは血縁にもとづく同族主義が強く、結束力が顕著であった。氏族の長であるチーフの家父長的統率のもと、氏族の構成員はさまざまな場で連帯し、協力し合った。血族を重視する主従関係には封建的、制約的要素が多分にあったが、そのことがかえって独自のゲール文化を維持するのに役立ち、ハイランド社会では、洗練されたすぐれた芸能や文学の伝統が築かれた。

（木村正俊）

22

支配者の墳墓は語る

★富と権力を象徴する副葬品★

ケルト社会の死者の埋葬と墳墓は地域によって異なり、時代とともに変化したが、墓地を発掘することで出土するさまざまな副葬品は、ケルト人とその社会について明かしてくれる具体的な証拠となる。古代において、身分の高いケルト人は、生前の身の回り品や、宝飾品、食べ物、動物といった供物などとともに埋葬された。ことに支配者のりっぱな墓からは多数の豪華な副葬品が出土することから、ケルト社会を知るためには、墳墓の考古学的解明が不可欠である。

前700年から前400年にかけて、ボヘミアからフランス中部ブルゴーニュ地方まで広範な地域に拡大したケルト世界では、各部族の首長や貴族など支配層は、きわめて豪華な墳墓に埋葬された。ケルト人は死後世界でも生前の生活が続くと考えたから、死後にも使用され役立つものが副葬品として埋葬された。人口の大部分を占めた農耕民は、古い火葬墓文化の伝統に従って、簡単な墓に埋葬された一方、首長たちの遺骸は、美しい装飾のほどこされた葬送用の馬車に載せられ、巨大な墳墓に豪華な遺品とともに埋葬されることが多かった。首長らの墓の傍らあるいは近くに築かれた戦士階級の墓には、長剣など戦闘

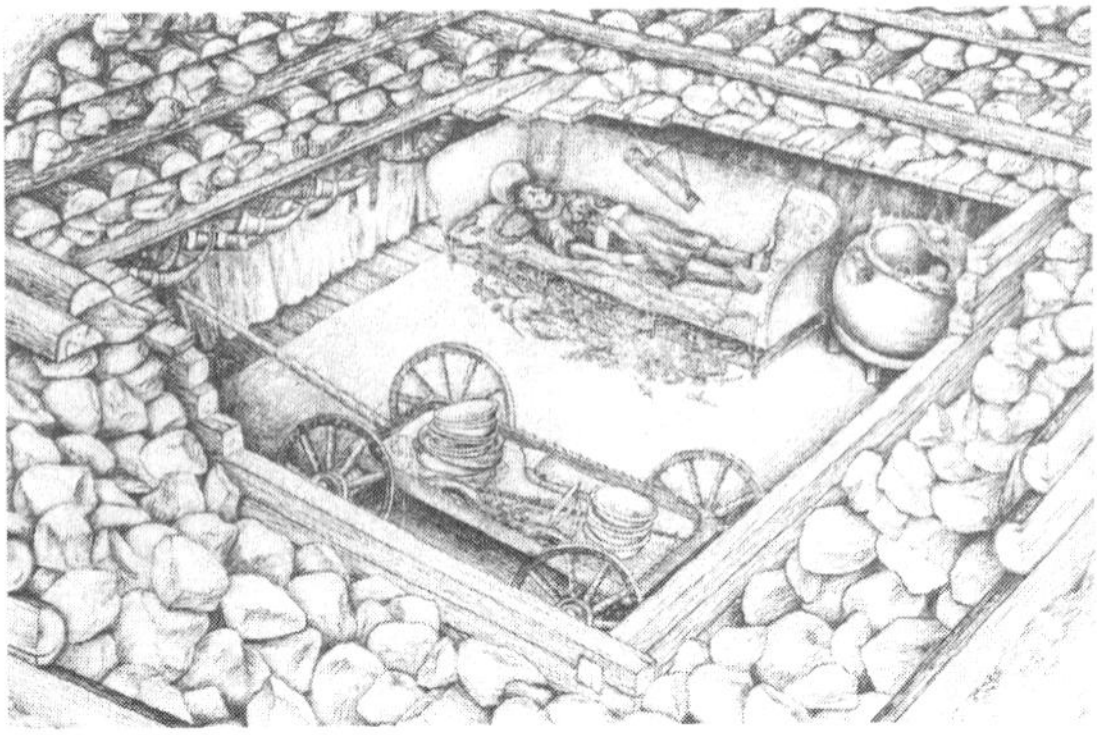

ホッホドルフ（ドイツ）の首長の墓

用具が埋葬される場合があった。いずれにしても、副葬品から被埋葬者の富や地位、権力などをうかがい知ることができる。

墓の形態や埋葬の方式は時代や社会の階層区分で変化したのは当然である。骨壺葬文化の初期（ハルシュタット期のA期、B期）の埋葬では、バヴァリア地方の例でいえば、死者は四輪馬車（戦車）に載せられ、長剣、短剣、弓矢などとともに火葬に付され、遺灰は広いスペースの墓室（4×2メートル）に置かれた。陶器や青銅のテーブル、バケツ、カップなど生活用具が副葬されることが多かった。それが時代とともに変化し、階層分化が進むにつれ、富裕な者とそうでない者とのあいだに差が生じるようになる。たとえば、副葬品の陶器の大小や立派さに差が出るようになった。こうした差異化は南ドイツでもみられたらしい。ちょうどこの時期に、おびただしい数の丘砦が、フランス東部から、スイス、バヴァリアにかけて、弧状に建造されたことに注目したい。ケルトの部族社会の発展と階層分化の状況が、埋葬の仕方にはっきり表れている。

前7世紀の終りから前6世紀の初めには、ケルト圏の広い地域でハルシュタット期の首長制が進むにつれ、土を盛った古墳あるいは塚の下に、巨大な墳墓が築かれるようになった。といってもそれほど高くなく、四輪馬車とその上に遺骸とほかの副葬品を載せる程度の高さであった。墳墓のなかには。遺骸を守るため木製の墓室が設けられた。とくに注目されるのは、豪華な墓には豪華な四輪馬車やすばらしい装飾をほどこしたくびき、馬具などが埋葬されたことである。ただし、こうした墳墓は男性のものに限られた。副葬品は、鞘に収められた青銅あるいは鉄の刀剣、多彩な色で装飾された陶器などであった。

ハルシュタット期の最終期（D期）の首長の墳墓としてはドイツ南西部バーデン＝ヴュルテンベルク州、ルートヴィヒスブルク郡のホッホドルフにある古墳が最もよく知られる。墓の年代については論議があるが、前530年頃のものとみられる。1968年に発見された。贅沢に飾り付けられた木製の墓室には、ケルトの首長と思われる40歳前後の男性の遺骨が、青銅製の長椅子（あるいは寝台）の上に寝かされていた。長椅子は特徴的なもので、長さが275センチあり、戦闘場面や戦車に載った英雄の行進などが、打ち出し細工で表されていた。長椅子には八つの脚輪がついているが、それぞれの脚輪は一輪車に乗った女性像で、奇妙でユーモラスな躍動感がある。

男性の身長は187センチで、がっちりした体格である。当時としては長身であったであろう。彼は装飾をほどこした短剣を着帯し、右の手首にはブレスレット、首には大きな金メッキしたトルク（首環）を着けていた。遺骸の枕元には、白樺の樹皮で作った直径30センチの帽子とともに、鉄製の大きな剃刀と木製の櫛が置かれていた。墓室の東側半分には四輪の乗り物が置かれていた。四輪車の上には、木製のくびきと青銅の飾りのある革の馬具が、鉄の斧や槍をはじめとするさまざまな副葬品とともに積み上げられていた。これらのみごとな副葬品は、彼の富と地位を証明している。

ヴィクスの王女の墓。青銅製の大きなクラテルが副葬されていた

もう一つの代表的なハルシュタット期の墳墓は、いわゆる「ヴィクスの王女の墓」である。１９５３年１月、パリの東３００キロメートルにある町ヴィクスで、地元の考古学者ルネ・ジョフロイによって発見された。ヴィクスは地中海地域との交易によって繁栄したところで、ヨーロッパの北方と地中海世界を結ぶ交易の十字路であった。この町をセーヌ川が流れている地の利をうまくいかして、ヴィクスの首長は、商品を運んで町を通過する船に税を課し、首長の富をふやしたとみられる。ヴィクスの王女の墓は、そうした裕福な首長の王女とみられる貴婦人の墓で、発掘によって豪華な副葬品が手つかずのまま大量に出土した。それによって当時のケルト社会の実態がかなり具体的に解明されるようになった。

墳墓（9平方メートル）は、古墳（直径42メートル、高さが少なくとも6メートル）の下から発見された。王女の遺体は前6世紀末のものとみられる。年齢は35歳くらいで、身長は１６４センチあり、歯はほとんどが抜けていた。王女は墓の中央に置かれた立派な金属製の四輪馬車の上に載せられていた。馬車は豪華に飾り立てられており、ハルシュタット期の四輪馬車埋葬の典型である。

彼女の遺骸は、天馬ペガサスの装飾のある黄金の王冠（ダイアデム）や黄金のトルク、バルト海沿岸の良質の琥珀で作った首飾り、黄金と亜炭の腕環、髪飾り、宝石で飾った襟留めなど大量の装身具とともに埋葬されていた。黄金の王冠は、動物文様から判断して、黒海沿岸のスキタイの工房かギリシア・エトルリアの工房で作られたとみられる。

副葬品のなかで最も重要なのは、墓室の北西にあった青銅製のクラテル（混合ワインを取っ手つき壺）である。クラテルは、高さが164センチ、重さが208・6キログラムもある珍しく大きなもので、300ガロン（英単位で1ガロンは4・546リットル）のワインを入れることができる。このクラテルはスパルタ様式で、濃い青緑色をしており、ところどころにギリシア文字が描かれている。首部は、四頭立ての二輪戦車に乗る古代ギリシアの戦士と歩兵の行進場面によって装飾されている。二つの取っ手は口よりも上に出ており、それぞれには、舌をべろりと出した残忍な顔のゴルゴン・メドゥーサの上半身、獅子、蛇の像が造形されている。このほか、エトルリア製のテーブルセット、アッティカ産の杯、エトルリア産のワイン壺なども出土した。

（木村正俊）

23

ケルト社会の階層

★王・ドルイド・戦士などが支配★

ケルト社会の階層には、時代や地域によって差があるものの、驚くほど共通性がみられる。

考古学の資料や古典作家の記録、伝承された物語などから知る限り、ケルト社会は基本的に明確な階層によって区分されていた。平等な面もあったが、階層化はむしろ厳しかったといってもよい。ガイウス・ユリウス・カエサル（紀元前100～紀元前44年）は『ガリア戦記』（6・13）で、ガリアのケルト社会には三つの主な階級集団――ドルイド、騎士、自由平民――があったと記録している。アイルランドでもほぼこれと同じ階層区分であったとみられる。古典作家によるケルト社会についての記録は、初期アイルランドの物語や法律文書の記述に著しく類似している。スコットランドのゲール社会の階層もアイルランドと似ていた。

大陸のケルト社会では、王制としての首長制はハルシュタット期に始まった。王制はラ・テーヌ期に至ってもなお続き、セノネス族やニティオブロゲス族などでは、紀元前1世紀になお王制が残っていた。しかし、カエサルの時代のガリア中部や南部では、多くの部族で王権あるいは王支配の体制は廃れ、貴族によって選ばれた複数の執政者が統治する政体に取って代わられるようになる。

ケルト社会の各部族のなかで最上位に立つ支配者である王は、ガリア語でリークス（rig-s）、アイルランド語でリー（ri）と呼称された。王は選ばれることが多かった。就任後の王の権力は絶大で、彼らの生活は途方もなく贅沢であった。ラ・テーヌ期のことであるが、ガリアのある部族の王は、金や銀、エナメルで豪華に装飾された二輪戦車を乗り回していた、とローマの歴史家は伝えている。彼の戦車と武器は、さまざまな色合いで光り輝いていたという。王たる者は、臣民に気前よくふるまうことが求められたから、度を越して贅沢に振る舞う王が現れてもおかしくはない。浪費ぐせで有名なのは、アルウェルニ族のルエルニ王である。彼は、二輪戦車で地方を巡回中に、金銀の貨幣を人々にばら撒いた。さらにまた、彼は四角の囲いのある土地に大量の飲み物や食べ物を置いておき、欲しい人はだれでも勝手に飲食できるようにしたという。

しかし、時代が進むにつれて王制に陰りが出て、カエサルがガリアを征服した頃には、いくつかの部族において王という最高支配者がいなくなり、代わりに複数の主要な執政官が貴族とともに統治する制度ができあがっていた。その理由をカエサルは貴族階級の力が強大になり、彼らが忠誠を誓う王の存在が必要なくなったためと解釈している。

一方、アイルランドでは、5世紀頃にはおよそ150の部族集団（王国）が存在し、集団の長である王が統治した。その後、統合によって五つの国にまとまり、それらの上に立つ上王（アルドリー）が置かれたが、上王は実質支配力がそれほど強かったわけではない。

アイルランドでは、部族集団の王が死去すると先代王の一族が王位を引き継いだが、必ずしも息子

ケルト人部族の首長

である必要はなかった。部族によっては、王には選ばれた者が就任した。王の権力と権利は多くの公的任務、たとえば戦争や紛争に関わる行為、他の部族との親交関係の樹立などに行使された。王は国土や部族民を守護する最高の責任者であったから、身体的、精神的にその任に耐えられないと判断されれば王の資格を失った。初期アイルランドの物語『アイルランド侵寇の書』では、トゥアタ・デー・ダナンの王ヌアドゥが戦争で片腕を失ったため一時王位を退き、後に一族の銀の義手をつけて王位に復帰した話が語られる。これは王の資格として身体に欠陥がないことを求めている部族の掟を反映している一例であろう。

ケルト社会では、古典作家たちの記録によれば、王に次いでドルイドが最高の地位に就いた。ドルイドは、宗教的儀式や供犠を司ったほかに、自然学や道徳哲学、天文学、医学などを究め、裁判、教育などの面でも指導的任務を担った。彼らはまた戦士階級以上に強い政治権力を行使した。ガリアでは、一般的にどの部族においても、ドルイドのほかに、特別に高い栄誉を与えられた職能階級として、ウァテス（予言者）、バルド（吟遊詩人）が存在した。

ドルイドと同じように勢力を誇った戦士階級は、一種の軍事的貴族階級といえる性格をもっており、戦争や危急の時には軍団を組織し、王（首長）を支え、集団を守るために戦った。戦争や敵対関係が続いているあいだ戦士集団は組織され続けた。ただし、ヨーロッパ中部の部族には、常時軍団を組織する自由民もいた。

戦士階級の下に自由民、たとえば土地と資産を所有する農民、高度な技能をもつ職人（特に鍛冶職人）などの階層があった。鍛冶職人は、半ば超自然的存在で、鍛冶神の聖性を宿すとして崇められた。これらのほかに、最下層階級として、市民権を与えられない不自由民、土地も資産ももたない人々、奴隷などがいた。

ケルト社会で階層がどのようであったかを考えるうえで重要な資料は、王や戦士など支配階級の墳墓から発掘された証拠品である。彼らは、戦車や宝石類、貴金属類、武器などとともにりっぱな墓に埋葬された。有力な戦士の墓からは権力の象徴である剣、鞘、槍など武具や戦車が発掘される例が多い。また、戦士階級の墓のすぐ近くにある女性の墓から出土する豪華な埋葬品も貴重な証拠品となる。戦士に関わる女性の墓は広い空間をとって造られ、そこからブローチや腕輪、指輪（金銀のものもある）、トルクなどの立派な装身具類が多く出土する。こうした上層階級と対照的に、農民など下層民の遺体は、火葬されるか、捨て置かれたりしたため、副葬品といった証拠はない。階層の違いは埋葬の仕方に最もよく表れている。

（木村正俊）

24

ドルイドの役割と機能

★ケルト社会の知的指導者★

ドルイドといえば、ケルト社会のシンボルとなる人物として固定的なイメージがつきまとう。長いあごひげを生やした老年の男性が、白い聖衣を身にまとい、手にはヤドリギの枝か書物をもっている。儀式の場で、オークの巨木に登り、聖なるヤドリギの枝を鎌で切り落としている。こうした図像にみられる印象的なドルイドのイメージが、大方の人々の目の裏に焼き付いているのではないだろうか。古い時代の人物のはずなのに、イメージはいたって鮮やかだ。

それもそのはず、いま広く行き渡っているなじみのドルイド像は、近代の産物なのである。

18世紀になって、ロマン主義が隆盛する風潮のなかで、ドルイドへの関心が高まり、ドルイド復興を願望する動きが広がった。ドルイドを理想化した人々によるイメージ創造がひとり歩きし、固定的で一様な図像を生んだとみられる。古代におけるドルイドの実像は未知のままだから、近代になって創造されたドルイド像は、単に図像だけでなくさまざまな伝承をも含めて、いったん払しょくし、再検証しなければならない。

「ドルイド」という語は、近年の言語学的解釈では、「多くのことを知る人」の意とされる。言い換えれば、「賢者」のことである。3世紀前半頃に活躍したギリシアの哲学史家ディオゲネス・ラエルティオスは、ドルイドをペルシアのマギやインドのブラーフマナなどと同様の賢者とみなした。

ドルイドは多方面にわたって高度な知識や情報、技術をもっていたことから、さまざまな役割を担っていた。宗教儀式や供犠の際に祭司の役目を果たし、宗教問題を解決したうえに、現代的な言葉でいえば、判事、医者、天文学者、歴史家、教育者などの任務も引き受けていた。伝承的な物語などでは、ドルイドは予言能力をもち、魔術的な力をふるったとさえ語られる。古代の著述家によれば、女性のドルイドもいたことになっている。彼女たちは、男性のドルイドたちと同じく、祭儀を司ったり、予言をしたりした。

ドルイドの階層や社会的地位については、ギリシア・ローマの古典作家たちの記録によって、一部推定可能な部分がある。カエサルはドルイドをガリアでの唯一の知識階級として挙げたが、ストラボンとディオドロス・シクルス、アンミアヌス・マルケリヌスは知識階級を、ドルイド（法や哲学に精通した最高の知の管理者）、ウァテス（供儀を差配する予言者）、バルド（吟唱詩人）の三つの階層に区分した。しかし、真の意味でドルイドといえるのは、第一の区分のドルイドだけで、第二のウァテスと第三のバルドは、厳密にはドルイドとはいいがたい。

ドルイドの地位に就くための訓練は、古典作家たちの記録によれば、非常に厳しいものであった。三つの階層のなかで最上位のドルイドは、およそ20年間にわたって修業を積まなければならなかった。ケルト社会に書き言葉がなかったため、知識や技術は口承で伝達された。ドルイドを目指す訓練

19世紀にステュークリーの描いたドルイドの図

生は、呪文、儀式次第、秘儀、医学・薬草の知識、法律・慣習、部族の歴史、系譜、その他の伝統など、膨大な量を記憶する責務を担わされたとされる。民間伝承の物語・説話を数多く暗記し、次の世代へ継承させるための課業も重要なものであった。

長期の研鑽を経て任務に就いたドルイドは、特別に認められた権力をもっていた。ドルイドの命令に従わなかった住民は、共同体から追放されたという。カエサルは、「ドルイドは戦闘に加わらないのがふつうで、他の人のように税金を払うこともない。兵役義務の免除など、他の義務からも解放されている。その大きな特典にひかれて、多くの若者が教育を受けに集まってくるが、両親や親戚から奨められて教育を受けにくる者もある」（『ガリア戦記』6・14）と記している。

ドルイドよりすぐ下位のウァテスは、資格を得るにはおよそ12年間の修業を要した。ドルイドの祭司としての職務（生贄など）を支える仕事をしたと思われるが、予言を行い、複雑な韻文（詩）を作ることも任務であった。最下位のバルドは、およそ7年間の修練を経て資格が与えられた。彼らの主な任務は、自分の後援者である王などの偉業や人格をたたえる「賛美詩」を創作することや、詩に合わせて楽器を演奏し、楽しませることであった。

ドルイドの思想の根幹には、不死性への観念があったといわれる。彼らは、ディオドロスによれば、「神性に通じていた」ので、神々と対話し、交流ができたとみなされた。カエサルは「ドルイドは人々が次のことを信じるように努力する。すなわち、霊魂は不滅であり、死後は一つの肉体から別の肉体に移って再生するというのだ」(『ガリア戦記』6・14)と記している。ドルイドの思想によれば、人間の魂は別の体に移り永遠の再生を繰り返すので、現世は死後の世界と連続することになり、死を恐れる必要がなくなる。カエサルはこのドルイドの教えを強調した。ディオドロスとウァレリウス・フラクス(1世紀初期のローマの詩人)は、ケルト人が不死を信じていたことを明確に記述している。

ドルイドは生贄の犠牲となる「動物や人間の内臓の鼓動から神意をさぐった」とタキトゥスは述べている。ケルト人は神に願いを聞き届けてもらうために、さまざまな奉納物はもちろん、時には人間や動物を神に捧げる儀式を行った。

古代ローマの博物学者・政治家ガイウス・プリニウス・セクンドゥス(大プリニウス)によれば、月齢6日に行われるヤドリギを摘み取る儀式では、ドルイドの指揮のもと、オークの木の下に生贄と食事を用意し、白い牡牛を2頭、角をつないで木に近づける。白衣を着た1人が木に登り、ヤドリギを黄金の鎌で切り落とす。ほかの人は白い布を木の下に広げ、ヤドリギを受け止めて布に包んだ。それから2頭の牛を犠牲にしたという。儀式では、終始ドルイドが主体であり、神世界と人間界を取り結ぶ役を果たした。ローマ人はケルト人の生贄の儀式を嫌悪し、のちにローマ領内での生贄の儀式を禁止した。

(木村正俊)

25

『ガリア戦記』の記録

★カエサルが見たケルト人★

カエサルが著した『ガリア戦記』は、現存するギリシア・ローマの古典文献のなかで、ケルト人に関する最も重要な史料の一つである。『ガリア戦記』は、カエサルが紀元前58年から行ったガリア遠征について書き記したもので、一つの巻に1年分の出来事を記録している。全8巻構成であるが、カエサルが筆を執ったのは7巻までであり、最後の8巻はカエサルの部下であったヒルティウスによるものである。

『ガリア戦記』第6巻ではガリアとゲルマニアの民族誌がまとめられている部分がある。それによると、ケルト人の間ではどこでも党派争いが存在しており、ガリア全体の部族も二つの党派に分かれていた。紀元前1世紀の半ばにはハエドゥイ族とセクアニ族がそれぞれの党派の中心であった。

ガリアで重視されていた階級は騎士とドルイドであり、その他の人々はほとんど奴隷と変わらないとされている。カエサルは騎士については戦争に関することを司っていることと、財産が許す限り、庇護民を抱えており、その数がその人の勢力を表していることを述べているにすぎない。それに対し、ドルイドには関心を持っていたようで、役割などを詳しく記している。

第25章
『ガリア戦記』の記録

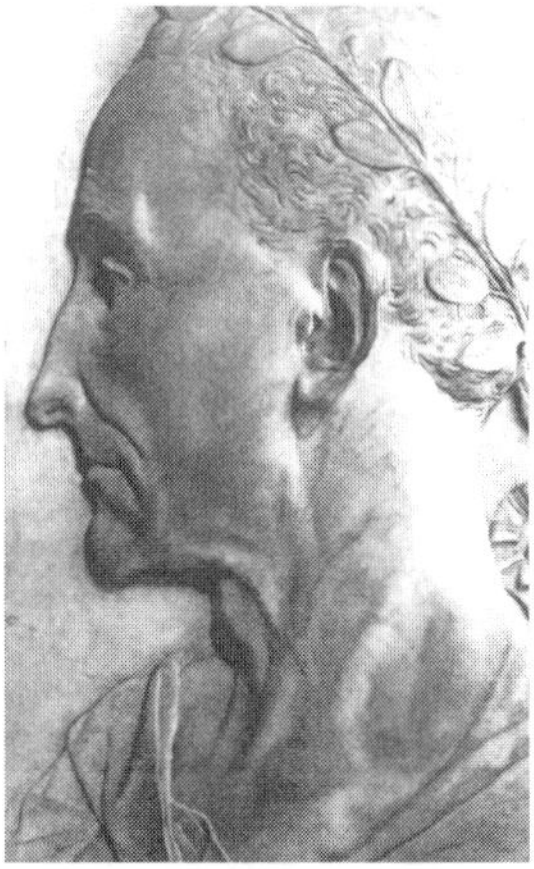

ユリウス・カエサル

カエサルによれば、ドルイドの主な役割は、神々への生贄を司ることと裁判であった。ドルイドは魂の不死を信奉しており、この教えをケルト人の間に広めている。ドルイドは戦闘には加わらず、税金も免除されており、その特権に惹かれて多くのものがドルイドになることを目指して、弟子入りするが、人によっては教えを学ぶのに20年かかることもある。その他に、ドルイドは天体とその運行、世界と大地の大きさ、事物の本質、不死の神々とその権能について、考察し、若者に教える。ドルイドの間にも階級があり、最も勢力のある者が部族を超えて長として君臨していた。長が死ぬと、2番目に勢力の強い者が後継者になるが、候補者が複数いる場合には選挙を行ったり、武力で争うこともある。全ガリアのドルイドが毎年カルヌテス族の領地にある聖域に集まって、集会を行う。争い事の裁判を求める者はこの集会に行き、ドルイドの裁定を待つ。ドルイドの起源はブリテン島であり、本格的にドルイドの教えを極めようとする者はブリテン島へ修業に行く。宗教的な教えは文字に記さないが、他のことの記録にはギリシア文字を用いる。ギリシア文字を用いることに関しては、別の箇所でもカエサルは、ケルト人の人口などがギリシア文字で記された木の板を発見したことを記している。

ケルト人は宗教に熱心であり、特に危険に身をさらすものは人間を生贄として神に捧げる。神々のなかではメルクリウス、アポロ、マルス、ユピテル、ミネルウァを信仰している。メルクリウスは全ての技術の発明者であり、道と旅行者を導き、金儲けや交易に対して、最も大きな力を持っており、アポロは病気を追い払い、ミネルウァは工芸や技芸の基礎を伝え、ユピテルは天の支配権を持っており、マルスは戦争を支配していると信じている。また、ケルト人はディス・パテルの子孫と主張しており、ディス・パテルは冥界の神であり夜を司っているので、全ての時間の経過を、日の数ではなく、夜の数で計算する。誕生日や一月や一年のはじめも、昼が夜に続くと考えている。

夫が妻や子どもの生殺与奪の権を持っており、葬儀は火葬で、死者が生前愛していたものも一緒に火にくべた。動物や、かつては奴隷なども一緒に燃やしたという。

6巻以外でも『ガリア戦記』のいたるところで、ケルト人の習慣や制度についての言及がある。例えば、政治制度については、数多の王についての言及があるところから王政がとられていたのであろう。多くの王たちのなかで、カルヌテス族の王タスゲティウスとセノネス族の王モリタスグスについては、祖先も代々その部族の王位を占有していたことが述べられているが、別の個所ではガリアでは人々を集めることができる有力者が王位につくとも記されており、王位は必ずしも世襲制ではなかったらしい。また、全ての部族が王政をとっていたわけでもなく、ハエドゥイ族に関しては、ガリア語で「ウェルゴブレトゥス」と呼ばれる政務官が毎年一人集会で聖職者によって選ばれ、部族を支配していた。この政務官は、一年任期で、任期中は自国の領土から出てはならず、一つの家族から二人が政務官に任命されることも禁止されていた。このようにケルト人は部族ごとに異なる政治制度をとっていたようである。

また、部族民の集会が重要な意味を持っていた。ハエドゥイ族で政務官が選ばれるのは集会においてであり、王が部族民に武装して集会に集まるよう命じるのは、ガリア人の習慣では戦争の開始を意味する。また、この集会に最も遅れてきたものは殺されるという。ウェルキンゲトリクスもアレシアでローマの包囲網突破に失敗した後、自分の身柄をどうするか、会議の決定に委ねている。

ケルト人の性格については、変化と自由を好み、気まぐれで戦争好きであり、体格は大柄で、小柄なローマ人を馬鹿にしている。旅人や商人が来ると、周りを囲んだり、引きとめたりして、話を聞きたがるほど好奇心旺盛であった。その一方で、カエサルのブリテン島遠征の計画が商人によって漏れていたことも述べられており、商人がスパイを兼ねていた、あるいは情報も取り扱っていたのかもしれない。また、ケルト人の船は樫の木と鉄釘を用いて造られており、帆には獣の皮、錨は鉄製の鎖が使われていた。形状は竜骨が平たく、船首と船尾が高いものであったという。このため、浅瀬や干潮など水深の浅い場所でも航行することができ、暴風でも帆が破れず、頑丈で大波にも耐えられる耐久性があった。ただし速力はローマの船に劣っていた。

これらの記述はどのくらい信用できるものなのだろうか。カエサルはケルトの民族誌を記述するにあたって、主にギリシア人の残した記録を参考にしたと推測されるが、それらを孫引きするのではなく、自身の遠征中の見聞をもとに修正を加えて記述していると考えられている。フランス南部を中心に、ケルト人がギリシア文字を使って書き残した碑文が発見されており、そのなかにはウェルゴブレトゥスという官職名が書かれた碑文もあり、カエサルの記録しているウェルゴブレトゥスという役職が確かに存在していたことが確認できる。このことからはカエサルの記述の正しさが窺われる。

（疋田隆康）

コラム4

「ミイラ」の解剖が明かす――ケルト社会の生贄の風習

木村正俊

1984年8月、イングランドのマンチェスターの南15キロメートルにあるリンドウ・モスの泥炭湿地（ボグ）で、若い男性の遺体が見つかった。遺体の保存状態があまりによかったので、警察は当初殺人事件の被害者とみなし、色めきだったと伝えられる。放射性炭素年代測定法で年代を測定した結果、遺骸は紀元後1世紀頃のケルト人と判明した。この遺体は、発見場所の地名をとって「リンドウ・マン」とよばれる。現在は大英博物館で展示されている。

泥炭湿地は温度が冷く暗い場所なので、そこに投げ込まれた人間の遺体は自然に蠟化し、腐らずに長期間保存されることが多い。リンドウ・マンは、骨と歯の分析から20代半ばの健康な若者で、生前の身長が168〜173センチメートル、生前の体重が60キログラムあったことがわかった。首を絞められ、体には毛皮の腕輪だけを着け、しゃがむ格好でうつぶせに湿地に置かれていた。爪はきれいにマニキュアされ、口ひげはきちんと刈り込まれていた。

湿地に投げ込まれる前に、斧で頭部を数回殴られ、首を絞められたあと、喉を切られた可能性が高い。傷口の様子から、この若者は即死したのではなく、意識不明の時間があったと判断されている。念入りに、時間をかけて殺害されたとみられる。

胃のなかには祭式用の穀類の食べ物が入っていたほか、ヤドリギの花粉が数粒混じっていたことが特に注目される。ヤドリギの花粉が胃に入ったということは、リンドウ・マンが、聖なるオークの木の下で処刑されたことを証明する。

最後の食事をする儀式で、ヤドリギの小枝が彼の食べ物に触れたかもしれない。彼の食べ物の上でお払いが行われたことも考えられる。ドルイドはヤドリギで神事を行うことが多かったから、ヤドリギと犠牲者は大いに結びつきうる。リンドウ・マンは、ドルイドの指揮のもと、祭儀の場で生贄にされた犠牲者であった可能性が非常に高い。

　リンドウ・マンの沼地跡からはその後も人間の遺骸が発見されており、この場所で殺されたのはリンドウ・マンだけではなかったらしい。

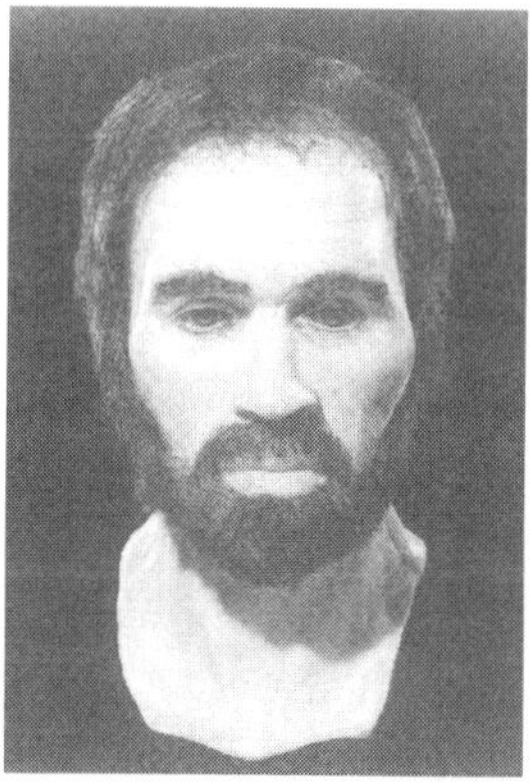

リンドウ・マンの頭部（復元図）

いずれにしても、リンドウ・マンは、ブリテンにおけるケルト社会の生贄の慣習を裏付ける貴重な証拠である。

泥炭地でミイラ化した遺骸が発見されること、

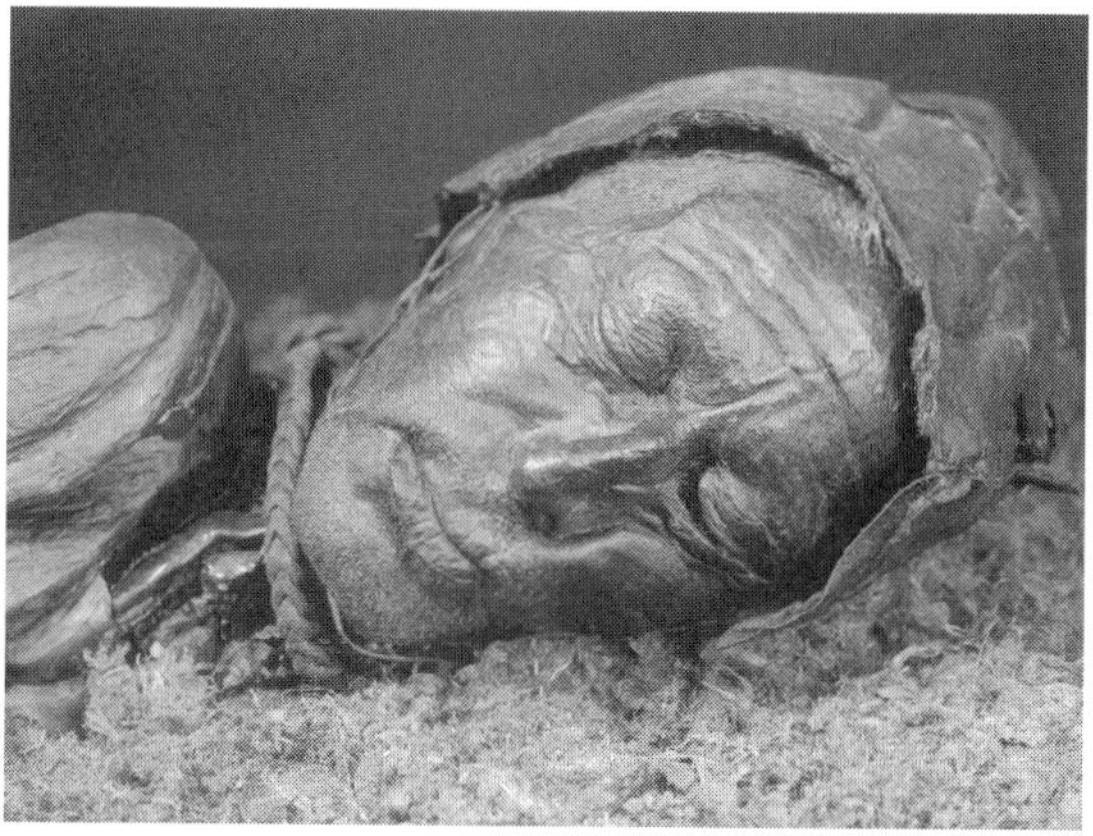

トルンド・マン

ヨーロッパでは珍しいことではない。これまでにアイルランド、ドイツ、デンマークなどでも発見されている。1950年5月には、デンマークのユトランド半島にあるトルンドで、やはり泥炭沼地のなかから死蠟化した一人の男性の遺体が発見された。検視したところ、紀元前4世紀に生きていた古代ケルト人だと判明した。遺体は発見場所の名をとって「トルンド・マン」と名づけられ、現在シルケボー博物館に展示されている。

ケルト社会では、生贄を行うときには、神に捧げる前に儀礼的に奉納物を曲げたり、壊したりする風習があった。捧げものは神に渡される前に「殺されて」いなければならなかった。現実世界の機能を喪失している必要があったのである。トルンド・マンも、リンドウ・マンも、そうしたケルト社会の儀礼的損傷の習俗にそって犠牲にされた実例といえる。

V

ケルト人の生活

26

丘の上の城砦

★多機能をもつ生活拠点★

ヨーロッパの各地には、いまでも古代ケルト人の築いた丘砦(ヒルフォート)の跡が遺っている。丘砦は、丘の上など自然の地形を生かした場所に建てられた城砦で、部族を守る重要な建造物であった。防衛のために、敵に面する側は柵や濠などで固められた。丘砦が最初に建設されたのは青銅器時代であるが、鉄器時代に盛んに造られるようになり、前7世紀から前1世紀までが全盛期であった。大陸でもブリテン島でも造られ、現在わかっているだけでも数百を数える。鉄器時代後期にケルト社会が国家らしくなると、ケルト人はより低地に、都市型要塞を築いた。この都市型要塞は、オッピドゥム(単数形)あるいはオッピダ(複数形)とよばれることが多い。

丘砦は高い台地や敵が接近しにくい場所に築かれる。ヨーロッパ中央部に多く建造されたが、チェコのプルズモ高原にある丘砦の場合は、海抜763メートルの地に巨大な石を用いて造られていた。周囲は険しい斜面や岩場が多く、難攻不落の要塞であったとみられる。内側の中枢部は90×70メートルあり、塁壁の長さは1529メートルあった。外側の外壁は二つに区分され、それぞれ668メートルと1140メートルあった。

丘の上の城砦

イングランドのモルヴァーン・ヒルにある丘砦（ヒルフォート）

また、ボヘミアの例でいえば、最も高い場所に位置するセドロの丘砦は、海抜約900メートルの場所に建てられていた。岩の多い傾斜地を利用し、一番上には石でおおわれた塁壁があった。

丘砦の形態は似ていても、用途や機能はさまざまで、住民の大部分が生活する集落を内包していたり、戦争など危険が迫ったときの一時的避難場所であったり、集落の共同倉庫を防御する施設であったりした。首長や身分の高い人の居住地となったり、宗教的聖地となったりすることもあった。丘砦には交易や製造の場所があったことも考えられる。とはいえ、さほど要塞化が進んでいないものや、規模の小さいものもあった。

ケルト人の丘砦を建造する技術は驚くほど高度であった。最初期の工法は、丘の上に溝を掘り、その後ろに土塁を盛り、木の柵をめぐらした単純なものであったが、しだいに手の込んだものとなり、溝や柵を多くしたり、複雑な出入り口を設計するなど工夫が凝らされた。

前2世紀の半ばから、ヨーロッパ中央部では、堅固に要塞化されて生産設備のある、本格的なオッピダが出現するようになった。それらの多くは、人口が増えたことにともなって必然的に生まれたが、地中海世界のもつ都会性の影響やゲルマン人の移動による圧力も作用したとみられる。オッピダは、ケルト人にとって安全に身を置くことのできる場所であった。

しかし、紀元前1世紀のヨーロッパ西部にあったオッピダとヨーロッパ中央部にあったオッピダには相違があった。ガリアにはオッピダは200以上存在したと推定されるが、個々の部族が多数のオッピダを所有していた。ヘルウェティイ族の場合は、12のオッピダをもっていたが、規模の大きいものは数が少なかった。オッピダのなかには生産施設（作業所）や自前の貨幣鋳造所を備えたものもあった。とはいえ、ヨーロッパ中央部のオッピダがみな都会性をもつオッピダであったと考えることはできない。

ケルトのオッピダを囲む防壁には二種類ある。一つは、カエサルが「ガリア壁」とよんだ強固な防壁である。この名高い防壁は、特に現在のフランス地方に広まった造りで、24例が知られているが、ほかにスイスやベルギー、ブリテン諸島にもみられる。ヨーロッパ中央部では比較的少なく、最も東方の地域ではバヴァリアに所在が確認されている。「ガリア壁」は、地面の上に木材を十字に交差させ、交差部分を鉄の釘で止めたあと、木材のすき間にがれきや石を詰め込み、正面は石で防護する工法である。防壁は幅が3メートル、高さが数メートルに達する頑丈なものに建造される。「ガリア壁」は破壊しがたく、ヨーロッパで広い範囲に広まった。ケルト人の建造技術の水準がいかに高度であったかを証明するものである。

もう一つは、「ガリア壁」より古い城砦化の方法で、ハルシュタット期に用いられ始め、ラ・テーヌ期に一層広まったものである。この方法と「ガリア壁」の方法は、一つのオッピダを建造するとき、合わせて用いられることもあった。ドイツのホイネブルグの要塞にその例がみられるが、ほかにチェコのオッピダでも確認されている。

ドイツとブリテンのオッピダの場合、入口がしばしば通路の形になっている。入口が狭く、長さが20～40メートルもある場合がある。この造り方はハルシュタット期にさかのぼるとみられるが、ボヘミア（現在のチェコの西部・中部地方）に例となるオッピダがある。

カエサルの時代には、ケルトのオッピダの幅広いベルト地帯が存在した。それは、ブリテン諸島からフランスを経て、ドイツ南部、チェコ、カルパチア山脈まで広がるもので、ケルト文明の高さを示している。この地帯では、活発な交易関係が維持され、隣接地域にもネットワーク化が及んでいた。

ブリテンには、ハンプシャーのデーンベリーに、前650年頃から前100年にかけて存在したとみられる屈指の丘砦がある。この大規模な丘砦には、防御力を高めるために何度か内部が改築された跡がある。塁壁と門はしだいに手の込んだものに手直しされたようである。内部には円形家屋が建てられていた。その家屋のなかに、生産や交易のための場所があった可能性もある。敷地の大半が食糧の彫像に用いられたと推定される。長期にわたって発掘調査が行われ、ブリテン島のケルト人の居住形態が解明されつつある。

（木村正俊）

27

農耕と牧畜

★すぐれた食糧確保の技術★

鉄器時代のケルト社会は原始的な農耕と牧畜社会を営んでいた。古代ローマの歴史家・地理学者ストラボンは、ケルト人が領地の大部分の土地で大量の穀物のほか、雑穀やナッツ類を栽培し、あらゆる種類の家畜を飼っていたことを報告している。農牧民は生活基盤を支えるために日夜重労働に励まなければならなかった。鉄製の農具や馬の活用などのおかげで、ケルト人は農耕と牧畜においてそれなりに生産力を高め、食糧の確保ができたと思われる。農業経営面ですぐれた才覚を発揮していたといってよいかもしれない。

作物を栽培するにはまず土地の開墾が不可欠である。ヨーロッパの森林地に定着したケルト人は、まず樹木の切り倒しや、森林地を焼き払うことから始めなければならなかった。しかし、焼き払うときに不始末で火災が起こる危険も大きかった。柴ややぶの生えた土地は囲い地にして、猪や豚を走らせ、開墾する手もあった。火で焼いた開墾地では、最初の年は作物はよく育ったが、翌年以降は肥料で土地を肥沃にしなければ、十分に生育しなかった。

森林地の開墾は紀元前１００年頃まで続けられたが、その後多くの地方で森林地は消えていった。開墾には鉄製の斧が役に立ったとみられる。土地を耕す道具としては、地面に深く食い込む効率的な鉄製の鋤《すき》や鍬《くわ》を用いたので、広い農地を耕作することができた。

ケルト社会の農民にとって特に重要な耕作物は穀類であった。ストラボンは紀元前1世紀のケルト社会では、ほとんどどの地域でも穀物を栽培しており、あらゆる種類の家畜が飼われていたと報告している。穀類のなかでは麦が多く栽培された。麦の種類は小麦（家畜飼料用のエマー種、スペルト種、パン用の小麦）と大麦などである。アイルランドでは、長期にわたって栽培された主要な穀物は大麦であった。ほかの地域でも大麦が優先されたと思われる。大麦はポリッジやパン、ビールの醸造などに適したからである。動物には飼料となった。

主要な耕作物であった麦をデザイン化したケルト貨幣

ケルト社会で鋳造された貨幣のデザインに、麦の穂が刻印されているものがあることは注目に値する。ケルト人にとって麦の重要さを示す一つの証拠である。麦が貨幣にデザインされた事実から、考古学者のサー・シェパード・フレールは、ケルト人はビールを醸造し飲用していたことを示すものと判断した。

麦以外に耕作された作物は豆類で、インゲンマメも、ソラマメやヒラマメも栽培された。豆は実を取り出して食べ、さやは家畜に与えた。ガリアではキビが主産物であった。穀類のほかには、かぶら、亜麻、麻、玉ねぎ、にんにく、染料となる植物なども栽培されることが多かった。

穀類は地面を深く掘った特別の貯蔵室や地下に設けられたサイロ（保管塔）に貯えられた。夏遅くに刈り取られた麦は、暖房室で温めて湿気を除き、地下貯蔵室で保存された。こうした食糧貯蔵室の跡はヨーロッパ各地のオッピダ（都市型城塞）のなかに数多く確認できる。

ケルト社会の農民が飼育した主要な家畜は牛、豚、馬、羊、山羊などであったが、なかでも牛は、飼育に適した場所、たとえばライン川盆地の高地やアイルランドでは、最も重要な家畜であった。牛や馬などの畜群は、1年の大半を通じて放牧場や草原で飼育されたが、夏季には、より標高の高い土地に移される必要があった。ケルト社会で牛の価値は高く、資産を評価する基準になったほどである。ブリテン諸島には牛を盗んだり、奪ったりすることをめぐる争奪や戦いをテーマにした伝説や物語が多く残っている。たとえば、価値の高い牡牛をめぐってアルスターとコナハトの両国が熾烈に戦うアイルランドの物語『クアルンゲの牛捕り』は最もよく知られている。

豚の群れはオークの木の周辺で放し飼いされたが、主にオークの木の実であるどんぐりを餌にして育てられた。豚はケルト人の食糧として好まれ、貴重なたんぱく源であった。現代の飼いならされた豚と違って野性的で乱暴な動物で、むしろ現代の猪に近かったとみられている。繁殖率が高いので、豊饒の象徴として大いに敬われる面もあった。猪も食用に供されたが、猪狩りの獲物として娯楽の対象となった。猪の牙は地位を誇るシンボルとして重宝され、ペンダントに加工されたりした。支配階級や有力者の墳墓から、副葬品と埋葬された猪の装飾品が出土することが多い。猪や豚の骨格が丸ごと発見される場合もある。

馬は広範囲で飼われたが、タキトゥスによれば、ケルト人の騎馬術はきわめてすぐれており、ローマ人も大いに崇敬されたという。ケルト人が戦場で馬に引かせた二輪戦車を巧みに操って戦いを有利に運ぶ様子は、カエサルをも驚かせた（『ガリア戦記』4・33）。地域によってはクライズデールなど大型の馬が飼われた。スコットランドのハイランド地方などは小型の馬（ポニー）の産地として知られる。馬のもつ力が敬われ、ガリアでは馬の女神エポナが広く信仰された。エポナは馬上に横座りし、子どもや食べ物が入ったかごをかかえた姿で表現される。エポナは多産と豊饒の象徴となる神である。

羊の飼育は、ガリアではかなり広範囲で行われた。ケルト圏から産出される羊毛はローマ時代からよく知られていた。現代においてもブリテン諸島では羊が重要さは大きく、羊毛産地では、上質の羊毛を素材にした独特の織物・編み物の製造が貴重な基幹産業となっている。羊がブリテン島に導入されたのは古い時代のことであった。ヨーロッパ最古の種とされるソーア・シープの原種が、今もアウター・ヘブリディーズ諸島西のセント・キルダ群島の一つ、ソーア島に生息しているのは珍しいことである。

（木村正俊）

28

住居のつくり

★人間と家畜が同居★

ケルト人といえば、どう猛で、荒っぽい戦士と考える人が多いかもしれないが、たいていのケルト人は農民で、孤立した農場や小さな村落に暮らしていた。定住場所は、土地の状況や農耕の方式、地域の風習、戦時の危険度などで選択が異なった。住居の建て方も、時代や場所によってさまざまである。規模は別として、住居は通例生活にとって不可欠な水、魚、狩猟動物、農耕地などが確実に入手できる場所に建てられた。加えて、自然資源、たとえば銅や鉄鉱石、陶器製造の材料となる粘土などが採掘できるかどうかも、住居を建てるうえで重視されたとみられる。

ケルト人の住居は一般に木造で、屋根は麦わらぶき、あるいはかやぶきであった。しかし、地域によっては石を用いて堅固にした造りもみられた。ブリタニーやコーンウォール、あるいはスコットランドなどの岩の多い山間地では、粗削りの石が多く使われていた。住居はたいてい小規模なもので、豪華に造られたり、装飾の目立つものはほとんどなかった。家屋の様子については、カエサルやタキトゥス、ストラボン、大プリニウスら古典作家たちによって報告されているが、それらの記述内容

第28章
住居のつくり

復元されたケルトの円形住居（ウェールズ、カーディフ野外博物館）

は考古学の調査結果とほぼ一致している。木造家屋ははるか昔に消失してしまったが、現在残る木の柱を立てる穴の数や状況などから、当時の家屋を復元できる。

ケルト人の居住範囲が広かったので、彼らの家屋について一概にはいえないが、家屋の形には、大まかに円形と長方形の二種類がある。石器時代以降、ヨーロッパ大陸中央部では長方形家屋が好まれた。ライン川の東側では円形家屋の証拠が出ていない。一方、西部のスペインやポルトガルなどでは、ローマによって征服されるまでは円形家屋が一般的であった。ブリテンとアイルランドでも青銅器時代あたりから円形が主で、大西洋側の地域では伝統的に家屋は円形であった。

古代ローマの地理学者・歴史家のストラボンは、ベルガエ族の家屋について「ケルト人の家は大きくて丸く、板や編み枝でできていて、重いかやぶきの丸屋根である」と述べている。木造でかやぶき屋根の家屋は、軽量の骨組みのゆえに移動するのに容易で、利便性があったが、戦争のときに敵に放火されたりすると、あっという間に焼失したであろう。

家屋の構造はどのようになっていただろうか。家屋の建て方にはいろいろ差があるが、円形の場合は、土の上に直接建てるのが一般的で、地面を50センチメートルほど掘り、木の骨組みの上に屋根を載せる方式であった。上部構造は簡単な造りのように見えるが、柱と柱をつなぎ支える工法は、かなり技術が高く、あちこちに工夫がこらされている。悪天候にも十分耐えられる造りであった。ブリテンのメイドン・カースル（ドーセット）で発掘された家屋の場合は、小規模家屋で直径が6メートルの広さしかなかったが、中心に立つ柱が丸屋根を支えていた。その柱を囲むように外側に数本の柱を丸く並べて立てられ、壁面は小枝で作られ、それに漆喰《しっくい》（モルタル）が塗られていた。アイルランドやスコットランドでは漆喰を使わず、二重壁にすることも行われた。

家屋の内部の構造はさまざまで、広い部屋がひとつだけあるのが普通であったが、なかにはもっと多くの部屋をもつ場合もあった。窓は壁の中に組み込まれていたが、窓のない家屋も多かった。屋根に空いた穴から雨が落ちてきたことがあったかもしれない。円形家屋の内部は暗くて煙っぽい状態だったが、かやぶきの屋根が絶縁体となって、冬は暖かく、夏は涼しかったと思われる。家の一角に暖炉が作られ、煙は排煙口を通って屋根から抜けた。

燃料となったのは木材かピート（泥炭）である。ピートの採取には伝統的に刃の長い鍬《くわ》が用いられた。この鍬を用いると、重量が12・7キログラムの長方形のピートを切り取ることができたという。ピートは夏に採取して乾燥させ、冬の燃料として使われた。ピートはあまり煤《すす》を出さずにきれいに燃

スコットランド、テイ湖に復元されたクラノーグ（湖上住居）

え、しかも高温度を出す。燃料としてこのうえなくありがたいものであった。ピートはブリテン島の中部および北部で多く採取された。

屋根の梁《はり》から暖炉の上に重い鎖で鉄の大鍋が吊るされ、料理がつくられる仕組みであった。屋根の下の煙の立ち込める空間は、肉を吊るして燻製にするのに適していた。梁からいくつもの燻製かごが吊るされているのがつねだった。

二階建ての造りの場合は、二階に女性や子どもが住み（同時に保存食品の貯蔵室ともなった）、一階は男性と家畜が同居した。床には動物の皮やわらでつくった敷物を敷くことが多かった。ケルト人の家庭には家具は少なく、地面の上でじかに（あるいは敷物の上に）座って食事をしたり、眠ったりした。ハンガリーの家屋跡からは編み枝と漆喰でできた物置き台が出土している。この台は移動可能なもので、大きな家屋では仕切りをつくるのに役立ったと思われる。いくつか場所に区分されたことで、ひとりあるいは数人が、それぞれ自分の空間を占めることができたであろう。ストラボンは、ケルト人はわらの寝椅子の上で食事をしたと書いたが、その寝椅子は、夜はベッドに用いられたであろう。木の葉や草を皮で包んだ、別種のベッドも使われていたことが知られている。

円形家屋では、ほんのわずかの生活用品で十分快適に暮らせたのではないかと考えられている。食べ物の余りやごみはきれいに片づけられ、床は衛生的に保たれたようである。現代人の想像以上に、一体感のある、洗練された生活が営まれていたかもしれない。

水域は防御に役立つので、スコットランドやアイルランドのケルト人は、湖（あるいは川や河口）にクラノーグとよばれる小さな湖上住居を造った。単に水上の住宅であったにとどまらず、安全や防御の目的で造られたのは明らかで、その意味では、クラノーグは湖上の要塞の性格をもっている。浅い湖に杭を打ち大木を並べて土台を造ったあと、それに土や石をかぶせて人工の島を造り、その上に住居を築いた。湖上住居と湖岸の往復には丸木船が使われた。地域によっては、住居と岸部が狭い木造の橋で岸につながっている場合もあった。いずれにしても、陸上の土の上に造られた住居より安全と考えられた。クラノーグの跡は現在もスコットランドやアイルランドの各地にみられる。（木村正俊）

29

飲食の習慣と娯楽

★自然の巡りに合わせた歓びを味わう★

飲食と娯楽は、日々の暮らしのなかで、人々に生きている歓びを感じさせてくれる。ケルト人もまた、移り変わる季節のなかで、自然のリズムと調和して生き、飲食がもたらす歓びを体感してきた。季節ごとの祝祭は、そうした彼らの生活の知恵の集積である。

ケルト人は、昼夜の明暗や季節の寒暖など、対極をなす現象をくりかえす自然界をらせん状に循環する時空間としてとらえた。その無限に続く時間の流れのなかで、再生が起こる直前の暗闇が新たな始まりの時と見なされた。1年ごとの単位では、冬を迎える11月が新年にあたり、次の巡りに移行する過渡期として、異界と現世の境界がもっとも希薄になるとされ、そのあやうい分岐点を無事すごすためにさまざまな食習慣が維持された。

異界の精霊に畏敬の念をいだいて、食べ物や飲み物を分かち合う習慣から、仮装した子どもたちが家々の戸口をまわって歩く行事が生まれた。いわゆるハロウィーンである。この行事に登場するカボチャに目鼻をくり抜いたランタンは、ケルトの人頭崇拝のなごりで、当初はカブが使われ、中にともしたロウソ

アイルランドの部族長が開いた戸外での宴会風景

クの灯りで宵闇を照らして精霊を導いた。

家畜もこの時期に放牧場から連れもどされ、その一部は屠蓄されて貴重なご馳走となり、残りは塩漬けにして厳寒期の食糧として保存された。過去に思いをはせる「沈黙の夕食」とよばれる風習では、先祖をしのんで空席に迎え入れ、家族と先祖がともに食卓を囲んで無言のまま食事を終える。

新年の風変わりな食習慣としては、水を入れた大鍋にリンゴを浮かべて、手を使わずに口だけで懸命にくわえ取り、新しい年の命運を競うゲームがある。リンゴは、世界各地にさまざまな言い伝えがあるが、ケルト人は、太陽のように赤く色づいた果実を横半分に切って、その中心に生命の象徴とされる五角の星のかたちを見出した。リンゴは、果肉の芯のなかに茶色い種を宿して、死と再生をくりかえすため、異界の入り口にあって神を象徴する神秘的な果物とされた。アーサー王が再び目覚める日まで眠っている伝説のアヴァロン島は、ケルト語で「リンゴの島」を意味する。

第29章

飲食の習慣と娯楽

2月になると、子羊が誕生して、春の始まりを告げる。冬の間、塩漬けや干した保存食でしのいだ後、絞りたてのミルクやチーズなどの乳製品は、久しぶりの新鮮なご馳走となる。

5月は、草木の緑が映《は》え、生命力あふれる夏の始まりで、家畜も牧草地に放たれる。森林に雷が落ちる樹木の大半はオークの木で、落雷は作物にとって恵みの雨を降らせるため、ケルト人は、地上の命を養う夏の太陽をオークの王にたとえた。よく燃えるオーク材は、夏の火祭りでたき火に使われ、人間が天上から手に入れた原初の火を再現する摩擦によって点火される。その炎や煙には疫病の浄化作用があると信じられ、家畜に火の間をくぐらせる風習がある。祝祭の節目ごとに焚《た》かれる浄火は、その恩恵の永続性を願うものである。パチパチ音をたてて燃える火のまわりでは、音楽を奏でて歌や踊りがくり広げられ、人々がワインや蜂蜜酒を酌みかわす。

時計まわりに舞うダンスは、時の経過を模して、天地の間に展開する自然の秩序に沿って健康と幸せを祈る。天に向かってらせん状につるを伸ばすブドウは、不死を象徴する。蜂蜜酒は、異界の使者とされる蜂が、花々から集めた甘い蜜で醸造され、アルコール度数も高く、心地よい飲酒の酔いは、神々の聖なる意識に近いと考えられた。祭りの後、薪が燃え尽きた灰は地面にまかれ、肥料として大地に返される。残り火は家に持ち帰って炉の火種に使われ、ゲール語で焼いたパンを意味するバノックが焼かれた。

夏至の頃は、シェイクスピアの『夏の夜の夢』で妖精パックが恋人たちのまぶたに塗った花や薬草の惚《ほ》れ薬のように、真夏の日光を吸収した植物の効能が最大限に発揮される。ハーブ摘みにも最適の時期で、ハーブティーとして飲むほか、煎じ薬や貼り薬などのハーブ療法に利用される。昼がもっと

ケルト人は調理に大鍋を用いることが多かった

も長く夏の太陽が頂点を極める夏至には、今日でもストーンヘンジの巨石から昇る朝日を拝するために多くの人が訪れ、前夜から徹夜で日の出を待って過ごす。このように人々が集う夏のたき火や冬の炉辺など、火を囲む飲食の機会は、ケルトの伝統的な口承文化である物語を語る場にふさわしい。こうしてさまざまな伝説、英雄物語、武勇伝、詩歌が、文字でなく発話によって、生命の躍動感あふれるリズムといきいきした情感で再現されて語り継がれてきた。

8月は、残暑のなかにも夏が終わり、秋が始まる時とされ、まばゆい太陽光を浴びて成熟した農作物が最初の収穫時期をむかえる。大地に生きる人間の定住生活は、秋の収穫量によって、その後1年間の生存が左右される。なかでも穀物は主食となるため、初めて収穫された穂は、天日干しの後、手の平でもみをはずして、石の臼《うす》で粉にひき、薪火でパンに焼かれる。この特別なパンは、母なる大地の女神に捧げた後、家族全員で分かち合う風習がある。穀物神は、収穫した最後の穂のなかで生き続けると信じられ、翌年の豊作を願って、その麦わらで編んだ人形が作られる。実った穂の刈り入れは、すなわち穀物の死を意味する。森林では雄鹿の角が生え替わり、雷鳥の狩猟が解禁され、生死の変化に直面する時節にあって、命は命の犠牲の上に存続するという生命の神秘が再認識される。丘の上では、競馬、やり投げ、レスリングなど、さまざまな運動競技が行われる。穀物を実らせた太陽神の死をいたみ、次の王を決めるために競い、その勝者が王座について、大地と兄弟の保護を誓ったのがその始まりである。格闘技は、男性的な力の調和とバランスをとることが勝利の決め手で、腕力だけでなく心身ともに強靭な戦士が理想とされた。

やがて秋分を過ぎ、日ごとに夕暮れが早まる寒く暗い季節の始まりは、その先にまた一段らせん軌道を上昇して続く新しい年が待ち受けていることを意味している。

こうしてケルトの人々が受け継いできた飲食の習慣は、自然の一部を体内に取り入れ、明日を生きる糧として、刻一刻と変化する時空間に適応していく知恵である。祝祭に伴うさまざまな娯楽は、周囲に展開する自然のリズムと同調する手段である。その歓びを体感することで、この地球上に生きる一員としての生命記憶がよび醒まされる。それは果てしなく壮大な宇宙の巡りのなか、今ここで確かに生かされて在《あ》る自分に気づく至福の瞬間である。

（野口結加）

30

衣装と装身具

★西洋服飾史の源流の一つ★

たとえば金属で加工された道具類や工芸品などに比べ、素材の多くを有機物とする衣服が考古学的遺物として残ることはめったにない。ケルト人自身による衣服の記録もないため、古典時代のギリシア・ローマ人著作家や歴史家の記述そしてケルトの彫刻や工芸品などが、わずかに残された手がかりである。

鉄器時代後期ラ・テーヌ文化期（前450～前50年）には、すでにガリア人たちは長袖のシャツかチュニックを、ローマ人がブラッカエと呼んだ長ズボンとともに着用していた。男性のチュニックは、短めのものや腰の下まであるものまで各様だが、女性のチュニックは緩やかで、裾も地面に触れる長さを特徴とし、装飾も彩りも華やかで頭巾には凝った刺繍が施されたりした。なかでも、両脚を別々にくるむ形態の男性の長ズボンは、ヨーロッパ大陸中央部の寒冷の地に住み狩猟を生業とする騎馬の民には好都合の服装であった。一枚の布を身体に懸けてゆったりと着るトーガの着用になれ親しむローマ人にはなじみのない驚くべき服装だったが、乗馬には実用的とあって、ローマの外国人傭兵部隊所属のケルト人をまねて、ローマ兵士にも広まったらしい。また膝までの長さのぴったりとした短い半ズボン（ブリーチ）を穿く時には、同じくぴったりしたチュニックと合わせて着用したようだ。後に、西洋服飾の主流が、ギリシア・ローマの懸衣型の服装から、上衣と脚衣という二部形式で身体を包む形態へと変容するのをみると、古代ゲルマン・ケルトの服飾がその後の西洋服飾にいかに大きな足跡を残したか、その影響の大きさを窺い知ることができるのである。

アイルランド人男女の衣装（16世紀頃）

さて衣服の素材だが、最も一般的な動物繊維は、たとえばスコットランド島嶼部の牧畜地帯にみられる原生種の羊のほかヤギやウサギなどの毛で、糸のより方や織り方は時代や地域により異なるものの、ハルシュタット期にはすでに羊毛を使って織った衣服を着用していた。紀元前800年頃に着用したと思われる手織りの羊毛生地がハルシュタットで発見されているが、これは世界最古の織物の一つといわれる。植物繊維では亜麻やイラクサが多く用いられ、薄手のリンネルに加工されているが、絹と木綿は一般の人々の手には届かない貴重品であった。

イングランドのスネッティシャムで発掘されたトルク（大英博物館蔵）

なお皮製のズボンや丹念に縫製した樺の樹皮製の帽子が確認されているほか、履物についても皮製やリンネル製の靴そして木製のサンダルの存在が知られている。

さらにケルト人の衣服で特徴的なのは、男女ともに鮮やかで明るい色彩を好み、しかもチェック柄を愛好したことである。色彩や繊維そして織物は文化の水準を計る指標の一つだが、なかでも彼らの染色技術は高く、色素顔料の知識も豊富であった。たとえばスコットランドのハイランドで行われた羊毛の染色は、色を定着させ色の深みを出すために数日から数週間かけて羊毛を染料に浸し、特に染色しにくい亜麻糸は、ピクト人が刺青に用いたタイセイやインディゴの染料（青）を表面に密着させるなどして、丁寧に染め上げられた。染料としては他にエニシダ（黄）、イラクサとカバ（緑）、ベニバナ（紅）、クルミ（黒）、ハンノキ（灰色）などの植物やエビ・カニの甲殻類（紫）も用いられ、羊毛や亜麻などの素材が色彩豊かなチェック柄に織り上げられた。現スコットランドの特産品、チェックのタータンはケルトの伝統を引き継ぐものだといわれる。

さらにこれら衣装とともに用いられた装身具は、着衣を固定する留め具あるいは身体を飾る装飾品というにとどまらず、ケルトの美術・工芸の粋を集めた極上の美術品でもある。ケルト文化圏で発見される数々のブローチや金・銀・青銅の指環、首環（トルク）、腕環、足首環、さらに鎖状の金属ベルト、男性用に精巧に装飾された青銅板に留め金をつけた革ベルト、女性用の青銅製の鎖帯そしてフープ型の耳飾りに至るまで、今日なお斬新で見飽きることがない。ブローチは胸ないし肩のところで外衣を留めるために使われ、また衣服の留め具として安全ピンの役割をしたフィブラは、しばしば対で使用され、男性ならば鉄製や青銅製のもの、女性には青銅製や時に銀製のものが好まれた。特に高位の者の装飾品は、男女を問わず、ケルト特有の空想的な具象装飾や動植物などを配した極めて精巧な細工が施され、これにサンゴやラピスラズリや琥珀などを用いて象嵌やエナメル加工をしたものなどは、まさに技術の粋を集めた芸術品である。

なかでも際立って特徴的なケルトの装身具が首環（トルク）である。金・銀・青銅製、あるいは金と銀の合金をねじり合わせて、環状にして首を飾る装身具だが、しばしば腕環やブレスレットとともに着用され、男女ともに愛用した。トルクは、戦場に立つ戦士にとっては死の危険を回避する呪術的な魔除けであり漲る力の源泉であった。もとより黄金はケルト人のアイデンティティそのものであったから、大胆かつ華麗な装飾や金箔の平打ち細工を施した純金製のトルクは、高位の戦士階級の権威の象徴でもあった。さらに宗教的儀式でも重要な聖具として用いられるなど、トルクはケルト人にとって装身具以上のものだったのである。これら宝飾品の多くは、貴族の宮廷で工房を構える専門の細工師により制作された。ケルト人の自由闊達で卓越した美的感覚と才能の豊かさには、今さらながら目を見張るものがある。

ローマ人たちは、ケルト人の入浴好きや入念な髪の手入れなどにも触れ、身だしなみにはことの他、気を遣ったと伝えている。シチリアのディオドロスはその『歴史叢書』のなかで、ガリア人の毛髪について「彼らは生まれつき金髪だが、絶えず石灰水で洗い、その色あいをさらに明るくしようとしている」と石灰水をヘアダイ代わりに使用していたと記している。さらに手の込んだ巻き毛や編んだ髪にするなど、男女ともに髪型にも心を配り、女性は、金銀で細工をしたヘアピンや薄くてしなやかな金・銀・銅製のリボンそして金の玉飾りで髪を飾ったり、金属製や布製のヘアバンドやヴェールも着用した。敵を震え上がらせた二輪戦車の御者は、金や銅製のレースの額バンドを着用することもあった。骨や角で精巧に作られた櫛、剃刀も鏡同様、愛用された。族長や王にはお抱えの理髪師がおり、女性は化粧道具の入った小袋を持ち歩いた。アイルランドの高位の階級の間では、指の爪の手入れも行き届き、ぎざぎざの爪は恥ずべきものとされた。女性は時に爪を赤く染め、眉やまつ毛を漿果類の液汁で黒く染め、頬も紅色の樹液で赤くすることもあったという。

金髪の髪、明るい色彩で織り上げられたチェック柄の衣服、乳白色の首を飾る黄金のトルク、そして戦時の威嚇的な身体装飾など、これらケルト人の並々ならぬ装飾願望は、まさにケルト社会における多様な慣習や生存システムを彷彿させるケルトならではの斬新なデザイン・プランの一つの表れであろう。染色・織物、衣服形態などケルトの戦士貴族文化が後世に与えたさまざまな影響を考える時、ケルト人の服飾が西洋服飾文化の源流の一つであるのは間違いあるまい。

（立野晴子）

31

戦士たちと戦いの方法

★ローマと戦った勇猛さ★

ケルト社会では、ドルイド以外の指導者集団は、戦士階級であった。彼らは一種の軍事的貴族階級で、戦争や危難のときに部族を守るために組織され、王や首長に忠誠をつくして任務を果たした。戦士の軍団は、ヨーロッパの西部では常備軍ではなかったところもあるが、中央部では前4世紀から前1世紀にかけて、自由人戦士たちの軍団が絶えず戦闘の準備態勢をとっていた。ことに、住民の数の多いところでは、軍団の守備は固かったらしい。

ケルト人が戦闘で用いた武器のなかでも、最も重要なのは剣であった。ケルト人はなによりも、すぐれた剣の使い手で、剣の良し悪しにこだわった。ケルト人の鉄製武器の製造技術は高く、それがすぐれた刀剣の製造につながったことは容易に想像できる。紀元前700年頃以降のハルシュタット期に、青銅の剣は鉄製の剣に取って代わられたが、この新しい金属（鉄）の使用が、武器の質や永続性、効率の面で大きな変化をもたらしたことはいうまでもない。戦士が携行した武器はおもに剣（長剣と短剣）、槍であるが、長剣は身体の右側腰部にくくりつけられた。部族によっては（例えば、ヨークシャーのパリジイ族）、剣を背中に、たすき掛けのように、携行した場合もある。鉄製の剣は、鉄、青銅、木あるいは皮の鞘に収められた。鞘は剣以上に重視され、入念な装飾がほどこされた。ハルシュタット期の剣は刀身が短く、およそ40～60センチメートルであったが、ラ・テーヌ期にはもっと長くなった。

しかし、ケルトの初期の剣は硬度が不足な粗悪品であったらしい。ギリシアの歴史家ポリビウスは、前225年のテラモンの戦い（ケルト軍がローマ軍に敗れた）についての記録のなかで、ガリア人（インスブレス族）の剣は最初の一撃で曲がってしまい、足でまっすぐに延ばしてからまた使わなければならなかったと述べている。そのためにローマ人に攻撃の余裕を与えてしまったという。刀剣製造の技術が高まり、質のよい長剣が使われるようになったのは、紀元前2世紀か前1世紀になってからである。

刀剣に劣らず重要であったのは槍である。戦士たちは通常1本から4本の槍（あるいは投げ槍）を携行したが、短い槍は投げるのに用い、長い槍は突き刺すために使った。投げ槍の穂先はローマ人の刀より長いものがあった、とディオドロス・シクルスは記録している。前5世紀から前1世紀までの槍の穂先は、一般に幅が広く大きかった。ラ・テーヌ期の遺跡からは、ぎざぎざをつけた炎型の、刃に凹みを入れ、刃先を鋭利にした槍穂が出土している。槍の穂先を装飾することもあったようで、イングランドのバークシャーのテムズ川でみつかった前1世紀の鉄製槍の穂先は、ラ・テーヌ様式の文様で飾られていた。

より攻撃的な大がかりな武器として、投石器がよく用いられた。投石機から発射する石の山がハンプシャーのデーンベリーと、ドーセットのメイドン・カースルで発見されている。メイドン・カースルの場合は、穴のなかに2万2260個の丸石が蓄えられていた。投石は戦闘で大きな効果をもたらしたといわれる。

防護のための主要な武器としては、盾を挙げなければならない。ケルトの戦士は盾を左手に持ち、右手に剣や槍を持って戦った。盾の形はさまざまであるが、長方形か楕円形のものが多かった。

皮製や木製のものが主であったが、金属で強化している場合もあった。ケルトの戦士は、戦士の頭を隠せる高さの盾を好んだといわれる。ラ・テーヌで発見された木製の盾は1・1メートルあった。これまで発掘された盾のなかには、身体全体を守れるような1・7メートルの高さのものが含まれている。問題なのは、木製の盾では、敵の槍が飛んでくると防ぎきれないことであった。カエサルは、ガリア人の盾は一本の剣で貫けると説明したが、そのことは考古学的にも証明されている。盾の表面は、さまざまな色彩や文様で装飾されていた。ケルトの色彩豊かな盾は、戦闘意欲を高めただけでなく、敵軍に脅威を与えたかもしれない。

二輪戦車に乗って戦うクー・フリン（J.C. レイェンデカー画）

ケルト人は鎧や兜《かぶと》をあまり着用しなかった。発掘されることも少ない。ディオドロス・シクルスは「ケルト人は鎖状に編んだ鉄製の胸当てを着けている者もいる一方、……裸身で戦う者もいる」と言及したが、鎧や兜を着用したのは、族長や裕福な戦士に限定されていたようである。兜は時代とともに進化し、前4世紀前半には品質のよいものが生産された。各地で多様な兜が出土しているが、それぞれに飾りを付けたり、特徴的な装飾をほどこしている場合が多い。

ケルトの戦士たちは向こう見ずな大胆さと勇猛さで広く知られた。ギリシア人もローマ人もケルト人を戦闘にすぐれた集団とみなした。古典世界の人たちがケルト人と遭遇した最初の経験は、ケルト人軍団の恐ろしい光景であったといわれる。紀元前4世紀頃、ケルト人はローマの都市をしきりに襲撃し、略奪したが、そのとき、ローマ人はケルト人の荒々しい破壊ぶりに度肝を抜かれ、恐れおののいた。巨大な剣を抜いて叫び声をあげ、上半身を裸かにして迫ってくるケルト人。彼らは、ローマ人の目には、途方もない野蛮人と映ったという。紀元前3世紀のギリシア人にとっても、ケルト人は恐るべき侵入者、略奪者であった。

騎馬術に長けていたケルト人は、2頭の馬に引かせた二輪戦車（チャリオット）を最大限に駆使して、戦いを有利に導いた。ケルトの二輪戦車は、車軸の真ん中の上に長い台車を備え、その台車の上に戦士が乗って槍を投げる仕組みになっている。戦士は槍を放って敵陣を散らしたあと、戦車から降りて槍や刀で戦い、敵が反撃する間もなく戦車へ戻り、すばやく退却する。それは機動的であり、ゲリラ的ともいえる戦法である。カエサルはブリテンへ侵入したとき、ブリテンの首長カンヴェラウヌスが戦車で攻撃してくるのを目撃し、戦車の威力に驚き、ケルト人の巧みな戦闘術を高く評価した。

（木村正俊）

32

氏族(クラン)社会の内と外

★ハイランドの生んだ独自の伝統文化★

クランとは、スコットランドの北西部に位置するハイランドに特有な社会制度で、ケルト系ゲール語で子どもを表す単語(clann)に由来している。日本語では氏族と称されている。それぞれのクランは、ある同じ祖先から派生した一族であると考えられていて、一定の領地を保ち、そのクラン・チーフの支配権に服従し、さながら小さな独立王国のごときものであった。かつて、ハイランドは多くのクランから構成されていた地域であったが、現在、昔ながらのクラン社会は存在していない。

ハイランドは険しい山と湿地に囲まれている。道路が整備される以前は、他の地域とは隔絶されていて、土地感のない人間が容易に足を踏み入れられる場所ではなかった。他の地域の人々は、ハイランドの人間はいつも剣を携帯し、分からない言葉を話しており、野蛮で家畜泥棒を生業としている、というような偏見を持っていた。現在、この土地を訪れると、ちょっとした町や村以外には人の姿はなく、見わたすかぎり大自然がひろがり、広い放牧場を羊の群れが闊歩しているのを目にする。夏は短く、土地は痩せていて、耕作に適した場所は限られている。もともと、人が定住していなかったのではと思われる。しかし、1755年の時点ではスコットランドの全人口のうち51%もの人々がスコットランド北部に居住しており、現在見られる姿とは決して同じものではなかったのである。

伝統的なクラン社会は、クランの中心的人物であるクラン・チーフ、そのチーフから土地を借りるタックスマン、その土地を耕作するクランズメンで構成されている、

クラン・チーフはある程度の土地を占めクランの民に生活のための土地を提供した。チーフは世襲司法権を持つ立法者であり裁判官であり、同時に戦場においては司令官であった。チーフの最大の関心事はお金ではなく、クランの人々であった。チーフは御主人様と見なされるよりは、クランの父的な存在で、貧しい人、弱い人に対して父親的な義務を感じることが期待されていた。クランの福祉はチーフにかかっていたのである。

タックスマンはタックと呼ばれる借地契約を持つ人物で、チーフから土地を借り受け、さらにその土地を共同借地農地としてクランズメンに又貸しをしていた。クランズメンは基本的には農地で得られる物で生活する農民であった。地域にもよるのだが、一つの共同借地農地は4人程度のクランズメンで構成され、タックスマンは、中間管理職的な立場で、このような農地を複数管理していた。農地では麦などの農作物を栽培していたが、ハイランド経済にとって最も重要な産品は家畜であった。タックスマンは、ビジネスマンとして、その土地から得られる農作物や家畜を取引する役割も果たしていた。しかし、タックスマンの究極的な使命は、有事に際して、チーフのために、配下のクランズメンを率いて戦場に現れることであった。クラン社会は、効率よく土地を運用し高い利益をチーフにもたらすというようなものではなく、軍事的な組織であったのである。

歴代のスコットランド王は、クラン・チーフの力を削ぎ、ハイランドを他の地域と同質にしようと苦心してきたが、なかなか達成できないでいた。ハイランドにとって決定的な転換点となったのは1745年のジャコバイトの蜂起である。ジャコバイトとは、1688年のいわゆる「名誉革命」で亡命したステュアート朝ジェイムズ7世(イングランドでは2世)の支持者をさす言葉で、ラテン語読みのジャコブに由来している。

ジャガイモを植え付ける農民(スコットランド、スカイ島)

1707年にスコットランドとイングランドとの連合が成立するのであるが、1715年にジェイムズ7世の息子、ジェイムズ・フランシス・ステュアートが王位を求めたジャコバイトの蜂起があった。この時にはイングランドのジャコバイトも加わっていたのだが、蜂起が失敗した後、イングランドではジャコバイトが徹底的に粛正された。しかし、スコットランドでは、法律の違いもあり、ジャコバイトが存続したままであった。

それから30年経った1745年、ジェイムズ7世の孫にあたるチャールズ・エドワード・ステュアート「ボニー・プリンス・チャーリー」が王位を求めて亡命先のフランスからハイランドのグレン・フィナンに

カロデンの古戦場跡に建つ記念碑

上陸した。この時の蜂起に加わったジャコバイトが主にハイランドの住民だった。この蜂起が1746年に連合王国政府軍に鎮圧された後、クラン社会が解体されることとなる。ジャコバイトであるか否かにかかわらず、クラン・チーフの権限は剥奪され、言語・衣装を含めハイランド的なものは禁止された。この後、「改良」の名の下で連合王国政府は、あらゆる手段を用いて伝統的なクラン社会を解体していった。

ただ、それ以前に、クラン社会に何の変化もなかったということはない。1603年、イングランド女王のエリザベス1世の死後、スコットランド王であったステュアート朝のジェイムズ6世がイングランド王ジェイムズ1世となり、同君連合となった。この後、イングランド国内での需要増加により、貴重な現金収入源である家畜がハイランドからもイングランドに輸出されるようになった。商業主義へ向かう流れはあったのである。地主でもあるクラン・チーフは土地からの収入を上げようとした。クランズメンよりも家畜を重視し、クラン社会は、すでに内部からも崩壊し始めていたのである。1746年以降、チーフは一層の収入を見込んで、連合王国政府の政策を利用したとも言える。

現在見られるクラン特有の文化的遺産として、タータン・チェック、バグパイプ、ハイランド・ゲームがあげられる。

タータン・チェックは、格子柄で、クランごとに独自の模様がある。クラン間の戦闘ではこのタータン・チェックの模様で敵味方を見極めたという言い伝えである。また、同じタータンでも用途によって複数の柄がある。スカート風の衣装で、男性も身につけるキルトをスコットランドではよく目にする。ハイランドでタータン・チェックが禁止された後でも、ハイランド連隊はこの衣装を身につけることが許されていた。なお、ジョージ3世（1760〜1800年）の時代にこの禁止は解かれている。現在は正装として結婚式などでも身につけられている。

バグパイプは、袋に複数の笛が刺さったように見える楽器で、ことさらスコットランド特有の楽器というわけではないが、グレート・ハイランド・バグパイプが世界的に有名である。毎年に夏にエディンバラで行われているミリタリー・タトゥーでは、キルト衣装でバグパイプを演奏しながら行進するパイプ・バンドが名物となっている。観光地では、キルトを身にまといバグパイプを演奏している人をよく見かける。

ハイランド・ゲームは、地域のクランの夏祭りと運動会が合わさったようなもので、ダンスのコンテスト、パイプ・バンドの行進、力比べなどで構成される。ブレイマーで行われるものが有名で、毎夏、王室のメンバーも観覧される。なお、ハイランド・ゲームは日本でも行われている。

他には、ハイランド特産の物として、連合王国の主要な輸出品でもあるスコッチ・ウイスキーがある。

（松下晴彦）

二輪戦車（チャリオット）

コラム5

松村賢一

二輪戦車はケルトの戦に華々しく登場する。カエサルは『ガリア戦記』で、ローマ軍とケルトとの戦闘をめぐって繰り広げられる二輪戦車の戦法を伝えている。「まずあちらこちらに乗り回してテラ［槍］を投げ、多くの場合、馬でおどし、車輪の音で列を乱し、仲間の騎兵隊のなかにもどると戦車からとび下りて徒歩で闘う。馭者はその間に戦闘から少し離れ、仲間が敵の大軍に圧迫されてもたやすく味方の許へ退けるように戦車を並べて置く」。二輪戦車の轟音とけたたましい叫び声による威嚇と攪乱戦法は尋常なものではなかったらしく、ローマ軍はしばしばその術中に陥ったとされている。

紀元前5世紀から4世紀にかけてのガリアの埋葬所には二輪戦車がともに葬られているということが、近年の発掘によって明らかになった。だが、この二輪戦車は実際どのような構造になっていたのだろうか。両輪の間に木製の心棒が通り、その上に、両側にはね板の付いた台が取り付けられていた。馭者は前部に座り、馬の手綱と鞭を握り、戦士は投げ槍と盾と剣をもって馭者の後に立ち、あるいは座ったとされる。

ところで、アイルランドを駆けめぐった二輪戦車の場合はどのようなものだったろうか。その最も古い伝統は3世紀か4世紀の鉄器時代にさかのぼる。戦場で、馭者は二輪戦車を敵陣に駆り、戦士が敵に槍を投げるという戦法がとられ、あるいはまず二輪戦車を走り回し、離れ業を演じて敵に力を誇示し、威嚇する。いずれにせよ、最終的には二輪戦車から降りて、至近距離で戦うのである。

12世紀にクロンマクノイスの修道院で編纂さ

れた最古の手稿『赤牛の書』に「クー・フリンの幻の二輪戦車」という短い物語があり、「そこにいたとき、われわれは、馬と二輪戦車の戦士たちが霧のなかから疾風のごとく現れるのを見た。馬の後ろの馭者の頭……それから間もなく、2頭。大きい強固なこしきがついた巨大な二輪戦車。やってくる二つの大輪。まっすぐのびる強靱の剣のように後部に突出した軸。見事に巻き付けた二つの馬勒……」という二輪戦車をめぐる描写がある。そして英雄クー・フリンと忠実なる馭者ロイグの強い絆の模様がさまざまな場面に見られる。

二輪戦車で戦場に向かう戦士たち

　二輪戦車は戦時だけに使われたとは限らない。たとえば、『ウシュナの息子たちの流浪』では、愛しいニーシァ（ノイシウ）を失い、悲しみに打ちひしがれたデアドラ（デルドリウ）はフェルンマグの小王オーン（エオガン）の二輪戦車に乗せられて走行中、突き出た岩に身を投げて自ら命を絶った。このように二輪戦車は単に乗物としても使われていた。同様に、『ベゴラの求婚』において、タラ（テウィル）の王妃ベゴラがこよなく美しい姿で二輪戦車に乗って西方から現れる場面がある。

Ⅵ

ケルト人の宗教

33

ケルト人の信仰の特徴

★不死と再生への願い★

ケルト人自身による文書はない。彼らは意図的に文字に記さず、重要なことは口承で伝えていた。従って資料として使えるのは、一つはギリシア・ローマ人が自分たちとは異なる風習の持主としてケルト人について書いた記録、第二に考古学的出土物となる。しかしギリシア・ローマ人の記録は当然内容的に偏っているし、偏見を含んでいる。また考古学的出土品も時代的、地域的な偏りがあるので、ケルト人の信仰については、多くの点で限界があることを認めなければならない。

考古学的出土物で特徴的なのは、一つは頭部であり、もう一つは曲線文様である。頭部に力があるとする信仰があり、戦闘で獲得した実際の首級を飾りとし、首のモチーフを装飾に用いたらしい。曲線文様はラ・テーヌ期から認められ、後の渦巻文様や組紐文様にも繋がっている。こうした文様は、美術史家の鶴岡真弓氏によれば、ギリシア・ローマの文書が伝えるケルト人の霊魂不滅、輪廻転生の考え方の表現なのかも知れないという。

ギリシア・ローマ人による記録は主として同時代の大陸ケルト人について述べている。カエサル『ガリア戦記』（第6書17～

18）は、メルクリウス、アポロ、マルス、ユピテル、ミネルウァ、ディ・パテルというローマ名でガリアの神々については記している。これらの神々の本来の名前については諸説がある。なお、西洋古典学者の月川和雄氏の「ドルイドとギリシア・ローマ人」によれば、大陸ケルトの出土物や碑文からは、人身御供を捧げられた神エスス、冥界と関係があったらしいオグミオス、馬の女神エポナ、雷の神タラニス、戦神テウテタス、光の神ベレヌス、最高神ルグス、海の女神ネハレンニア、トリオの母神マトレス（別名、マトロナ（エ））といった神々が知られているという。

不死の教義については、ローマの歴史家シチリアのディオドロス（紀元前1世紀）が『歴史叢書』（第5章28）において、ギリシアのストア派哲学者ポセイドニオス（前2～前1世紀）の『歴史』を用いて、ケルト人は「人間の霊魂は不死で、定められた年月を経ると別の身体に入り込んで生き返る」と信じていたと述べている。

カエサル『ガリア戦記』（第6章16）は人身御供の風習があったとし、「ガリアのどの部族もあつく宗教に帰依しており（中略）人間を生贄に捧げる」とする。また、「人間の生命には人間の生命を捧げなければ不死なる神々は宥《なだ》められないと思っている」とか、「ある部族は巨大な像を作り、細枝で編んだその像の四肢に生きた人間を詰め、これに火を放って焔でまいて人を殺す」とする。ただし生贄については、「盗みや強奪などの罪で捕えられたものを生贄に供するのは不死の神々にとってとくに望ましいと考えている」と述べている。人身御供につい

車輪をもつ雷神タラニス（サンジェルマン＝アン＝レー、国立古代博物館蔵）

てはディオドロス（第5章31）やストラボン『地理誌』（第4章第4節5）やルカヌス『内乱』（別名『パルサリア』、第1書458行）も伝えている。

宗教儀式や教義は神官であるドルイドが独占していたようだ（カエサル第6章14、ディオドロス第5章31、ストラボン第4章第4節4、ルカヌス、上掲箇所）。ケルト人と共通の祖先を有するインド人のもとにはバラモン、イラン人のもとにはマギ、ローマ人のもとにはフラーメンといった祭司集団がいたことから考えると、ドルイドもそれらと共通の古い起源を有する可能性は高い。

次に島のケルトと呼ばれるアイルランドとウェールズの信仰を見ていこう。島のケルト人も大陸ケルト人と同様に文字で記録はしなかった。文字に記録されたのはキリスト教が入ってきた後のことで、修道院の修道士たちによってである。アイルランドの神話物語群に登場するのは大陸ガリアの神々とは異なる名前の神々である。『アイルランド侵寇の書』によれば、パーソロン、ニュヴズ、フィル・ヴォルグ（「皮を持つ人」の意）、トゥアタ・デー・ダナン、マイリージャ（ミールの息子）という五種族が次々にやって来るが、そのなかで神々の種族とされるのが女神ダヌの子孫とされるトゥアタ・デー・ダナン「ダーナ神族」である。フィル・ヴォルグとトゥアタ・デー・ダナンが先住民族フィル・ヴォルグといかに戦って勝利したかを述べるのが、『モイトゥラの戦い』である。これら二作品には、ダグダ、ヌアドゥ、ルー、マナナン・マクリル、ディアン・ケーフト、ゴブニュ、オインガス、オグマ、モリガン、ヴァハなどの神名が記されている。しかし、神話だけからは信仰のありようはなかなかうかがい知れないので、さまざまな伝承を組み合わせて推理するしかない。

大陸ケルト人の不死の教義と類似の観念を島のケルト人は死後の楽園のイメージとして語っていた

らしい。たとえば『ブランの航海』や『聖ブレンダン伝』では、西に向かって航海に出た聖者は楽園の島を訪れている。またアーサー王伝承に属するクレティアン・ド・トロワ作の『エレクとエニード』やジェフリー（モンマスの）作の『マーリンの生涯』でも死後に暮らす楽園のような「至福の島」について語られている。

中世ウェールズの『小さなグウィオン物語』では、魔法使いのケリドウェンが息子のモルヴラン「大鴉」の将来を心配して、大鍋に薬草を入れて煮続け、魔法の液体を作り、息子にその滴を浴びさせて予言者にしようとする。しかし最後の瞬間にその滴を受けたのは鍋を熱する役をしていた少年グウィオン・バッハであった。それを知ったケリドウェンは怒って少年を追いかけた。少年はさまざまに変身して追跡を逃れようとするが、最後にケリドウェンに呑み込まれ、やがて彼女の子として再誕生する。ケリドウェンは彼を殺すことができず、籠に入れて水に投じる。『小さなグウィオン物語』の続編『タリエシン物語』では、エルフィンが冬の最初の日の晩に簗に鮭を捕えていくが、鮭は取れずに籠に入った赤子を見つける。その額が輝いていたので、エルフィンは「輝く額《タリエシン》を見よ！」と叫び、タリエシンがその子の名前となった。この子は小さなグウィオンの生まれ変わりであった。タリエシンは、自分こそがこれまで簗にかかったうちで一番良い獲物だという歌を作って、鮭が取れずに嘆いているエルフィンを慰めた。事実、タリニシンを見つけて以来、エルフィンは富と幸運に恵まれ続ける。

こうした生まれ変わり、再生の観念は、他にも『エーダインへの求婚』や『マビノギオン』の四つの物語などにもみることができ、島のケルト人に広く共有されていた信仰であったと思われる。

（松村一男）

34

動物と植物の崇拝

★トーテムとなる聖なる存在★

ケルト人は、彼らの生活圏の中心あるいは周辺にみられるあらゆる種類の動物と植物のなかに神的聖性を認め、それらの動植物を深く崇拝した。その信仰のありようについては、各地に残るケルト人の習俗や芸術的造形物（あるいは図像）から、具体的にうかがい知ることができる。また神話や伝説からも明確に読み取ることが可能である。

ケルト社会で最も重要な役割を果たし、それゆえに最も崇拝された動物の一種として、まず馬を挙げておきたい。馬が敬われたのは、実用面からの理由のほかに、宗教的、象徴的理由もあった。馬の速さ、力強さなどが人間を圧倒することから、馬は神性をもつ動物として特別に深い意味をもつことになった。馬は鉄器時代初期にはケルト社会で富裕な階級の地位を示す象徴であった。その象徴的地位を死後世界でも維持しようとするかのように、貴族たちはしばしば馬と馬車、馬具などと一緒に埋葬された。

ケルト社会では馬の女神はエポナとよばれた。エポナ神の図像は、彼女が馬（たいていは雌馬）に横座りしていたり、馬に囲まれている姿で表現される。馬に乗って腕に子どもや食べ物の入った籠を抱えている図像もある。エポナが豊饒と多産の象徴として描かれていることは明らかである。

アイルランドでは、馬は王権と関連づけられた。聖職者で歴史学者のギラルドゥス・カンブレンシス（1146〜1223年頃）は、アイルランドで王が就任するとき、王と白い雌馬が性的に交わる秘跡的な儀式が行われたと『アイルランド地誌』のなかで言及している。雌馬は土地の女神の表象であり、王は女神との結婚によって王権を永続しうるとの信仰にもとづく儀式と解釈される。雌馬は儀式のあと殺されてスープに調理され、王はそのスープを飲んだという。しかし、この奇異な風習はアイルランドのほかの資料には見当たらない。

馬の女神として信じられたエポナ像

馬に劣らず崇拝された動物は牛である。牛は肉やミルクを供給するので格別な重要性をもつ動物であるが、角が生える動物であること、強健であることもあって、ケルト人は牛をトーテムとして崇拝した。雄牛は強健さを、雌牛は豊富と繁栄を象徴するものとみなされた。多くの女神（例えば、ブリジッド、ボアン、モリガン）は雌牛とかかわりがあるとされる。アイルランドでは、すべての雌牛は異界の雌牛の子孫であるといわれた。

ヨーロッパ大陸で雄牛にかかわりをもつ神はエススである。小アジアのケルト人居住地では聖なる雄牛はデオタロスとして知られ、ガリアでは「3本角のタルウォス」とよばれる雄牛が崇拝された。ケルトの聖地では、雄牛が儀式のときに犠牲にされることが多かった。

牛に次いで豚も、ケルト社会では宗教的シンボルとして重要である。初期の豚は現在の豚より小型で、どう猛であった。ケルト人にとって聖樹であるオークの木の実（どんぐり）を食べて生育したので、聖性をもつ動物として敬われた。ケルト人の好んだ肉を豊富に供給したことも豚崇拝を高める背景にあったであろう。初期のケルト社会では、豚は戦士階級と関連があり、戦士の埋葬のときの犠牲動物であった。豚と同類の猪が戦士のヘルメットに描かれることが多かった。

牛と並んで角をもつ動物の代表格である鹿も、ケルト人のトーテムとして重要な位置を占めた。大陸のケルト人が敬った「動物の王」ケルヌンノスは頭に男鹿の角をもつ動物神として図像化されている。1880年、デンマークの泥炭で発見されたゴネストロップの大鍋（大釜）にみられるケルヌンノスは、中央にあぐらをかいて座り、頭部には鹿の角を生やしている。角がことさら大きく強調されているかにみえるのは、ケルト人が鹿の枝角には驚くべき生命力と再生力が宿されていることを強く意識し、鹿を崇敬していたからである。

植物崇拝について述べれば、ケルト人が最も崇敬した樹木はオークの木である。オークはナラ、カシなどブナ科コナラ属の総称である。堂々と大きく成長し、長生するので、ケルト人の深い信仰を集めた。オークの木が敬われたもう一つの理由は、その有用性が高かったことである。オークの材木は硬く長持ちするので、住居や家具などに使われた。樹皮は皮なめし、染料、薬用など幅広い用途があった。オーク材は死者の遺骸を入れる棺にも使用され、死後の世界ともかかわった。ドルイドは

聖樹オークの木に登りヤドリギを刈り取るドルイド

オークの木の下で儀式を執り行い、集会を開いたとされる。

聖樹であるオークの木に寄生するヤドリギも、ケルト人にとってオークと同じく聖性をもった樹木であった。宿主のオークが落葉してもヤドリギが常緑を保っていることに、ケルト人は大いに神秘性を感じたであろう。ケルト人はヤドリギが薬用植物で、さまざまな病気に効能を発揮することを知っていた。病気にかかった、あるいは虚弱な家畜に、ヤドリギの皮のような葉や若枝から取った汁などを与えると、医学的効果が表れたといわれる。

毎月月齢で6日に、聖なるヤドリギの枝がドルイドによって切り取られる儀式があった。大プリニウス（23～79年）によれば、白衣を着たドルイドが黄金の鎌をもってオークの木に登り、ヤドリギの枝を切り落とし、それをほかの者が木の下で厚地の白い布を広げ、地面に触れないように受け止めたという。地面にふれるとヤドリギの聖性が失われると信じられていたからである。

一部地域のケルト人のあいだで敬われた樹木は、イチイ（ヨーロッパイチイあるいはセイヨウイチイともいう）である。イチイはたくましい常緑樹で、胴回りが太くなり、驚くほど長生する。下方に伸びた枝が地面に着くと、枝先が地中をもぐり、また地上に伸びてきて、新しい木に生まれ変わったかのように、生育を始める。

ケルトの諸部族のなかにはこうした生命力のあるイチイをトーテムとし、部族の呼称や地名に用いた場合がある。イチイは異界、死と再生、不滅と深くかかわっていると信じられた。ウェールズやアイルランドでは、墓地に植えられたイチイを見かけることが多い。死者の再生への願望が込められているのである。

（木村正俊）

35

水と火への信仰

★生命と生活の力の源★

地水火風は、万物の生存に不可欠の要素であり、それゆえ古来いかなる民族にとっても感謝と尊崇の対象であったことはいうまでもない。多様な現象をもたらすこれらの要素の力は、ケルト人にとっても畏怖すべきものであったのには変わりなく、その聖性はこの上なく崇められた。ここではケルト人の水と火への信仰のありように目を向けたい。

ケルト世界では、新鮮な水の流れる所は、川であれ泉（あるいは井戸）であれ、聖なる地域とみなされ、崇められた。水がいかに深い信仰を集めたかは、川や泉などの聖なる水域に、安全や治癒、豊穣を祈願して、貨幣、武器、宝飾品、大鍋などの日用品が大量に奉納品として投げ入れられたことから明らかである。

川がケルト人の信仰を集める場所になったのは、元来水そのものの聖性が崇められたことによる。清い水は生活に不可欠であるだけでなく、泉や川、湖などの底には異界があると信じられた。ケルト人にとって、川は地下世界への入り口であり、生と死の共存あるいは交差する場所であった。ケルト世界の多くの川は、そこに住むと信じられた女神たちの古い名前を今もなお留めている。ケルトの川とかかわる主要な女神は、アブノバ（ドナウ川）、ベリサマ（リブル川）、コヴェンティナ（キャロウバラ川）、ボアンド（ボイン川）、ディー（ディー川）、マトゥロナ（マルヌ川）、イカウナ（ヨンヌ川）、サブリナ（セヴァーン川）、セクアナ（セーヌ川）、シナン（シャノン川）などである。

川の水源となる一帯はことに重要な聖域とされた。泉と同じように、水源には治癒神がいると考えられ、病気やけがからの回復を願って供え物が捧げられ、儀式が行われたらしい。アイルランドのボイン川やシャノン川の水源となる泉には鮭が生息し、泉の上の知恵の木ハシバミから落ちる実を食べた鮭は知恵がつくと信じられた。

コーンウォールにある聖なるアンブルーの井戸

水は生命の維持に必要であるだけでなく、水のある場所は、この世と異界との接する（そして時には連続する）地点とみなされた。たとえば、泉の中、川の深みや中洲、湖の底などは妖精のすみかとして想定された。そこに姿を見せる妖精や魔物は伝承的物語に多く語られる。スコットランドの民間説話には、湖や大洋の波間から現れる恐ろしい水馬や水牛が登場する。

川と同じく、泉や井戸も聖域化され、

第35章
水と火への信仰

記憶の彼方にある時代から人々の信仰心を集めてきた。「聖なる泉」として有名な泉は、現在でもアイルランド、スコットランド、ウェールズなど各地に存在している。アイルランドに限っても、およそ3000か所の泉が確認されているが、なかでも有名なのは、クレア州リスカノールにある聖ブリジッドの泉である。この泉には、5世紀に聖ブリジッドがこの泉から湧いた水で洗礼を行ったとの言い伝えがある。湧き水には治癒力があり、万病に効くと信じられていることから、今も泉のある敷地では、病を治したいという祈りを込めてか、治癒したことへの感謝のあらわれか、通路がたくさんの奉納物で埋められている。

泉や井戸にごみを投げたりして汚すことはきびしくとがめられた。泉や井戸の聖性を守るために、ふたをするなど防護されることも多い。例えば、コーンウォール有名なアンブルーの井戸は木の扉で入り口をしっかりとふさいでいる。聖なる泉へ巡礼に出かけたり、泉を守るための行事が催されたり、泉の周辺の木をリボンで飾ったり、人々の泉への信仰心は今も高い。

水への信仰が宗教的に表出される一方、芸術的表現の面でも、水は象徴性の高い重要なモチーフとなる。渦巻き文様は水の動きの最たる図像化である。水は雨とかかわり、雨は雲や雷とかかわるので、イメージ幅は広い。聖なる水は川の場合は「流れ」であり、泉や井戸は「湧出」の文様で表現されるが、容器に入った水は「容器」を象徴化して表現される。水は動物や植物と同化したり、一体化した文様となることが多い。

水と並んで重要な要素である火に対する崇拝も、ケルト人にとってことさら重要であった。火への信仰はケルトの習俗や神話、伝説に多く表現される。火は地、水、風と異なり、つねに眼前に存在する要素ではないが、太陽や稲妻と同じく、光の現象を伴うことや、熱を放射することなどから、篤く崇拝された。火の力は日常生活では野火の炎と家庭の炉のなかで発揮された。野火の神は男性で、炉の神は女性とみなされた。雷も火と同一視された。落雷で火災を引き起こすケルトの雷神タラニスは火の神と考えられた。アイルランドの光の神ルグも、タラニスと同じ機能によって、火とかかわりをもつとみなされた。

ケルト人が火を崇めるのは、インド・ヨーロッパ語文化圏のほかの地域にも共通する信仰形態である。炉の火を崇敬する習慣は、ローマ神話で炉の女神（家庭の守護神）であるウェスタが一群の女神を従えている姿に象徴的に表される。同様の女神集団は、キルデア（アイルランド）の火の女神ブリジッドにも仕えていると思われる。キルデアの女子修道院では、消えることのない火が、19夜にわたって毎晩1人の修道僧によって見守られ続ける習慣がある。

太陽は火の玉（塊）と同じものと想像され、火と同様に神格化された。ケルト世界では、太陽は炉の神と同じく女神とされることが普通であった。しかし、太陽を男性の力をもつ神とみなす文化圏が多く、太陽が（男）神なのか女性神なのかは論が分かれる。

ケルト文化圏で火は祭りと結びつけられた。5月1日に祝われるベルテネは夏の始まりを告げる農業祭で、基本的に火と関係がある。ベルテネの前夜には家庭の炉の火はいったん消され、近くの丘のかがり火から運んだ聖性をもった火が再びつけられた。8月1日の夏祭ルグナサド（その名は光の神ルグに由来）は基本的に収穫祭である。この祭りではアイルランド各地でかがり火がたかれた。神聖な泉の近くやほかの聖地で祝賀の火がたかれ、人々は夜通し舞踏を楽しんだ。

（木村正俊）

36

異界の概念

★島と塚と波の下★

ケルト人が死後の生を信じていたことは墓の副葬品といった考古学上の発見や古典的な著述、島をめぐる語りと伝説からも明らかである。ケルトの戦士たちはドルイドによって説かれた魂の不滅という信念により、死を無視して勇猛に戦ったと考えられている。そして、ルカヌスの叙事詩『内乱』によれば、死は長い生の一時期に過ぎない。亡霊たちの住む地下世界の空間はアイルランドやウェールズの伝説、物語に現れる超自然の世界、つまり異界にあたる。

中世アイルランドおよびウェールズの物語に現れる異界は、地下世界、湖や泉の下を含む地下や海上あるいは海底の島で、英語では「アザーワールド」、ウェールズ語では「アヌーヴン」とよばれる空間である。

15世紀から17世紀初期にかけて花開いた冒険物語（エフトラ）は人間が超自然の地へ旅する物語であり、そこはケルトの神々やケルト特有の異界の住民たちが軽やかに、不釣合いもなくうごめく地である。『コンラの冒険』では、ある日、コンラがウシュネフの丘で父親のかたわらにいたとき、不思議な衣をまとった美しい妖精が現れ、「死もなく、罪もなく、咎もない生者の国から来た」と告げ、「わたしと一緒に来なさい。あなたの紫色の顔にかかる黄色い髪は秀れた王位の風貌。わたしについてくれれば、最後の審判の日まで、あなたの若さと美貌を失うことがありません」と言って、不死の王ボザハの治める喜悦の草原へとコンラを招く。音楽の調べのような女の語りかけは呪法のような響きをもち、やがてコンラは水晶の舟に飛び乗ってこの世を離れた。

洞穴はしばしば異界への通路と考えられているが、とりわけクルアハンはよく知られている。『ネラの冒険』では、妖精の丘の出入り口が開いて妖精たちがいっせいにとびまわり、死者や魂がこの世の人間と自由に行き来できるサウィンの夜、ネラは帰り道でアリル王とメーヴ王妃が治めるクルアハンの城砦が炎上しているのを目にし、城砦を襲撃した戦士の一団を追って妖精の住処であるクルアハンの洞窟へと入って行った。やがてネラは異界の王から家を与えられて、女と結ばれた。だが、彼が見たのは幻想で、クルアハンの城砦が燃え上がるのは翌年のサウィンの夜であると妻に告げられた。ネラは地上に戻り、このことをアリルとメーヴに伝えると、コナハトの連中は妖精の丘を攻め落とした。

ある霊宝を求めて異界に渡ることがある。14世紀のウェールズの写本『タリエシンの書』に収録された60行からなる詩「アヌーヴンの略奪品」には、異界(アヌーヴン)の頭領が所有する魔法の大鍋を奪おうと「プラドウェン」という船で渡海するアーサーの異界遠征の様子が歌われている。真珠の縁飾りがついた大鍋は海の彼方のガラスの城砦にあり、9人の乙女の息で大鍋が熱せられている。この異界行は失敗に終わるが、似たような異界遠征が御伽草子の『御曹司島渡』に見られる。奥州藤原氏のもとに身を寄せていた義経が鬼の秘宝である「大日の法」という兵法書を手に入れるため土佐のみなとから船出して鬼の大王のいる千島の喜見城へと向かうが、途中、上半身が馬で下半身が人間という者たちが住む「王せん島」、島民がみな裸の「はだか島」、女ばかりが住む「女護の島」、背丈が1尺5寸ほどの小人が住む「菩薩島」といった風変わりな島々を「早風」という船で風にまかせて巡り、ついに「蝦夷が島」に至り、八幡神社で祈禱してから舟を進めて「千島」の都に着いた。そして大王の娘、あさひ天女と契りを結び、天女が秘かに盗み出した「大日の法」の巻物を書き写し、天女と別れて帰国するという物語である。

異界への入口。「オウィーナガト」（猫たちの洞窟）ともよばれるクルアハンの洞窟（アイルランド、ロスコモン州トォルスク）

　初期アイルランドの物語では妖精の女、不思議な林檎をつけた楽を奏でる枝などが異界行への誘いの糸口となっている。旋律が溢れ出る楽の音、妖精の女、魔法の枝などの超自然の光景が現れ、悦びの約束、時間から解き放たれた生が、「遊戯の原野」や「約束の地」、「生者の国」、「女人の国」などの言葉によって楽土が喚起される。そして、異界からの来訪者の招きによらない限り、ふつうの人間にとっては知ることのかなわぬ至福の国である。

異界は遙か西方の海上あるいは海底の島であり、物語では異界がさまざまな名称をともなって頻出する。その異界の祖型ともいうべきものがアイルランドの航海譚のひとつ、『ブランの航海』に現れている。不思議な衣裳をまとった異界の使者である女がどこからともなく城塞に入り、集まっていた王侯たちの前で異界を賛美してうたい、若いブランを誘う。「エヴィンより林檎の木の一枝をわたしは持ってきた。……海原はるかに島があり、目にはよろこばしい、めくるめく世界……幾多の花々が降りそそぐ永遠にうるわしい国。……銀雲の平原の南では穏やかな光がゆらめき、あらゆる色は燦爛と輝きわたり、音楽のなかによろこびがある。……清らかな麗人は甘い調べに耳を傾け、天与の美酒の杯を傾ける。……美しさのまさる極彩色のかの国で衰弱も死もみることはない」。生きながらにして到達するこの至福の国は海底にある。異界は、古木に花が咲き乱れ、鳥たちが陽気に歌い、食べ物は豊富で、美酒は尽きず、乙女が戯れ、罪や煩労や労苦や死のない歓喜あふれる国である。

アイルランドの神話・伝説のなかで名高いフィン・マク・クウィル（フィン・マクール）の息子オシーンが戦士団《フィアナ》の仲間たちと狩りをしていると、美しい妖精の王女、金髪のニーアヴが現れる。うっとりとしたオシーンはニーアヴに誘われ、白馬を駆って海底のティール・ナ・ノーグ（常若の国）を訪れる。ふたりは契りを結び、三人の子をもうけるが、やがてオシーンは望郷の念にかられ、ひとり白馬に乗ってアイルランドに戻る。丘にはかつての要塞は跡形もなく、雑草やハコベやイラクサがうっそうと生えていた。昔の面影はなく、オシーンが谷を通ろうとしたとき、重い板石の下敷きになっている者を救い出そうとしている人たちに出くわした。助けを乞われたオシーンは鞍から身をのり出して両手で板石をつかんで放り投げると、その瞬間、鞍の腹帯が切れて、地面にずり落ちてしまった。「地に足をつけてはならい」というニーアヴから言い渡された禁忌が破られ、オシーンは300年の経過をもろにうけて盲目の老人と化す。

異界とこの世の往還をめぐる時間の相違は物語にしばしば現れる。

（松村賢一）

37

ケルト人の人頭崇拝

★首狩り族の末裔★

ケルト人は中央アジアの平原から来た首狩り族であるというのが古代ギリシア人の見解であった。歴史の父といわれるヘロドトスは、ケルト人、イベリア人、スキタイ人などを蛮族としたうえで、彼らは敵の首を取り、それを家の守り神としたこと、強敵であった敵の頭蓋骨で酒杯を作ったこと、外側には牛革を張り、内側には金箔を張って自らの武勲の証としたことなどを記録している。ヘロドトスから400年ほど遅れて、シチリアのディオドロスも、ケルト人が「戦いで倒した敵の首を愛馬の首にぶら下げ、喜びの歌を奏で、凱歌が歌われる中、血まみれの遺体を従者に渡し、これを戦利品として持ち帰る」と述べている。他のローマの歴史家も同様の記録を残しているので、ケルト人が首狩りの風習を持っていたことは確かである。

首を切ることは、ケルト人の専売特許ではなく、世界各地にその習慣があった。早い話が日本でも、武士は首実検で証を立てなければ恩賞に与れなかったから首を取ったし、切腹でも最後は介錯人が首を落とした。イギリスでは高貴な犯罪者を斧で断首したし、フランスでは剣からギロチンに代わったが、断首は遠い昔の話ではなかった。昔の西洋の断首の習慣は『グリム童

第37章

ケルト人の人頭崇拝

ブランの首を埋めたといわれるホワイト・タワー（ロンドン）

話』などに形を変えて残っている。

しかし、西洋人や日本人が首切りの処刑の習慣を持っていたからと言って、首狩り族とは言わない。単的にいえば、首狩りとは、頭蓋骨に霊性が宿ると考え、崇拝の対象とするために首を切ることである。首は敵のものばかりではなく、同族や親族の場合もある。敵の首はそれを倒した戦士の武勇の象徴であり、豊穣の象徴であった。同族や親族のそれは、幸福や利益をもたらすとされた。部族によって細かい習慣は異なるが、共通しているのは頭蓋骨を崇拝することである。

ケルト人の場合はどうであったろうか。いくつかのローマの資料から、ケルト人の戦士が首を戦勝記念品として門や、家に釘付けしたり、あるいは祭壇などに飾ったことがわかっている。征服者は首を手に入れることによって、敵の力を自らのものとし、その霊力を利用して自らの共同体を守護したのである。

このような霊力を持つがゆえに、首は一族の歴史として代々受け継がれ、大事に保管された。先に引用したディオドロスは、「ケルト人は最も高名な敵の頭部をレバノン杉の樹脂に浸して防腐処理を施し、それを注意深く小箱に保存する。そして自慢げに客人たちに披露しながらこういうのだ。祖先や父親、あるいは彼自身が、この首のために積まれた大金を断った」。このような記述から、首は一種の宝物として崇拝されていたことがわかる。

ローマの執政官ルキウス・ポストゥミウスの悲劇はよく知られた話である。彼はイタリア北部でボイイ族に待ち伏せ攻撃を受けて殺され、首を切られた。彼の首は神殿の聖所に運ばれ、処理されたのちに金箔を張られた。その後、神酒を注ぐ神聖な髑髏盃として、長く儀式に使われた。

首が、共同体を守る不思議な霊力を有するという信仰は、ケルト人であるウェールズにも残っている。中世ウェールズの説話集『マビノギオン』の英雄ブランの例を見てみよう。彼はケルトの巨人神だが、一般には初期のブリタニアの王として知られている。戦いに敗れたブラン王はわずかに7名の兵士を伴って逃げ延びたが、足を毒槍で刺されて一歩も動けなくなった。そこで彼は部下に「自分の首を刎《は》ねて、ホワイト・マウントに運び、顔をフランスに向けて埋めよ」と命じた。部下は長い流浪の後、首を今日のロンドン塔のホワイト・タワーのある場所に埋葬すると、その後フランスからこの島に対する攻撃はなくなった。7人の流浪は87年余りに及び、その間ブランの首は言葉を話し、彼らの守護神であった。ちなみにブランは「オオガラス」を意味するといわれ、ロンドン塔では今でもレイヴンマスターと呼ばれる係官をおいて「オオガラス」を飼育している。

『アーサー王物語』には首切りゲームとも思われるいくつかの首をかけた試合が描かれているが、

最も有名なのはサー・ガウエンに首を落とされた緑の騎士が死ぬことなく、自らの首を抱えて、さらにゲームを続ける逸話である。

プラトンは、人間の頭には物事のイデアを認識する能力である精神や理性が蓄えられていると考えたが、ケルト人も首には不思議な霊力が宿ると考えていた。キリスト教の布教とともに、頭蓋骨そのものを飾るという異教的な習慣は排斥されたが、人頭崇拝は形を変えて生き残った。本物の頭蓋骨に代わって、門や建物の入口に頭部の彫刻が刻まれて、悪霊を追い払う役目を担った。今日でも、アイルランドやブルターニュの多くの教会に人頭が刻まれているのはその名残である。

グリーンマンのボス（ノリッジ大聖堂）

イギリスの教会や大聖堂にも注意深く見れば人頭崇拝の痕跡が見られる。最も多いのは、門などに見られる人頭彫刻であるが、もうひとつよく見られるのがボスと呼ばれる天井飾りである。アーチの天井は柱を延長した梁によって支えられるが、その梁が交差する部分を飾るのがボスで、一般には聖書などにちなんだ場面が彫刻される。しかし、なかには鬼や、どう見ても悪魔の類にしか見られないようなものまであるが、そのなかで最も多いのが「グリーンマン」と呼ばれる緑の人面である。

グリーンマンは樹木の葉っぱの陰から顔だけをのぞかせている不思議な図像で、オークの葉をまとった顔が最も多い。グリーンマンについては、さまざまな解釈があるが、ドルイドが神聖視したオークとケルト的な人頭崇拝が結びついたものといわれている。

筆者自身も人頭崇拝の例を垣間見たことがあった。イギリスの大聖堂をめぐると、その多くがクロムウェルの清教徒軍によって破壊されたことがわかる。まず狙われたのが、ステンドグラスや聖画であったが、石に彫られた彫刻も破壊された。そのなかで最も狙われたのが顔の彫刻であることに気がついた。あるとき、サウスウエル大聖堂を案内してくれた女性にそのわけを聞いてみた。すると「クロムウェルの兵士たちは偶像崇拝を否定し、像を壊しました。でも、本当は彼らのほとんどが人の頭には不思議な霊力があり、聖堂を破壊したりした者は、その祟りを受けると信じていたのです。だから、彼らは人面彫刻をたたき壊し、やみくもに剣で顔を切りつけたのです」という答えが返ってきた。そう言われてよくみると、残っている顔でも明らかに剣で切りつけた跡や、鼻が切り落とされたものがたくさんあった。

人頭に霊魂が宿るという信仰が、聖書を金科玉条とする清教徒の軍隊の間に残っていたのが何とも不思議な気がした。

（石原孝哉）

38

巨人と馬の地上絵

★白亜の大地は地上絵の絶好のカンヴァス★

イギリスの古名のアルビオンはラテン語で白い国を意味するが、ドーヴァーの海峡を船からみると、海岸が白い崖に覆われ、イギリスが白い国であるとの実感がわく。イングランド南部には白亜《チョーク》が豊富で、土地自体が白いからである。またアルビオンは、ギリシア神話ではポセイドンとアンピトリィティーの間に生まれた巨人の名前でもあり、彼はアルビオン島に住んだとされる。イギリスは伝説の上では巨人の島であった。

13世紀初頭の聖職者ラヤモンが書いた史書『ブルート』によれば、ブリトン人の最初の王ブルータスはガリアを経てアルビオンに来たが、そのとき先住民の巨人族20人と戦わねばならなかった。ブルータスは500人の兵を失ったが、苦戦の挙句に逆転し、首領のゲオマゴグを捕えた。ブルータスは副官コリネリウスとゲオマゴグを戦わせた。彼は激闘の末に巨人を倒し、アルビオンは彼の支配下にはいった。彼はこの国を自分の名前にちなんでブリタニアと命名し、コリネリウスの勇気を讃えて領地を与えた。コリネリウスは恩賞にもらった領地に、自分の名にちなんでコリネと名付けたが、後にコーンウォールとなった。

サーン・アッバスの巨人の地上絵

イギリス南部では白亜の大地を絶好のカンヴァス代わりにして、古くから盛んに地上絵が制作された。そのなかで有名なのがウィルミントンのロング・マンである。彼は両手に長い棒を持った巨人で、背丈が72メートルもある。地元ではウィルミントンの巨人とかグリーンマンの愛称で呼ばれて、五月祭の時にはケルトの昔さながらの盛大な祭りが行われている。

最も人気があるのはサーン・アッバスの巨人で、背丈は55メートルだが37メートルもある棍棒《こんぼう》を持っている。村の伝説によれば巨人は悪逆無道の限りを尽くしたが、ある時さんざん羊を食べて大の字になって眠りこけてしまった。好機到来とばかりに、村人は彼を縛り付けて殺し、その跡を残そうと巨人の輪郭を描き、溝を掘った。これが今も残る巨人だという。これとは別に、モデルはデーン人のヴァイキングであるとの説もあり、また、新しいところでは15世紀にこの地にいたトマス・コートンなる悪徳修道院長であるとの説もある。彼は村の娘をかどわかしては、次々に孕《はら》ましたので、それを表したのが巨大な性器だという。たしかに7メートルもある屹立した男根を見ればさもありなんと思えるが、全体の感じからすればもっと素朴で愛くるしい印象がある。とすれば一部の考古学者の言うように、ケルトの神ノデンスではないだろう

第38章
巨人と馬の地上絵

か。この神は病気治癒と狩猟の神で、ローマ以前に信仰されていた。また別の説では、同じくケルトの神だがケルヌンノスではないかともいわれる。こちらは動物の神、豊穣の神で棍棒を持っているのが特徴である。

このように由来は不明だが、はっきりしているのはこの巨人が豊穣、創造の神として崇められてきたという事実である。子どものない夫婦が巨根の上に坐ると子宝に恵まれるとか、ここで祈れば女たちは多くの子どもを授かるとの言い伝えは人々の間に広がっており、今でも、半ばまじめに、半分冷やかしで、多くの人々が訪れている。

オックスフォードからブリストルにかけての丘陵地帯には、遺跡や美しい村が点在し、目的地を定めずよく旅をした。当時はまだ車にナビなどなかったから、ラウンドアバウトの標識を頼りに、のんびり旅を楽しんだ。ある時、牧場の生垣の間から巨大な馬の姿が目に飛び込んできた。これがチャーヒルの白馬と出会った最初であった。聞いてみると、この辺り一帯はホワイト・ホース・カントリーといわれるほど、白馬の地上絵が多いとのことであった。チャーヒルの白馬は1780年に、気狂い博士の仇名《あだな》を持つクリストファー・アルソップが制作したとされ、三番目に古い白馬だという。一番古いのはアッフィントンの白馬だというが、実は、そういわれなければ馬とわからないような代物であった。他の白馬と違って、細い線で描かれているためにそう感じたのかもしれない。

しかし、その歴史を知ったとき、落胆は言いようのない感激に変わった。今から3000年前にはすでに存在していたというから、驚くのも無理はない。もちろんこれより古い遺跡も数多くあるが、ストーンヘンジや近くのエイヴベリーのストーン・サークルのような石造構築物と違って、地上絵を

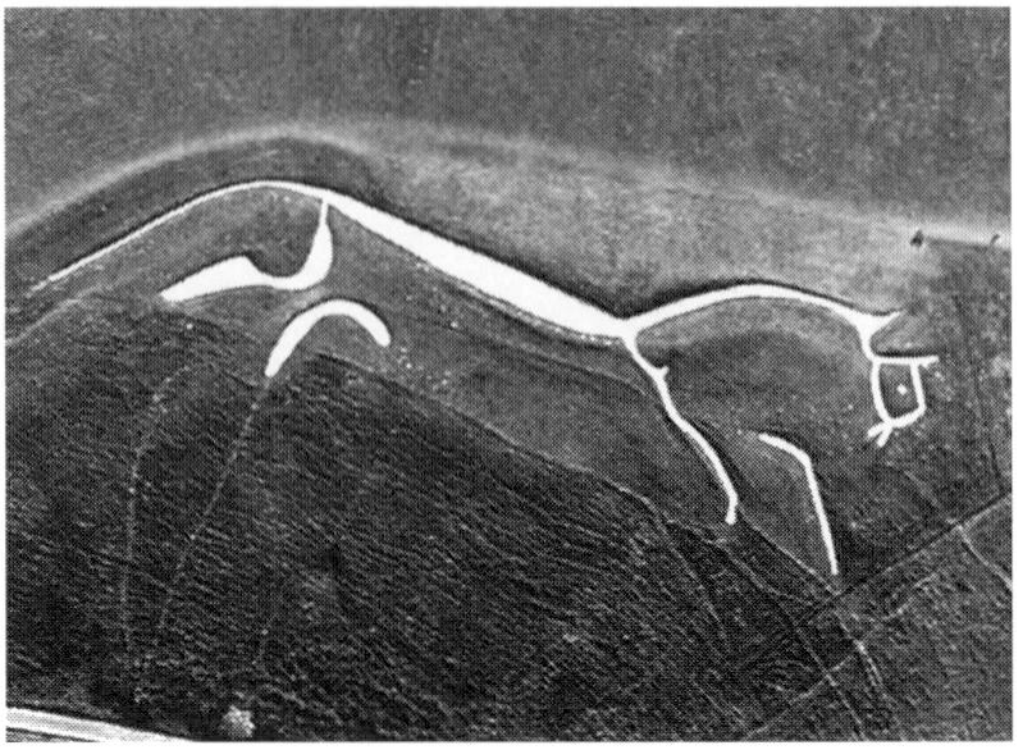
アッフィントンの白馬の地上絵

保存するには人々の持続的な努力が必要である。表土を削って白亜を露出させても、いつの間にか草が生え、土砂が流れ込んで、たちまち元の自然に戻ってしまうからである。一体何が人々に3000年間にわたってこの地上絵を維持させてきたのであろうか。誰もが考えるのは、宗教ないしある種の信仰心に支えられていたのではないかという推測である。

馬を信仰の対象として大切にすることは、馬とともに生活したインド・ヨーロッパ語族の多くの民族にみられる。ローマの歴史家タキトゥスは古代ゲルマン人が白馬を神聖な動物として崇め、占いに使っていたと記している。古代ゲルマン人が、馬の首ないし頭蓋骨を魔除けとして使ったのは、主神オーディンの神獣が8本足の馬であったためとされる。ドイツのザクセン地方では、馬を生贄として神に捧げ、その首を家の破風《はふ》に掲げた。祭りが終わると、その肉を食べてその霊力にあやかる風習があった。しかし、ゲルマン人がイギリスにやってきたのは6世紀ごろからで、アッフィントンの白馬とは時代が全く異なる。

イギリスの白馬伝説は一般にはケルト人と関連付けて説明されている。ケルト人も中央アジアの草原から馬と戦車によってヨーロッパを席巻したインド・ヨーロッパ語族であるが、彼らの神のなかに馬の守護神であるエポナがいた。ケルト人は馬を崇め、馬肉を食用としなかった。しかし、ゲルマン人と同じく、生贄《いけにえ》に捧げた白馬は例外で、祭りの後に食べてその霊力にあやかった。この習慣はキリスト教の布教とともに、異教の習慣であるとして厳しく粛清された。それ以来多くのキリスト教徒は、ほとんど理由は知らないままに、今日に至るまで馬肉を食べない。

ケルト人は多くの神々を信仰していたが、唯一エポナ神のみがローマに受け入れられ、やがて騎士の守護神としてローマ帝国で広く信仰されるようになった。ケルト人が馬を神聖な動物としていたことは、ケルトの金貨に馬が使われていることからも分る。また、金貨にはエポナ自身や太陽も描かれることがある。沈む太陽は死者を異郷に連れ去るが、朝日とともに再生すると信じられ、古来信仰の対象であった。

（石原孝哉）

39

ケルトの季節祭

★闇から光への移り変わり★

ケルトの民にとって、時は闇から光へ、夜陰から昼光へとすむ。カエサルが『ガリア戦記』のなかで、ガリア人は祖先が冥界の神ディースであり、「時を日で数えず、夜で数える。誕生日や朔日や元旦など、日が夜に次ぐものと考えている」(第6巻第18節)と記していることからも、闇の習俗のいきさつが想像できる。

島のケルトの暦はヨーロッパ大陸のケルトの暦の伝統に沿っている。9夜を時間の単位としてとらえ、1か月を3度の9夜からなる27日とし、24時間を日没時から数えた。これにより季節の祭が月や星といかに深くかかわっていたかがわかる。

アイルランドにおけるケルトの暦はそれぞれ祭りによって区分される。暦は休閑、発芽、成長、収穫といった農業生産の循環過程に基づいている。1年が11月に始まるのは奇妙なようだが、収穫が終わり、冬にそなえる種まきが晩秋に始まるという農耕の暦年には太陰周期のシステムが組み込まれているからである。また、多数の巨石の位置と方向から推測できるように、ケルトの民は太陽の動きをしるす冬至と夏至、春分と秋分を知っていた。彼らは太陽の祝祭を行うことはなかったが、その動きと光が1年の生活の枠組みにもなっているのであり、太陽はことわざや物語にたえず顔を出す。

四季を画する祭りはサウィン、インボルグ、ベルテーン、それにルーナサ である。サウィンは冬と闇の始まりを、ベルテーンは夏と光の始まりをしるす。

ダブリンのパブのハロウィーンの祭

ケルトの暦はサウィンで始まる。つまり、グレゴリオ暦の11月1日が元日にあたり、冬の始まりを告げ、四つの季節祭のなかで最も重要な祝祭となっている。寒く、日が短くなり、木々が葉を落とし、農耕の終わりとはじめをしるす。そして冷気が春の到来にそなえて種子を発芽させる。こうして成長の周期が暗い冬に包まれてはじまり、生気を失っているように見えるが、休息して光が戻るのを待つ時であり、人々にとってサウィンは内省の季節のはじまりともいえる。9世紀、夏が去り、冬の到来を、「牡鹿が鐘声を発し、／冬が雪をはこぶ。夏は去った」とうたう隠修士の詩はその季節感をうまく映し出している。

サウィンは二分された1年の周期の中間にあたる。この時に自然と超自然の境界が取り払われて、異界の霊たちが思うままに人間世界に入ってくる。同時に、人間にとっても死者たちの世界が身近に感じられる時である。そして、妖精たちがいっせいにとびまわるこの祭には超自然の出来事が起こり、さまざまな物語が生まれる。

キリスト教の時代になって、サウィンは天上諸聖人と殉教者をまつる「諸聖人の日」に取りかえられ、前夜はハロウィーンとして祝われるようになった。

インボルグの祭はグレゴリオ暦の2月1日にあたり、春の前兆を告げる。インボルグは古くから火、鍛冶、豊饒、家畜、農作物、詩の女神であるブリジットと結びつけられていたが、キリスト教会はブリジットをキルデア修道院の聖ブリジッドと結びつけ、この季節祭は「聖ブリジッドの日」として知られるようになった。

ベルテーンはグレゴリオ暦の5月1日で、夏の始まりを告げる祝祭である。ベルテーンは大陸のケルトの神ベレヌスに由来するという説があるが、定かではない。1年周期の闇の前半が終わり、光の後半が始まる時である。『アイルランド侵寇の書』で、パルトローンやとミールとその息子たちがベルテーンの日にアイルランドに侵寇したことからも、大いなる企ての開始の吉日と考えられている。ベルテーンにまつわる伝承は数多くあり、この祭式に焚かれる火にはさまざまな意味がこめられていることがわかる。かがり火は、悪霊を払い、家畜に奇効があるとされた浄火で、牛飼いが牛を追い立て、かがり火の間を通過させることは伝染病を防ぐための大事な儀式であった。

祝祭の前夜、タラの王が最初に火を焚き、それを合図にアイルランド全土で火がともされたという。ところが聖パトリックはあえてこの掟を破り、タラの北東のスレーンの丘でこれ見よがしに復活祭の火をかかげた。現在スレーンはドロヘダの西、ミーズ州の小さな町で、中心部のスレーン・スクエアから北に進み、間もなく左に折れて坂道をのぼりきると、スレーンの丘に立つ。寺院の廃墟が空をつくように立っている。この丘からの眺望はよく、タラの丘が目前に入ってくる感じである。激怒したリーラ上王はドルイドと戦士たちを伴い、9台の二輪戦車を連ねてスレーンの丘に向かい、聖パトリックを捕らえた。翌朝には聖パトリックは身を解かれ、宣教への大いなる道が開かれることになったという。

ルーナサの祭はグレゴリオ暦の8月1日にあたり、秋の始まりを告げる祝祭である。穀物やジャガイモの成熟を祝い、クーフリンやフィン・マクールと並ぶ英雄、長腕のルー・ローヴォダを祝う祭である。初期アイルランドの伝統では、ルー自身が養母タルトゥ（農耕の女神）をあがめるために、ボイン川とリフィー川の間に広がるブレガの原野で始めた祭といわれている。また、ルーは馬駆けや武術の競技を催し、やがてルーナサ祭はアイルランドの他の場所でも行われるようになった。

収穫の始まりや子牛や子羊の離乳を標すルーナサの祭はキリスト教会の反対もなく存続した。ただし、別の名称を与えることによって異教の祭をあいまいなものにした。その結果、8月1日と定められた日はくずれて、7月15日から8月15日にかけてのいずれかの日曜日になった。ルーナサ祭とそれによく似たものが競馬、馬の競泳、ハーリングの競技の日に移行した。近くの丘に登って祈禱し、コケモモを摘み集める人もいれば、湖や聖泉に集まって礼拝する人たちもいる。また、さまざまな場所で市が開かれ、収穫をめぐるこの祭は土地と人との結合を強めた。

（松村賢一）

動物の王ケルヌンノス——鹿角とトルクの謎

コラム6

松村一男

大陸ガリア地方の神。1711年にパリのノートルダム大聖堂の地下から発見された、ナウタエ・パリシアキ（ラテン語で「パリの船乗りたち」）がユピテル神に対して奉献した装飾柱または石碑に姿が刻まれている。碑文によって後1世紀のローマ皇帝ティベリウスの時代に建立されたことが分かる。現在はパリのフランス国立クルニュー中世美術館に展示されている。

ケルヌンノスCernunnosという名前の前半部分にはケルヌ「角《つの》」という語が含まれ、図像にも頭部に鹿角が生えているので、「角のある神」というのが神名の意味であろう。角にはケルトの装飾としてよく見られる金属の首輪トルクが掛けられている。二つ一組の面のうち、顔の部分の上半分は姿が残っているが、下半分の体の部分は磨滅してしまっていて、形状は分からない。しかし、上半分の様子から、あぐらをかいた姿勢であったと考えられている。あぐらをかいた姿勢の神像は大陸ケルトにおいて他にも知られている。

名前と姿だけからどれだけのことが分かるだろうか。手掛かりとなるのは二つの類似の神像である。その一方は北イタリアに、そしてもう一方はデンマークにある。北イタリアの都市ブレシアの北、アルプス山麓の渓谷地帯カーポ・ディ・ポンテでは岩に描かれた多数の壁画が発見されている。描かれた時代は石器時代から青銅器時代、鉄器時代にわたっている。そのなかでもっとも有名なのは、紀元前5～4世紀に描かれたとされる60×90センチの大きさの角の生えた神の姿である。描いたのはケルト系の人々

動物の王ケルヌンノス

と考えられている。

もう一つはゴネストロップの大釜と呼ばれる銀製の容器の表面に打ち出し技法で表されている像のうちの一つである。デンマークのユトランド半島北部のゴネストロップという泥炭湿地で1891年に発見されたためこうした名前がつけられた。発見されたのはゲルマン人の地域である北欧だが、元来は大陸ケルト人の注文に

ゴネストロップの大鍋に浮彫されたケルヌンノスの像

基づいて今のブルガリア辺りの中欧で制作され、その後、北欧ゲルマン人のヴァイキングによってケルト人のもとからデンマークにもたらされたと考えられている。大釜の像はいずれも興味深いが、ここで関係するのは、あぐらをかいて鹿の角を生やし、首にトルクを着け、右手にもトルクを持っている像である。その像は左手には蛇を握り、右横には鹿が立ち、左横にもイノシシのような動物が立っている。

こうしてみると、「角のある神」ケルヌンノスは孤立してはおらず、中欧から北イタリア、そしてフランスにわたって大陸ケルト人によって広く崇拝されていたらしい。グネストルップの大釜に見られる角のある神の像がもっとも詳細なので、それに基づいて考えるなら、獣に取り囲まれ、自らも鹿の角を生やすこの神は、「動物主」と思われる。

実はゴネストロップの像と極めてよく似た像

は、紀元前2000年頃のインダス文明の都市であるモヘンジョ・ダロから発見された印章に見られる。そこには頭に水牛の角と思われる角を生やし、周りを水牛やトラやゾウや魚に囲まれ、あぐらをかいた姿勢の神が彫られている。

インダス文明と大陸ケルト人の間には歴史的なつながりはないが、角を生やした神像の類似は、似たような動物主としての角のある神の崇拝が両地域で行われていたことを示しているのかも知れない。

VII

ケルト美術の輝き

40

ハルシュタット美術の様式

★考古学が明らかにした先史時代ヨーロッパの造形★

ハルシュタット文化は、古代ヨーロッパにおける青銅器時代後期から鉄器時代前半期までを包摂する考古学文化を指す用語であり、その文化圏はフランス北西部からチェコ東部、ハンガリー西部にまで及ぶ広大なものであった。地域ごとにやや違いはあるものの、この文化の存続期間は、おおむね紀元前1200年頃から前500年頃までと想定されている。この長期におよぶ文化に特徴的な点として、文字資料が存在しないことが挙げられる。このことは、早くから文字の使用が行われてきた地中海地域とは大きく異なる点でもある。そのため、この文化の時代区分は文献資料からではなく、フィブラと呼ばれる留金類や、土器の型式学的研究によって行われている。型式学とは、一定の資料を「型式」に分類し、遺物が出土した層位に留意しつつ、それらを「組列」として順番に並べ、その型式に相対的な年代を与える編年手法である。その場合、遺物そのものが美的に優れているか、完形品であるかといった点は、基本的に考慮されない。従って、時代的な前後関係は、あくまでも遺物における特徴項目の出現や成長、簡略化などを根拠にして、構成されることになる。いわば、遺物を用いて時代をはかるモノサシを作り出すことを、最大の目的としている。この方法によって、ハルシュタット期はA～Dの全四期に細分される。すなわち、最初期にあたるハルシュタットA期が紀元前1200年から紀元前1000年、ハルシュタットB期が紀元前1000年から紀元前800年、ハルシュタットC期が紀元前800年から紀元前650年、ハルシュタットD期が紀元前650年から紀元前475年にそれぞれ比定される。このうち、ハルシュタットA期・B期が青銅器時代の文化、ハルシュタットC期・D期が鉄器時代の文化にあたる。「ケルトの文化」が語られる際に、しばしば言及されるハルシュタット文化とは、後者のみを指すものである。

シトゥラ（青銅製バケツ型容器）。前５世紀頃のもので、北イタリア、ボローニャで出土（ボローニャ、市立博物館蔵）

さて、ハルシュタット期を通じて青銅器時代以来の幾何学的・抽象的な文様伝統が続いたが、美術史的な観点からみると大きな画期となっているのが、各地に首長居館と豪華な副葬品が納められた巨大な円墳が登場するハルシュタットD期である。もともと、この文化では、北イタリアのエステ文化やゴラセッカ文化などとも並行するかたちでシトゥラと呼ばれる大型の把手付広口壺が数多く作られていた。この手の青銅器には、戦士たちが争う闘争図や多くの人

ドイツ、ホッホドルフの墓から出土した青銅製長椅子を支えている女性像（シュトットガルト、ヴュルテンベルク州立博物館蔵）

物が酒杯を手にした宴会図などの物語的・神話的な場面展開やさまざまな装飾を、槌を用いた打ち出し技法であらわしたものが多い。これらの図像は、当時の生活習慣や風俗等を知る上で大きな手がかりとなるため、別名「シトゥラ芸術」として扱われることもある。しかし、ローヌ川の河口に近いマッサリア（現マルセイユ）にギリシア植民市が建設されたことを契機として、地中海地方の文物がローヌ渓谷を経てアルプス以北の各流域へと直接もたらされることになった。このことは、ギリシア・ラテン世界の文物が、発達を遂げていたハルシュタット首長制社会の造形芸術に更なる大きな刺激を与えることになった。

当時の代表的な作品としては、フランス・ブルゴーニュ地方のモン・ラソワ近郊に所在するヴィクス（紀元前6世紀末）やドイツのホッホドルフ（紀元前530年頃）といった古墳からの出土品が挙げられる。ヴィクスでは、墳丘内に設けられた木槨に30代半ばの女性が埋葬されており、その傍らにエトルリアのフラゴンやギリシアのアッティカ杯、青銅製クラテル、トルクと呼ばれる金製の首飾り等が副葬品として納められていた。なかでも注目すべきは青銅製クラテルである。クラテルは、古代ギリシアで用いられていた、ワインを水と混ぜるための大型混酒器である。一般には陶製が多いものの、本品のような青銅製のものもある。ことにヴィクスのクラテルは、把手の部分にギリシア神話に登場するゴルゴンの面を大きくあらわし、頸部にはギリシアの戦士や四頭立ての戦車を鋳出するなど、現存する青銅製クラテルのなかでも出色の作行を誇る。また、総量480グラムもの金を用いた金製トルクは、繊細な金線細工とともにギリシア神話のペガサスをあらわしたもので、同時代のギリシア製と較べても全く遜色のない優美な造形である。一方、ホッホドルフでも木槨に男性被葬者とともにさまざまな豪華な副葬品が納められていたが、とりわけ目を引くのが長さ3メートルにもなる青銅製長椅子である。一輪車に乗った8体の女性像によって支えられたこの長椅子の背もたれ部分には、躍動感溢れる戦士像や二頭立ての四輪荷車が、幾何学的なデフォルメがなされつつ打ち出し技法によってあらわされており、当地で製作されていた青銅製品の水準の高さをよく示している。また、この長椅子の隣にはイタリア南部のギリシア植民市で製作されたと思われる獅子飾りのついた豪華な大釜が据えられていた。

このように、ハルシュタットD期は、新たな交易路が発達したことにより、特に金属工芸の分野において大きな発展がみられた。すなわち、地中海世界で製作された作品とともに、技法・意匠ともにこれとひけをとらない高品質の作品が、青銅器時代以来の意匠伝統を保持しつつも、在地で製作されたのである。そしてこのことが、のちにラ・テーヌ文化の造形にも大きな影響を与えることになったのであった。

（望月規史）

41

ラ・テーヌ美術の様式

——★「ケルト美術史の学祖」ヤーコプスタールの様式論★——

「1921年の冬のある日、空腹を抱えたまま寒さに震えながらシュトゥットガルトの博物館でギリシア陶器を調べていた時、私の眼はクライン・アスペルクレの首長墓から出土した、絵付アッティカ杯に引き寄せられていった。それが、ギリシア絵付壺の歴史に重要だとか、美しかったからではない。……（中略）……私が打たれたのは、それが「北方人」の地で発見され、そこにいかにも奇妙な金製の小片が取り付けられていたからである」

この一節は、「ケルト美術の泰斗」と呼ばれたパウル・フェルディナンド・ヤーコプスタール（1880～1957年）が、自著『初期ケルト美術』（1944年）の序文に記した文言である。ヤーコプスタールによるこの「発見」こそ、ラ・テーヌ期の造形がヨーロッパの美術史上で論じられる契機となった。ドイツ・ベルリンのユダヤ系医師の家庭に生まれたヤーコプスタールは、もともとギリシア陶器研究を専門とする古典考古学者であったが、今日ではむしろラ・テーヌ文化の美術様式史的側面を初めて評価した人物として知られている。だがその一方で、ヤーコプスタールが具体的にどのような資料と方法論を用いてこうした特異な古代美術を見出すに至ったか、という点は、ほとんど触れられてこなかった。以下に彼のケルト美術様式論とその特質について、紹介しておきたい。

ヤーコプスタールは、鉄器時代後期の遺物を取捨選択し、以下のような三段階の様式変遷案を組み上げている。すなわち、「初期様式」（紀元前5世紀後半～）、「ヴァルトアルゲスハイム様式」（紀元前4世紀～）、「刀剣様式／立体様式」（紀元前3世紀～紀元前2世紀）である。このうち、第一段階にあたる初期様式は、それまでのハルシュタット期に主流だった幾何学文に、主にエトルリアから搬入されたカンネやフラゴン、クラテルに施されたパルメットロータス文などの地中海世界の植物文様が影響を与えることで成立したものである。古典古代の植物文様が極度に抽象化され、同一文様の連続展開や規則的で均整のとれた文様割付などから、別名「厳格様式」とも呼ばれる。第二段階のヴァルトアルゲスハイム様式では、南方から新たに導入されたパルメット文を

フラゴンの取手飾の「人頭」。ドイツ、ヴァルトアルゲスハイムから出土

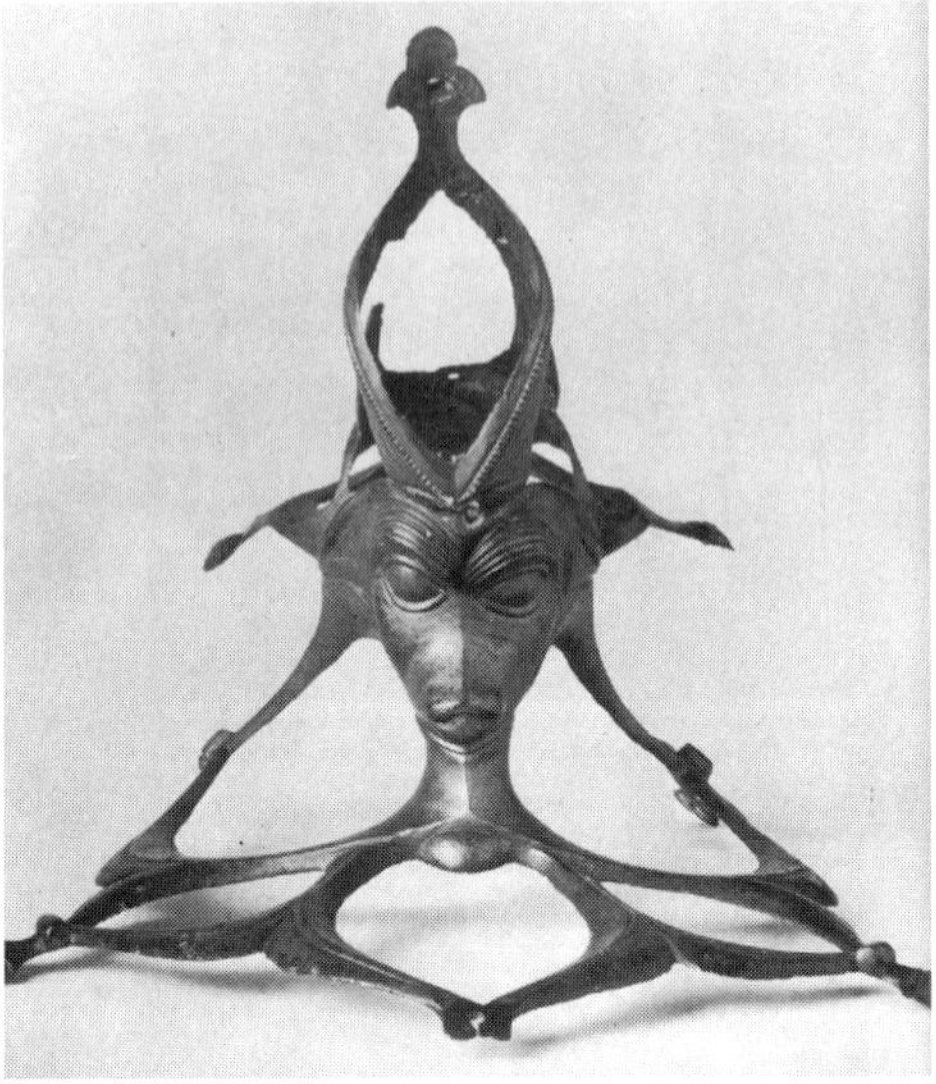

フラゴンの取手につけられたとみられる鳥頭の青銅製遺物。前３世紀頃のものとみられる。チェコのブルノ＝マルメリツェで出土（ブルーノ、マラブシュケ博物館蔵）

主体とする変形植物文様が、ライン川中流域を中心に広く分布する。様式名称は、この様式が見出されたドイツ・ラインラント＝プファルツ州のヴァルトアルゲスハイム遺跡にちなんで名付けられている。この遺跡は１８６９年に発見された戦車葬墓であり、その豪華な副葬品は、当時から先史考古学分野では非常に有名であった。初期様式に続く様式と考えられ、ライン川中流域を中心にスイスや北イタリアにかけて広く分布した。なお、考古学的には、ラ・テーヌ前期後葉の遺物がこれに相当する。そして第三段階において、ケルト美術の様式は対照的な2系統に分かれる。ひとつは、南ドイツほか、ハンガリーでしばしば見受けられる刀剣様式と称する一群で、平面装飾を主体とし、特に鉄剣を納める青銅製の鞘の鞘口付近に施文されることが多い。そのため、本来であれば鞘様式とも言うべきであるが、ヤーコプスタール以来この名で呼称されている。S字状に波打つ巻蔓風の連続植物文様や、渦巻文から派生したと思われる線対称のS字文様が特徴である。また、これと併存する様式が、量塊的な形象によって識別される立体様式である。ただし、ヤーコプスタール自身は、立体様式の設定を試みながらも、その具体的な言及はほとんど行っておらず、後年になってもこの様式について語ることは少ない。初期様式やヴァルトアルゲスハイム様式、刀剣様式と比べるとやや不明確な様式である。ヤーコプスタールは、こうした様式変遷のなかで、特にヴァルトアルゲスハイム様式から刀剣様式にかけての植物文様の変容に、この美術の独創性を認めている。今日、「ケルト美術」として紹介される作品の数々は、このいずれかの様式にあてはまる「名品」なのである。

さて、ヤーコプスタールが設定したこれらの様式は、いずれもその分類原理がさまざまであることに留意したい。すなわち、初期様式は「初期」という相対的な年代観に基づく命名であり、ヴァルトアルゲスハイム様式は、同名の遺跡からの出土品を標識として構成されている。一方、刀剣様式は、青銅製の鞘に施文される文様の特徴を中心にグルーピングされている。また、立体様式は、文様の立体的な形象自体に注目した様式名となっている。さらに、様式間の時間的・空間的粗密も大きく、各遺物の層位や出土状況に対する言及なども、ほとんど行われていない。また、前掲の『初期ケルト美術』掲載資料を通観してみても、それらはいわば美術作品として扱われており、基本的には完形品か、破損率の低いものだけが選び抜かれている。加えて言えば、時代比定に最も重要な資料となるはずの土器類については、ほとんど言及がない。こうしたヤーコプスタールの様式観における特徴は、同じく当該期の遺物を扱う先史考古学分野の鉄器時代編年のあり方と、極めて対照的である。

とはいえ、数あるヨーロッパの先史美術のなかで、一定の美術理論と様式変遷観を備えていたのは、ヤーコプスタールが見出した「ケルト美術」のみであった。すなわちそれは、当初ハルシュタット期にみられたような幾何学的表現を主体とするものであったが、紀元前5世紀から前4世紀に掛けて富裕な戦士社会のなかで生み出された、曲線的で抽象性の高い装飾性と、反自然主義的表現に特徴付けられる美術であった。

静的な厳格さが失われるかわりに、動的で生命力の横溢するような造形が顕著になっていった美術として位置付けられたのである。さらに言えば、アルタミラ洞窟壁画などに代表されるいわゆる旧石器時代芸術と、ギリシア・ローマ以降のオーソドックスなヨーロッパ美術史の間に挟まれてきた時代の造形を、曲がりなりにも体系的に見出したものだったとみなすこともできる。

こうしたヤーコプスタールによる「ケルト美術」の様式論の特徴は、ラ・テーヌ期の造形が古典古代の影響を受けて展開したものであったにせよ、彼の言葉を借りれば「野蛮人の手による、ヨーロッパ美術に対する最初の偉大な貢献」として評価できることを主張した点にあった。つまり、「野蛮人」(＝非古典古代的世界)に「美術」を見出したという意味において、重要な意義を持つものだったのである。以後、ヤーコプスタールのケルト美術論は、方法論的な問題をはらみつつも、古典古代に始まるヨーロッパ美術史の一角を占めるとともに、「非古典的」ないし先史美術としての性格も兼ね備えるかたちで、ひろく受容されていくことになる。

(望月規史)

42

石像を彫る発想

★人頭・人面を多様に表現★

ケルト人は石を素材に独特な形や意味をもった彫刻作品を多く作った。その発想をとらえることはなかなか難しい。時代や地域によって石像の作り方も、それに込められたメッセージも、多様を極める。土俗的な身体像もあれば、怪獣の像もあり、畏敬の念を抱かせる神像もある。キリスト教以後は、聖書やキリストなどにかかわる宗教的な造形物も登場する。表現の様式も、素朴で原始的なものから洗練された繊細なものまで、幅が広い。しかし、いずれにしても、ケルト人は驚くほどの表現意欲をもって、石像を彫り込んだことはたしかである。

ケルト人は青銅器時代から鉄器時代を生きた民族で、主に金属を用いた造形に本領を発揮したといえる。だが、彼らは石という素材に異様なまでの愛好と執着を示し、石の芸術家ともいえる本質をあらわにした。石器時代からの石を敬う精神が、彼らの内部に因子のように宿されていたのであろうか。

大陸のケルト人による石造彫刻は人頭あるいは人面を表したものが多い。古代から現代まで、人頭モチーフはケルト人にとって普遍的なものである。石造彫刻の多くはラインラント、フランス、ボヘミアなどから出土している。それら総じて粗削りであるが、線には鋭さがあり、毅然とした感じとともに不気味さを与える。

初期ラ・テーヌ期で最も古いのは、ドイツのラインラント州ファルツフェルトから出土した砂岩の石柱で、紀元前5～4世紀にさかのぼる。高さは1・48メートルあり、4面からなるが、人頭があったと思われる先端は失われている。各面の中心部にふくらんだ葉状冠をかぶった人面が配置され、全体にうごめくようなS字型の文様が浮彫されている。

同じくドイツのホルツガーリンゲンで出土した双頭（ヤヌス）の石像彫刻は、数少ないラインラントのもので、年代は紀元前6～5世紀とみられる。高さが2・3メートルあり、像の上半分は人体の表現である。腕が腹部をよぎるように表現されているのが目立つ。この石像にはいかめしい雰囲気があり、顔の表情も厳しい。前後二つの顔は両面から物を見通す力をもつヤヌス神への信仰を表している。

最も有名なケルトの石造彫刻は、チェコのプラハ近郊、ムシェツケー・ジェフロヴィツェの近くで発見された前2世紀のものと思われる人頭彫刻である。頭の高さは23・5センチ、顔面はひびが入っている。下唇が突き出ていて、口ひげはくるりと巻かれ、もじゃもじゃの眉毛は先端が跳ね上っている。頭髪は角ばった形ですっきり整えられており、後方になびかせているようにみえる。大きな端飾りのある首環（トルク）をつけているので、ケルト人であるとわかる。丸い目は極端に突き出ており、表情には妙に愛嬌がある。

この時代の石像彫刻は南フランスで多く発見されている。ブーシュ＝デュ＝ローヌ県ロクペルテューズで発掘された双面をもつ頭部の彫刻は前3～2世紀のもので、高さが42センチある。頭部に毛髪がなく、顔の造りと表情は瞑想的に、また厳格にみえる。一方、同じく南仏のブーシュ＝デュ＝ローヌ県で出土した石灰岩製の怪獣「ノーヴのダラスク」は、同県出土の双頭とは極めて対照的で、奇怪このうえない彫刻である。怪獣の両手がそれぞれ二人の男の頭の上に置かれ、怪獣の顎からはもう一本の手が伸びている。

アイルランドで発見された多面をもつ頭部の石像彫刻のなかで最もすばらしいものとされるのは、1855年にケイヴァン州コーレックで発掘された3面をもつ頭部像である。紀元1世紀から2世紀のもので、ほぼ楕円形の石の人頭に3面が彫られている。頭部に毛髪はなく、目が突き出て、鼻は広く、表情は角度と光線によって厳しくみえる。コーレックの一帯は祭式の行われる場所であったから、3面の彫刻は神殿とかかわりがあった可能性がある。

チェコのプラハ付近で発見されたムシェツケーの石像

北アイルランドのアーマー州のタンデラジーで前キリスト教の神殿から出土した石造胸像は、紀元1世紀か2世紀のもので、高さが60センチメートルある。円錐形の兜《かぶと》あるいは帽子をかぶっているかにみえる。口を大きく開け、右手を左腕に載せている。ドネゴール州ベルタニーの初期青銅器時代のストーンサークル内で発見されたといわれる頭部の石像は、前キリスト教時代のケルト人が作った可能性がある。

スコットランド北部（ハイランド地方）のサザーランドシャーでは花崗岩を用いた3面の人頭彫刻が出土している。高さが12センチメートルで、年代は1世紀頃と指定される。一つの石の塊に3面が彫られているが、彫りかたは素朴で、表情は明確ではない。

このようにブリテン諸島では3面の頭部の像が多く作られたが、その背景には、ケルト人が3という数字に重要な意味があると信じたことがあるかもしれない。ケルトの神話や物語でも3を象徴的に用いた例が多くある。

もう一つ注目されるのは、石造彫刻として有名なアイルランドのゴールウェイ州にあるトゥーローの石である。この花崗岩の立石は、高さがおよそ1メートル、重さは約4トンある。年代は紀元前1世紀から紀元1世紀とみられる。石の表面にはラ・テーヌ様式の洗練されたデザインの浮彫文様がほどこされている。この石の機能についてははっきりしないが、男根を象徴しているような形にしてあるのは、おそらくは性的能力や生殖力への願望の表現とみられるが、太陽の形象化ともいえそうである。あるいは豊饒信仰と関わりがあるかもしれない。いずれにしても、石のもつ力の象徴表現であるのはたしかである。トゥーローの石は古代ギリシアのデルフォイ神殿のオンファロスとよばれる石（世界の中心と考えられた）にきわめてよく似ている。その不思議な類似に深い意味がありそうである。

（木村正俊）

43

金属工芸の巧み

★近年の考古学的成果と「名品」★

1818年、デンマークのクリスティアン・トムセン（1788～1865年）は、博物館に収集されたローマ帝国以前と推定される、多種多様な遺物群を、一定の原理に基づいて配列した展示を行った。後にトムセンは、自身の主張をまとめ、1836年に『北方古代学入門』を刊行した。ローマ支配の及ばなかった北欧諸国では、古典古代の遺物が出土することはほとんどない。従って、文献資料の無い古代社会に対する検討は、文字通りモノに即した観察を通じて行われることになる。当時、トムセンが古代遺物に対する新しい分類基準としていたのは、遺物の素材および形態の変化、そして加工技術の進歩であった。そして、これによって古代デンマークの道具、特に利器類が「石器→青銅器→鉄器」と推移してきたことを、ひとつの考古学モデルとして打ち出した。この主張は、トムセンの弟子イエンス・ヴォーソー（1821～85年）らに受け継がれ、「三時代法」として、ドイツやフランスをはじめ同時代のヨーロッパ大陸諸国で次第に知られるようになっていった。ここに、古代ヨーロッパに関する最も基本的かつ論理的な時代系列が、初めて広く提示されたのである。この時代区分法に従えば、「ケルトの文化」として紹介されるハルシュタット期は青銅器時代から鉄器時代初頭、またラ・テーヌ期は鉄器時代に属する文化ということになる。もちろん、鉄器時代においても青銅は装身具や日常道具の素材として重宝され続けたということは、言うまでもない。

ハルシュタット期が造形面で注目されるのは、剣や斧や矛といった武器類をはじめ、馬具や装身具、広口長胴形のシトゥラや鍋、高杯などの生活用具のほか、ウマやシカ、ヤギ、鳥などの動物を模した飾金具類など極めて多数の青銅製品が製作され、しかもそれらが副葬品として墓に納められていたことである。社会に広く金属器が行き渡り、しかも後半期には、ギリシア製あるいはエトルリア製とみまごうばかりの優品までもが作られることもあった。社会の成熟とともに、冶金や金属加工の技術もまた高いレベルにまで到達していたことを示している。そしてこの流れはラ・テーヌ期へと受け継がれていく。

ラ・テーヌ期の造形については別章で触れたとおりであるが、ここではラ・テーヌ期後期の社会において、金属工芸が一段の発達を遂げたことに注目しておきたい。ちょうどこの時代、アルプス以北の地域では社会的・経済的・政治的な組織の急速な集権化が認められる。特に、オッピドゥムと呼ばれる防御施設を伴う中核的な大規模集落が登場しており、フランスやドイツ、チェコなどを中心に、ヨーロッパ全体で合計約170遺跡がオッピドゥムとして数えられている。このうち、史上最も有名なオッピドゥムと言えば、カエサルの『ガリア戦記』のなかに登場するアレシアであろう。アレシアは、カエサルとウェルキンゲトリクスの一連の攻防のなかで、そのクライマックスに登場するオッピドゥムである。しかし、オッピドゥムは軍事目的のみで成立したわけではない。政治・経済の中心としても機能していた。そのためオッピドゥムでは、日々の生活を支えるために多数の工人集団が存在し、さらにそこから質の高い手工芸が大いに発達することとなったのである。近年ではオッピドゥムの発掘成果により、剣や鎧をはじめとする武具類をはじめ、馬具、生活に必要な利器類はもちろんのこと、鍵や釘、鎹《かすがい》など、鉄を素材としたその製作は、あらゆる日常品に及んでいることが各種の遺構・遺物から明らかとなってきている。無論、青銅も引き続き用いられ、装飾性豊かな容器類が多数作られていたことは言うまでもない。また、オッピドゥムでは、ある程度規格化したさまざまな貨幣すら製作されていた。こうしたオッピドゥムで行われていた工人集団による集約的な生産工程を、アルプス以北における最初の「マニュファクチュア」、いわゆる工場制手工業の成立とみる向きもある。

また、前記とは全く別個に「ケルト美術」を代表する金属工芸として早くから注目されてきた金属製品の一群がある。それが、ブリテン諸島出土の鉄器時代遺物である。これらは、高度な金工技法によって支えられた、曲線的で変化に富んだ造形フォルムに「ケルト美術」の名が与えられてきたものである。19世紀以来、英国やアイルランドでは自国で出土する古代遺物の研究を通じて、ローマ以前のブリテン諸島が「野蛮」を脱した状態に

バタシーの盾。ロンドン、バタシー地区のテムズ川から出土（大英博物館蔵）

デズバラの鏡。青銅製で複雑な文様がほどこされている。ノーサンプトンシャー、デズバラで出土

あり、しかもその文化が他国からの影響によって形成されたものではないことを証明しようとしてきた。つまり、自国の誇るべき古代を確立しようとする動きのなかからこれらの遺物が抽出されたのである。なかでも、1857年にテムズ川流域のバタシーで偶然発見されたことから「バタシーの盾」(大英博物館蔵)と呼ばれる青銅製の盾は、その最たるものであり、発見当時から大きな話題を呼んだ鉄器時代遺物であった。また、ブリテン島で極めて特徴的な遺物に、鏡背面に装飾を施した青銅製の柄鏡がある。これまでブリテン島以外で発見されておらず、極めて在地性の高い遺物でもある。共伴遺物の年代からみて、紀元前50年頃から紀元後50年頃までに集中的に製作されたとみられる。このタイプの鏡は、覆輪を設けた円形の鏡板と、受け部を伴う断面丸形の環を連ねた柄からなり、いずれも鋳銅製である。最大の特徴は、鏡背面にコンパスを用いてレイアウトした滑らかな曲線パターンを連続展開させている点で、イチョウの葉のような形をなす無文区画と、この区画同士の隙間を充填する網代文からなる。なかでも

1908年に発見された「デズバラの鏡」（大英博物館蔵）は、最も有名な作例として知られている。

これらは、数多くの鉄器時代遺物のなかから選び抜かれたまさしく「名品」であり、確かに魅力的な造形をしている。それゆえ、その対象となる遺物は、単に時代区分のための資料ではなく、文様および技法の共通性を最大の担保としながら類別された、当初から「価値ある美術作品」だった。言い換えれば、それはブリテン諸島の考古学がいかに進展しようとも、その学史的・美術的価値が損なわれることはないものでもある。そしてこのような「名品」を繰り返し選択・提示してゆく手法が、特に英国・アイルランドの「ケルト美術」紹介で今に至るまで必ず行われ、その一方で考古学の発展に伴って検出された新出資料を付け加えていくことがほとんど行われない点を、改めてここで指摘しておきたい。

（望月規史）

44

貨幣の彫刻

★「虹の小鉢」にみる古代貨幣の魅力★

ケルトの貨幣とも称されるラ・テーヌ文化の貨幣は、紀元前3世紀前半にギリシアやマケドニアの貨幣を模倣するかたちで製作され、紀元前2世紀中葉には、ある程度規格化したさまざまな金製の貨幣が登場していたようである。ただし、そこにあらわされた意匠は、祖型となった地中海世界の貨幣のように国王・皇帝の肖像がはっきりとあらわされているようなものではなく、むしろ写しくずれが目立つものである。また、銘文を伴うこともほとんどなく、製作年代について不明な点は少なくない。ちなみに不思議なことだが、銀貨は地中海世界では盛んに作られていたのに対し、ラ・テーヌ文化ではほとんどみられず、同様の傾向は銀製の装身具についてもうかがえる。この文化においてどのくらいのレベルで貨幣経済が発達していたかは議論の分かれるところであるが、ギリシアやローマほどは流通していなかったと考えられている。むしろ、ドイツやボヘミアの出土例にあるような大量の埋納貨幣の存在は、この文化において貨幣が通貨としてのみならず一種の威信財としても扱われていたことを示唆している。

特に興味深いのは、南ドイツからボヘミア地方を中心に出土

ケルトの貨幣。図像は極端にデフォルメされ、動きや量感にあふれる

例が多い「虹の小鉢」と呼ばれるタイプの金貨である。中央がくぼんで鉢状をなし、中央に鳥の頭のような形や同心円、三日月形、十字形、五つ玉などさまざまなデザインがあしらわれている。一見すると、単純で稚拙にもみえるが、金という素材も相まってどこか魅力的なこの貨幣の名称は、一風変わった伝承に由来する。それは、雨上がりに空にかかる虹の端で不思議な形をした金を拾うことができる、というものだ。そしてそれを発見した者やそこに住む者には幸運をもたらしてくれるもので、あらゆる病に対して薬効があり、とりわけ癲癇《てんかん》の発作に際しては大いに有用であるとされ、特に日曜日生まれの子が容易く見つけるものと言われていた。ちなみに、ドイツでは、日曜日生まれの子は幸運児という言い伝えが昔からある。おそらく、この伝承の背景には、雨が激しく降った後に耕作地などで表土が洗われ、それがきっかけでそれまで埋まっていた遺物が顔を出すといったことがしばしばあったのであろう。降雨後に古代遺物が見つかる、という同様の話は多くの国で経験的に語られてきたものであり、わが国にも激しい雷雨があっ

た後に石製の鏃《やじり》が多数落ちているのが発見され、これを天から降ってきた神々のものとして珍重・崇敬したという話がいくつも伝わっている。

さて、こうした謎に満ちた金貨が特別な力を持っているという民間信仰に対して、古銭や彫刻作品などを中心に古代遺物に興味を持ち始めていた18世紀の古物収集家や神学者たちは、懐疑的な見解を述べていた。しかし、早くから収集の対象として人気があったギリシアやローマの貨幣と比べ、「虹の小鉢」のようなラ・テーヌ文化の貨幣は解釈が非常に難しい。そのため、この金貨の起源や意味合いについては、さまざまな意見が出されていたようである。それが、ようやく19世紀の前半に入ってから共通的な考え方が行われるようになった。すなわち、この小鉢は貨幣に関連するものであるに違いない、という解釈である。ただし、シンプルではあるが謎めいていて理解を拒むような非自然主義的な図像ゆえに、「虹の小鉢」はギリシアやローマとは異なる野蛮人の貨幣であるとされ、さし当たってその製作者はケルト人ではなく、いわゆる「ゲルマン人の大移動」の名で知られる4～6世紀にかけての民族大移動期の部族（ゴート人やヴァンダル人など）の所産として割り当てられたのであった。それが19世紀後期以降になると、こうした写実性を拒み抽象性が高い貨幣こそが古代ケルト人の貨幣なのだ、という意見が最終的に主張されるようになった。

「虹の小鉢」について記録として残っているなかで早い時期の大規模な発見としては、ダッハウ郡グロンのガッガース（1751年）とボヘミアのポドモクル（1771年）出土例がある。同時代の証言によると、これら埋蔵金貨については、ガッガースでは1400枚にも及ぶ金貨が、さらにはポドモクルの場合には総量約30キログラムもの大量出土があったとされる。ただし、これらの金貨で現在にまで伝存しているのはわずかしかない。当時においては、貨幣の考古学的資料としての重要さはよく知られておらず、ただ素材上の価値にのみ興味が持たれていた。そのため、どちらの出土貨幣も鋳潰されたり別の金貨として改鋳されてしまったのである。また、同様の運命を辿ってしまった例として知られているのが、プファッフェンホーフェン郡イルシンクでの発見事例である。これは１８５８年に労働者たちによって排水溝の設置工事中に発見されたもので、約１０００点もの貨幣が含まれていたと言われる。運良くこのうち85点が選び出されてミュンヘンに運ばれ古代遺物として保管されたもののの、それ以外の大半の貨幣はバイエルン王国の王立貨幣鋳造所に差し出されて鋳潰されてしまったのだった。こうした金貨の大量埋納が資料として扱われるようになったのは、考古学が本格的に発達してくる20世紀に入ってからのことである。ここに到り、ようやく「ケルトの貨幣」は高価な「金塊」から古代社会を知るための考古学的な「資料」としての位置付けがなされたのである。とは言え、今もなお毎年のように各地で学術的調査以外でのラ・テーヌ文化の金貨の不時発見や盗掘の報が伝えられ、しばしば注目を集めている。そしてそのたびに「ケルトの貨幣」のなかでも最も特徴ある貨幣型式として、「虹の小鉢」というこの魅惑的な名称が使い続けられているのである。

（望月規史）

45

ケルト十字架の装飾

★浮彫文様で埋め尽くすもの★

ケルト文化圏の十字架は、石造の高十字架（ハイクロス）が一般的で、ケルト十字架とも呼称される。高さが2メートルから8メートルあり、柱頭の十字を円環でつないだ形状は、きわめて特徴的である。ケルト的な装飾文様や聖書図像などの浮彫がほどこされており、芸術性も高い。初期ケルト文化とキリスト教との融合を示すひとつの象徴である。

ケルト十字架は最初から芸術的に洗練されたものとして登場したわけではなかった。当初は、原始的な巨大な石や石板の表面に、のちに十字架の原型となる2文字が刻まれていただけだった。つまり、キリストの名前を表すギリシア語の文字カイロー（XとPの頭文字の組み合わせ）が花輪を意味する円で囲まれるだけの図形であった。

最初期の十字架が彫られた石は5～7世紀に起源がある。それが時の経過につれて変化し、Xが＋になり、Pが消えて、＋が○のなかにある形になった。原型的な＋とPが彫り込まれた十字架は、単純なようにみえても、装飾性は複雑で多様である。＋の字がデザイン化されてさまざまな形になるほか、＋の周囲にケルト文様が配置されたり、解読しがたい文字が刻印されたりする。十のなかにキリストの磔刑の図が線刻される場合もある。石板の十字架と円環部分にとどまらず、十字架以外の部分にも、おびただしいケルト的文様で埋め尽くされる場合がある。十字架はさらに発展し、十字架だけが独立したものとなり、高十字架となる。

高十字架の分布地域は広く、アイルランドのほか、スコットランド、マン島、ウェールズ、コーンウォール、イングランドの一部にも及ぶ。現存する一般的な高十字架の数字を挙げれば、アイルランドにはロマネスク期までのものが60~70基、スコットランドには同様のものが50~60基、ウェールズには約30基、イングランドのノーサンブリアにはおよそ50基、イングランドのほかの地域にも50基ほどが残っている。これらの数字はもちろん当初に存在したもののほんの一部分でしかない。

アイルランド、モナスターボイス修道院にある高十字架

ケルト圏の高十字架は7世紀から12世紀にかけて発展し、10世紀頃に完成された様式に達した。最初期の十字架は石板に十字を彫り、素朴な組紐文様を配しただけのものであったが、8世紀には繰り抜かれた形の十字架にな

スコットランド、ロッシー修道院にある石板に彫られた十字架

り、円環が組み合わされる。9〜10世紀になると、聖書の場面の人物や聖人像が浮き彫りされたものとなる。

一般に高十字架は2〜3メートルの高さのものが普通であるが、ダブリン北方のモナスターボイス修道院の高十字架は5メートル以上もある大型のものである。それに彫りこまれた具体的な図像などから判断すると、高十字架はキリスト教の教義・テーマの理解を容易にし、信仰を深めるために「教義のシンボル」として使用されたと推測される。

アイルランドでは、8世紀から9世紀にかけて高十字架が著しく発達し、その時期の高十字架が中央部と北部で60〜80基現存する。キルデア州のムーンにある十字架は、アイルランドの高十字架のなかで最も際立った特徴をもつとされるが、高さが5・1メートルあり、ウィックローの花崗岩を用いている。人物像は基台にとどまらず、シャフトにまで広がっている。東側の最上層部には再生したキリスト像、西部には磔刑のキリスト像が彫られている。

10世紀は高十字架の完成期であるが、オファリー州のクロンマクノイスの十字架とラウス州のモナスターボイスにある二つの十字架はこの時期の代表例である。クロンマクノイスの最もすばらしい十

第45章

ケルト十字架の装飾

字架は修道院入口近くの西側に立っているが、これは「聖書の十字架」で、輪の中心にはキリスト像が彫られ、十字架全体を支配している。輪は十字架のアームより前へせり出すような形になっており、輪のなかに四つの小さな飾りの輪がある。

モナスターボイスの十字架は、十字の交差する部分を装飾された輪が囲んでおり、中心から上下左右は、表裏両面とも聖書から材をとった人物の浮き彫り文様で埋められている。余白部分には組紐文様や動物文様が刻まれ、全体に量感も装飾性も豊かな十字架になっている。アダムとイヴ、カインとアベルなど旧約聖書の図像と、キリストの捕縛と磔刑など新約聖書の図像が数多く表現されている一方で、ケルト的な渦巻文様、組紐文様、動物文様がしっかりと用いられている。

スコットランドでは、十字架はピクト人が自然石に独特な「シンボル」を刻印した、いわゆる「シンボル・ストーン」から発展した。8世紀以降にピクト人がキリスト教を受容してから、石板にシンボルを彫り込んだ十字架を造るようになった。石板のなかの十字架には、十字架そのものにも、またその周囲の空間にも、ケルト文様や動物、人物の不思議で怪奇な図像がしきりに彫り込まれた。その後、石板の十字架は、切り離されて独立した十字架に取って代わられた。この独立型十字架からはピクトのシンボルがほとんど消え、キリスト教文化のシンボリズムが圧倒的になる。

特徴的なスコットランドの十字架の例を挙げれば、スコットランド東部テイサイドのロッシー小修道院にある十字架を彫刻した厚板は、縁飾りや組紐文様に満ち、十字の交差する中央部分の直角を円い角度にした、きわめて優美なものである。この十字架の左側には、基本的なピクトの二つのシンボル（三日月とV字型）が組み合わされて使われており、その下には動物の「象」のシンボルがある。左側の最下部の隅には双頭の獣がおり、最上部の隅には2匹の別種の獣の首をつかんだ人間の姿が見られる。右側最上部には（十字架そのものは別として）唯一のキリスト教図像として翼を広げている天使が彫られている。

また、テイサイドのダンファランディにある十字架の彫られた石の厚板の場合も、十字架の周囲を埋める図像は、謎めいた、奇態のものが多い。人間の顔をした獣、四つの翼をもつ天使、爬虫類の頭部をもつ獣、自分の尻尾を口にくわえる獣、人間を呑み込む怪獣、別の獣の下にいる牡鹿などがそれぞれの枠に収まりながら並んでいる。

ウェールズでは、9世紀と10世紀に十字架を彫った石板が発展を遂げ、同時に独立型の十字架が登場した。イングランドとアイルランドの影響を受けた跡があきらかである。「円形頭部」型の十字架が多い。

（木村正俊）

46

ピクト人のシンボル・ストーン

★石に刻んだスコットランド・ケルトの英知★

ピクトという呼称は、紀元3世紀にローマの詩人によるラテン語の「ピクティ」すなわち「彩色した人々」が語源とされ、戦闘前、身体に彩色する風習に由来するといわれる。ピクト人は、他のケルト系部族同様、戦士貴族の支配する独特の氏族制社会を営む武闘集団と恐れられ、古代ローマ帝国皇帝ハドリアヌスが、紀元122年頃ブリタニア巡察の際、西ヨーロッパ最大の要塞（「ハドリアヌスの防壁」）の建造を命じブリタニア北部国境を強化したのも、ピクト人の侵入を阻止するためであった。ピクト人は文字を持たず、その歴史的記録もないため、自らを何と呼んでいたのか不明だが、ローマ人によるピクトという呼称は、「裸体で刺青をする好戦的な野蛮人」という含みをもつ蔑称にほかなるまい。5世紀初頭そのローマもブリタニアから撤退、東部を拠点としたピクト人は紀元500年頃アイルランドから入植し西部アーガイルにダルリアダ王国を建設したスコット人との間で、300年もの間、覇権争いが続く。しかし839年ケネス・マカルピンがダルリアダ国王に即位し、843年にピクト国王を兼任、900年頃にスコット人とピクト人の連合王国であるアルバ王国が成立すると、以後ピクト人の消

アバーレムノのシンボル・ストーン。ピクト人騎手の像の上部にシンボルが彫られている

息は、はたと途絶えてしまうのである。

謎の民とはいえ、ピクト人解明の手がかりがないわけではない。幸い、造形美術が文化の重要な位置を占めるピクト人ならではの、デザインと象徴を用いてメッセージを刻んだシンボル・ストーンがそれである。古来、石という自然物に呪術的な力や神秘を感じ信仰の対象とする心性は人類に普遍的なものだが、文字をもたぬピクト人にとって神秘に呼応するかのようにシンボルを刻んだこれら石彫は、まさに絵文字による民族証明の貴重な碑といえよう。

ところでそのシンボル・ストーンは、彫刻様式によって三つに分類され、最初期のものは4、5世紀に始まる。クラスⅠは自然石や直立した立石にピクト特有の抽象的な文様を刻む、装飾のほとんどない浅浮き彫りの石板である。7世紀頃になると、ケルトの金工品に見られる装飾技術の粋を集めた三つ巴文様や組み紐文様また渦巻き文様が加わり、さらに突起装飾や動植物文様の複雑に絡み合う高度なデザインが、加工された厚い石板に刻まれる。これがクラスⅡである。ちなみにピクト的シンボルには（ⅰ）ピクト国に生息する狼、蛇、牡鹿、馬などの生き物と神話的怪獣、（ⅱ）日常生活で使われる大釜、鏡、櫛などの具象的道具類、（ⅲ）〈二重円盤とZ形棒〉、〈三つ組円盤〉、〈三日月とV形棒〉などのピクト特有の抽象的図形がある。つまりクラスⅡは、ピクト古来の文様や抽象的な図形のほか、キリスト教のシンボリズムやピクト人の好んだテーマ「戦闘場面」のモチーフも付加され、ケルト美術の技をも駆使した物語性豊かな世界を特徴としている。クラスⅢになるとクラスⅠのピクトのシンボルは消え、石板も細くなり、裏面の人物群も整然と配置され、9世紀半ば以降のスコット人による新支配の下で、アイルランドのハイクロス（高十字架）様式が特徴となるのである。

それでは各クラスの優れた作例を見てみよう。クラスⅠの優れた作例の一つに、6世紀から7世紀に制作されたとされるアンガス州フォーファ近郊アバーレムノ教会に立つ自然石の線刻石彫がある。上方から蛇、中央に〈二重円盤とZ形棒〉、下方に鏡と櫛が刻まれた極めてピクト的な初期の石彫である。蛇は脱皮と再生を意味する重要な神話的シンボルでもあり、この石彫は氏族（クラン）の紋章かトーテムを標示したもの、あるいは豊饒と繁栄祈願の碑だった可能性もある。裏面下方に有史前時代のカップが刻まれていることから、すでにある立石を再利用したものだろうといわれている。

クラスⅡの好例も同じくアバーレムノ教会庭に立つ表裏二面の厚板の石板で、高さ2・3メートル、ピクト人の石彫のなかでも最も印象深いものの一つである。石板は三角形の天辺へと先が細くなるように注意深く成形され、正面は30センチほどの厚みの背後から均整のとれた十字架が支柱など無いかのように屹立し、十字架の周縁には『リンディスファーン福音書』様式を思わせる、絡み合う螺旋模様の怪奇な動物が彫られている。石板背面に回ると（250頁図参照）、中央部の戦闘場面を取

フォリスにある最大のシンボル・ストーンである「スエノの石彫」

り囲むように口を開けた2匹の蛇が縁に刻まれ、その最上部には二つのピクトのシンボル〈長方形とZ形棒〉と大釜と円盤が、その下には、左上から右下へと三段にわたり戦闘の場面が続く。この戦闘は、鼻あて付きの冑がアングロ・サクソン人の武具であることから、685年アバーレムノの南およそ10キロメートルのネハタンズミアでピクト人が決定的勝利をおさめた戦闘だといわれる。戦闘場面では、武器を捨て遁走するアングル人騎馬兵を騎乗のピクト人戦士が追撃する光景、三人の兵士が一組となって敵兵に対峙するピクトの戦法、馬頭を引き締め槍を振り下ろそうとするアングル人兵士と、盾を掲げ一撃を食い止めようとするピクト戦士との白兵戦、最後の一コマでは地面に骸を横たえた冑の戦士が死肉を食らう鳥のなすがままに突かれて、戦いの結末が暗示される。「大ガラスの餌食」は戦場での死を意味する詩的な表現で、この石彫はピクト人の戦勝を伝える貴重な歴史の碑といえよう。

最後にクラスⅢの優れた例は、ピクト美術最後期の9世紀に制作されたとされ、ブリテン暗黒時

第46章
ピクト人のシンボル・ストーン

代の彫刻のなかでも最高傑作といわれる「スエノの石彫」である。マリ州フォリス近郊にある高さ6メートルを超す壮大な石彫で、西面は一面に円環と輪飾りが整然と交差し、中央には組み紐文様状の人物からなる円環十字架が配され、十字架の真下には王らしき人物とその両脇には二人の人物もしくは天使が刻まれる。石彫の背面には（252頁図参照）98の人物群像が配され、場面は明らかにある戦闘とその後を示し、①二つの軍隊の到着、②戦闘準備、③戦闘場面、④敗走と追撃の四つの構図のほか、頭部のない胴体と捕縛された捕虜の列、槍や盾を運ぶ人々やチュニックを着る人など、ピクトの風俗を知るよすがにもなる。「スエノの石彫」は、ピクト時代の終焉を告げるスコット人の勝利宣言とも、ピクト人とスコット人とがヴァイキングを倒した戦勝記念碑だともいわれる。これは、まぎれもなく石に刻まれた壮大な歴史的絵巻であり、今日、風雨による劣化を防ぐためケースで覆われ大切に保存されている。

現存するシンボル・ストーンの数は350に上るという。ところでシンボル・ストーンの制作意図は何であったのだろうか。ケルト人は部族への帰属意識が強く、しかもその領地は絶えず移動していたから、領土の境界線である可能性がある。また王位継承の告知板、守るべき法令の場合も、戦術の指南書、戦勝記念碑、豊穣祈願とも信仰の碑、また墓碑である場合も考えられる。今なお解読には謎が多いとはいえ、文字によらず、止まることなく変容する複雑な装飾的文様にシンボルという絵画的言語を刻んだシンボル・ストーンは、まぎれもなくピクト人の存在を今に伝える貴重な歴史的公文書である。石ゆえに今なお朽ち果てもせず現存していることを、私たちは幸せと思うべきであろう。

（立野晴子）

47

彩飾写本にみるケルト文様

★輝ける至高の美★

ケルト文化の遺産のなかで、際立って輝きを放っているものの一つは、ケルト美術の至宝であろう。ことにキリスト教がブリテン諸島に伝来し、ケルト文化とキリスト教が融合して以来、各地の修道院で制作された福音書の彩飾写本は、稠密なケルト美術の粋を結晶化したものでものである。彩飾写本では、ケルト的文様（あるいは装飾）が、詩的で芸術的な色合いをもって、華麗に織りなされる。それは世界美術でも希有な表象の形にほかならない。

ケルトの修道院史の流れからみると、6世紀は黄金時代で、初期の宣教者に対し大きな崇敬の念を抱かせたが、それがすぐ芸術的繁栄をもたらしたわけではない。しかし、7世紀、8世紀になると文化が成熟し、修道院文化は彩色で荘厳に飾る芸術様式を生み出した。キリスト教の伝道や典礼に用いられる聖書の彩飾写本は、ゲルマン人、ブリテン人、ピクト人、それにアイルランド人の文化が混合して生まれた統合的な芸術作品である。

福音書の彩飾写本は、中世ヨーロッパの修道院のスクリプトリウム（写字室）で制作された。スクリプトリウムは本や文書を手書きで筆写するところで、そこでは多数の写字生が組織的に筆写に専念した。加工した皮や紙の上に塗料で書き写す作業は相当高度で、専門的な技能を要したと思われる。写本には壮麗な挿画が付けられることが多く、美術品として価値あるものが少なくない。

ケルトの特色をもつ彩飾写本はブリテン諸島のケルト系修道院のスクリプトリウムで制作された。アイルランドのダロウ、ケルズ、スコットランドのアイオナ、ノーサンブリアのリンディスファーンなどの修道院で作られた彩飾写本には、何らかの影響関係が認められ、それらはまとめて「島の写本」とよばれる。なかでも『ダロウの書』、『リンディスファーン福音書』、『ケルズの書』は、「三大写本」として重要視される。

『ダロウの書』福音書の扉、渦巻き文様のカーペット頁（アイルランド、ダブリン大学トリニティ・カレッジ図書館蔵）

アイルランド中部のダロウ修道院で650〜690年に制作された『ダロウの書』は、ケルト写本のなか

『ケルズの書』にみられるキリストの頭文字 XPI（アイルランド、ダブリン大学トリニティ・カレッジ図書館蔵）

で現存する最古のものである。ノーサンブリアのリンディスファーン島で作られた『リンディスファーン福音書』は、『ダロウの書』の芸術性を継承し、より洗練された、きわめて微細な装飾空間を創出した。スコットランド西部のアイオナ島にある修道院で着手され、のちにコルンバゆかりのアイルランドのケルズ修道院で完成した『ケルズの書』は、豪華な典礼用装飾写本である。この写本は、隆盛を極めた時代に多くの写本を制作したアイオナのスクリプトリウムの技術の集大成ともいえる傑作である。三大写本のほかに、ウェールズの『リッチフィールド福音書』がある。

これらケルト系の彩飾写本では、ケルト的文様や装飾が豊かに用いられており、ケルト美術の伝統的な特徴を際立たせていることに注目したい。ケルト文様の基本的パターンは、渦巻文様、組紐文様、動物文様であるが、いずれも流動的で、可変性が高い。写本にみられるケルト文様は、果てしなく変化や変容を続け、回転や転回を繰り返す。分裂したり増殖したり、自在の動きをみせる。奇怪な動物の頭部や人間の顔が文様の合間に描き込まれさえする。文字も文様化され、図像化されるため、写本は造形芸術であるかのような印象を与える。こうした文様と装飾の仕方で、聖なる福音書は、ケルト的装飾の織物となる。ケルト系の彩飾写本は、地中海系の写本とはまったく対照的であるといってよい。

『ダロウの書』は装飾性豊かな挿絵入り写本で、文字と文様が一体化している。書記者はコルンバ自身で、写本は12日間で仕上げられたといわれる。頭文字の頁は、四使徒マタイ、マルコ、ルカ、ヨハネの福音書の頭文字が巨大な装飾文字で始まるのが特徴である。象徴には動物が用いられ、マタイは「人」、マルコは「獅子」、ルカは「牛」、ヨハネは「鷲」で、動物の形はピクト人の動物像を想起させる。動物の足の付け根には「渦巻模様」が配されている。

頁前面を文様で埋め尽くすデザイン手法の「カーペット頁」はケルト系だけのものであるが、『ダロウの書』のカーペット頁では、渦巻は末端で次々に絡みつき、ひとりでに増殖するような光景をなしている。そこには聖書の図像も、十字架もみられない。異教の祭壇に置かれた敷物に似ている。「螺旋状の線」は「一個の迷宮」であるとカール・ケレーニーは言ったが、いかにもそのとおり、螺旋は静止してはおらず、回転し、振動し、揺らいでいる。

『リンディスファーン福音書』を制作したのは、リンディスファーン修道院の司教で写字生のエドフリスと考えられるが、彼は『ダロウの書』の芸術性を継承し、より洗練された、きわめて微細な装飾空間を創出した。リンディスファーンはケルトとローマ教会圏の境域にあったため、福音書にはローマ教会の影響跡もみられる。この福音書の第一頁も十字架を飾る夥しい文様のカーペット頁で始まり、アーチ文様や福音書本文の頭文字が続く。動物文様として新たに海鳥らしき「水鳥」のデザインが登場し、種々の形象で描きこまれる。

『ケルズの書』は、組紐文様、渦巻き文様、動物文様などケルト美術の粋である精緻な技法をふんだんに用い、「島の写本」の最高傑作となっている。さまざまな装飾は長い間写本や工芸において発展してきた技術を統合した独自のもので、文の節の初めの頭文字は文字を際立たせるために組紐、渦巻き文様を用い、文字は大文字である。装飾が句読点となり、読みやすくなるよう工夫され、同時に装飾が重要な主題を繰り返し、テキストを解説し、典礼や伝道にも便利になるように機能している。

この写本では、ケルトの伝統的な表現に加え、大陸の地中海的な表現法が採用され、「聖母子像」「キリストの捕縛」「荒野の誘惑」の挿絵が用いられている。しかし、そこには夥しい動物模様が多彩に描かれるなど、独自の構図と色彩による生命的な表現がある。とくに、最高傑作とされるマタイ福音書冒頭の「キリストの肖像」には、組紐模様や動物模様で埋め尽くされている。キリストの頭文字ＸＰＩは一頁大で描かれ、周囲はすべて渦巻模様と組紐模様で埋め尽くされている。それはまことに華麗な、驚異的な力業で、生命的な律動、うごめきを増殖するような、生成と変容の美学を誇っている。

（木村正俊）

コラム7

円塔の美

松村賢一

アイルランドでひときわ目につくのが修道院跡の円塔である。そのほとんどが教会の建物とは離れた場所に立ち、大空に垂直に伸びて独特の雰囲気を漂わせている。装飾のないこの円筒形の塔の孤独と躍動感を漂わす景色にはなぜか圧倒される。その造形美は日本の仏塔とは対称的といえるかもしれない。たとえば、空に向かってのびる五重塔は五層から水平に張り出した屋根によって静かな律動を生み出しているように見えるが、円塔はひたすら垂直にのびているだけだ。天辺に帽子のような円錐形の屋根をしつらえ、空高くのびる円塔のことは年代記にも記され、古いアイルランドの教会建築の歴史と構造に深く関わっている。

現在およそ70基の円塔がアイルランドに残存し、そのうち13基が完全な状態で、そのなかでも10基には最初に取り付けられた円錐形の屋根がそのままに残っている。なお、円塔はスコットランドに2基、マン島に1基ある。円塔の時代区分はある学者によると第一期が890年から927年、第二期が973年から1013年、第三期が1170年から1238年とされる。

アイルランドの聖職者たちは聖堂とは別建築の独立した塔を「鐘の舎」とよんだ。円塔は少なくとも二つの目的に適うよう設計されたといわれている。一つは鐘楼として、もう一つは教会用器具、文書、聖遺物や貴重品などを保管し、バイキングなどの急襲に備え聖職者たちが避難できる砦として造られたといわれる。円塔はおそらく信号用のかがり火を焚いたり、見張りをするためにも使われたであろう。

円塔を見てすぐ気づくのはその構造上の特徴

グレンダロッホの修道院の円塔

である。出入口は地面から2・5メートルから4メートルくらいのかなりの高さに位置している。古くは仰々しく装飾が施され、二重扉であった。出入りには梯子《はしご》が使われた。ごく初期の円塔の窓は方形をなし、塔は高さ約3・65メートルの階層構造で、各階は一つの小さな窓から明かりをとる構造になっていた。最上階には四つの大きめの窓があり、天辺には石造の円錐形の屋根がついて塔の形を成していた。壁の厚さは90センチから150センチまでさまざまで、初期の円塔では石積みの隙間が石の砕片で埋められたが、後に一定の形に切った石積みで作業が行われたという。

かつてキルケニーの聖ケニス大聖堂の脇に立つ円塔に入館料を払って登ったことがある。塔の高さは約30メートル、7階まで121段の狭い梯子をほとんど垂直に登って天辺にたどり着いた。この塔にはとんがり帽子の屋根がないので、周りの美しい風景をじっくり眺めることができた。

ダブリンの南、ウィックロー州のほぼ中央の谷間にグレンダロッホという景勝の地がある。ここは、隠者となった聖ケヴィンが6世紀に開山した修道院跡で、当時ヨーロッパの学問の中心地となり、修道院文化の花が開いた地である。山ふところにふ二つの湖を配した静寂なたたずまいのなかで、高さ30・48メートルの古い石造の円塔がそびえ立つ。その美しさと内在するエネルギーには魅了される。ここグレンダロッホの森番の小屋で、アイルランド語で俳句をつくる詩人のゲイブリエル・ローゼンストックとほかの二人の詩人たちと一緒に英語で連句をして一日過ごしたが、発句は「円塔」だった。

VIII

神話と伝説の語り

48

ケルト神話とほかの神話との比較

★天地創造がないのが特徴★

ケルト神話には創世神話がない。世界の創造についてはアイルランド、ウェールズどちらの神話も語っていない。神々の出現（＝到来）についてはアイルランド神話が語っており、すでに存在していたアイルランドの地に海を越えて（スペインから？）異なる神々の集団が何度か繰り返して到来したとされている。こうした海を越えての到来神話は他の文化圏ではあまり知られておらず、特徴的な相違点といえる。

他方、類似点は以下のように数多い。

第一に取り上げるのは、アイルランドのアルスター地方を舞台とするアルスター物語群のなかで最も有名な英雄叙事詩『クアルンゲの牛捕り』である。内容は、アルスター王の所有する一頭の見事な牡牛を奪おうとして隣国コナハトの大軍勢が攻めてくるが、それを少年英雄のクー・フリンが超人的な活躍で撃退するというものである。この作品は、印欧語族の戦士社会の叙事詩において伝統的なテーマであった牛の争奪（牛捕り《ターン》）を詠っている。牛や美女といった宝をめぐって、二手に分かれた英雄たちが大戦争を行うという構図は、もう一つの神話物語である『マグ・トゥレド（モイトゥラ）の戦い』、ギリシアの『イリアス』、インドの『マハーバーラタ』や『ラーマーヤナ』、イランの『シャー・ナーメ（王書）』、北欧神話の「神々の黄昏」と同一である。また、主人公のクー・フリンが三人の敵を倒すこと、戦場で「戦士の激憤」によって姿が変わることも、印欧語族叙事詩の他の英雄たちの描写と合致している。

第二に、『アイフェの一人息子の最期』はクー・フリンが自分の息子と戦い、息子を殺してしまう内容だが、同じテーマはイランの『シャー・ナーメ（王書）』における英雄ロスタムと息子ソフラーブの戦いとソフラーブの死でも語られている。ゲルマン神話でも、『ヒルデブランドの歌』、『ヒルデブランドの挽歌』、『勇士殺しのアースムンドのサガ』などでは、ヒルデブランドが自分の息子と戦って殺している。

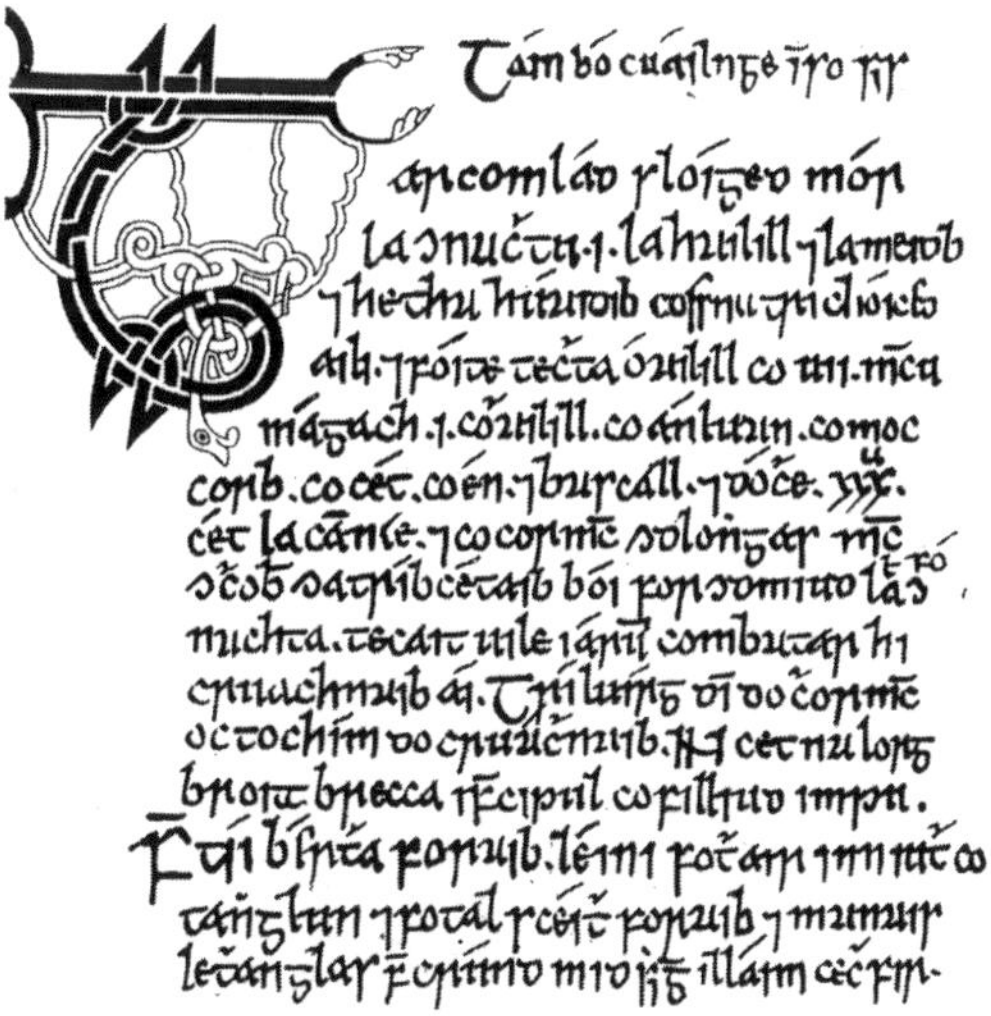

『クアルンゲの牛捕り』手稿本の冒頭部

また、ゲルマン神話との間には以下のようにとくに多くの共通のモチーフが認められる。これはケルト人とゲルマン人の間で密接な交流があったことを示している。

・大陸ケルトの三者一組の女神たちマトレスは、ゲルマンの運命の女神たちノルン（ノルニル）に類似している。

・アイルランドのアルスター物語群に登場す

る戦闘女神たちモリガン、ボドヴ、マハは、ゲルマンの戦乙女ヴァルキューレと類似している。

・アイルランドのフィアナ物語群の主人公フィン・マック・クウィル、ウェールズ民話のグウィヨン・バーハ、そしてゲルマンの英雄シグルズは、いずれも異界の物質に触れた指を口に入れたことで知恵を獲得している。

・アーサー王はカンタベリー大聖堂の前の鉄床に刺さっていた、王にふさわしい者しか抜くことができないと記されていた剣を引き抜き、王者として認められる。ゲルマンの『ヴォルスンガ・サガ』では、ヴォルスング王の館に最高神オーディンが現われ、樫の大樹に剣を突き刺して去る。その剣は王の息子シグムンド（シグルズの父）しか引き抜くことができない。こうした聖剣伝承はユーラシアに広汎に認められ、おそらく遊牧民族スキタイの東西への移動によって広まったと思われる。

・人身御供に際しては、ケルトにもゲルマンにも、水、木、火の三要素を用いる三種類の異なる殺害法があったらしい。

カエサル『ガリア戦記』（第6章13〜15）の伝えるガリアの大陸ケルト人に見られる民衆（プレベス）、ドルイド僧（ドルイデス）、騎士（エクウィテス）という三身分の区別は、インドのピシュトラ（カーストの古形）に類似している。もしこれら三身分が聖性・戦闘性・生産性の三要素を象徴したなら、神々についても同じような職能区分があったと考えられるだろう。

アイルランドの神話物語群において主人公である神の一族はトゥアタ・デー・ダナンだが、その主神たちにはヌアドゥ・アルガドラーウ、ルグ・マク・エトネン、ダグダ、マナナン・マック・リール、ディアン・ケヒトらがいる。そのうち、ヌアドゥは神族の主神でありながら、片腕を失う。この点は印欧語族の神話に広く見られる「片腕の律法神」と類似している。またルグは敵のバラルを倒すことから、戦闘性の象徴と思われる。そしてダグダは無尽蔵に食物を出す大鍋を持ち、死者を生き返らせる棍棒を持つとされることから、生産・豊穣の機能を体現していると考えられる。このようにアイルランドの主神群にも三区分が想定できる。

日本の記紀神話は支配者の権威を正当化する目的で編纂されているので、神々のパンテオンも世界の起源から現在の秩序の完成までの過程もともに体系化が著しい。これに対してケルト神話はそうした歴史的な編纂過程を示していない。もちろん、現存の形になるまでには編纂されたのだが、意図的というよりも修道院において修道僧によって結果的に現在の形にまとめ集成されて写本となって残った場合が多い。

しかし共通性も認められる。アイルランドもウェールズも日本と同じく大陸から離れた島国にあり、風土的に自然と人間が近い関係にあるという感覚があるためか、

・森や川といった自然が神聖視される。
・異界が身近な自然のなかにあり、容易に訪問できる。
・死後の世界への関心が低い。

等の共通点が認められる。

動物の神聖視という問題も興味深い。ケルト神話で聖獣としてよく登場するのはウマ、ウシ、イノシシ、シカ、イヌ、カラス、サケである。日本神話ではヘビ、カラス、サル、ワニ、イノシシであろ

う。風土の違いが動物の種類や神格化するか敵視するかという態度の違いとして表れるのかも知れない。

鹿はケルトでも日本でも神聖視される。ケルトの場合には鹿の角をもつガリアの神ケルヌンノスがいるし、異界の女性が女鹿の姿で現れて異界に誘うという物語はアイルランドでもウェールズでも知られている。日本の場合には奈良公園の鹿が天然念記念物に指定されているが、それは春日大社に祀られているタケミカヅチが常陸国鹿島から鹿に乗って奈良にきたという言い伝えがあり、古来、鹿が神獣とされてきたからである。鹿の角は生え変わるし、背中の白点（鹿の子まだら）も成長とともに消えるので再生を象徴すると思われたのであろう。そのため鹿角はいまでも漢方薬とされている。また、西洋の一角獣のモデルもおそらく鹿であろう。

（松村一男）

49

口承文化と詩人の役割

★記憶力と多重な声の通路★

ケルトの口承文化は途方もなく広がる沃野である。その水脈は古い無文字社会に遡る。共同社会がその内部で「伝え」を継承していく媒体は声であるが、声はある空間で発せられた瞬間に消える。語りにはピッチ、ストレス、リズム、イントネーション、言いよどみ、身振りや手振り、表情といったノイズが充満し、さらに話し手と聞き手の距離によって場がつくられ、かくて多重な声の通路が開かれる。一方、文字社会では声は文字となって、さまざまな形で残り、多くのヴァリアントをかかえながら共同体の記憶を貯蔵することになる。

ケルトの社会ではストーリーテリングの伝統が脈々と続いていた。古くはアイルランドではフィリ、スコットランドではバルズ、そしてウェールズではカヴァルウィッズといったストーリーテラーによって物語などが語られた。

アイルランドにおける初期および中世に行われた語りの多くは後に文字によって記録されたが、当然のことながら、同じ主題の物語でも写本によってヴァージョンの違いがあったり、断片的な写本も残存し、物語の筋にも変化が見られる。面白いことに、「書き留める」という行為が語りのなかに現れたりもする。

「クィールタよ、お見事、祝福あれ」とパトリックは言った。「汝が語った話はじつによい。写字生のブロガーンはどこにおるのか?」「ここにおります」とブロガーンは言った。「クィールタが語ったことを残らず書き留めよ」。そして、それは書き留められた。

『古老たちの語らい』

「よくぞここに来られた、スヴネよ」とモリングは言った、「なぜなら、お前はここ来て、ここで生涯を終え、ここにお前の冒険のいきさつを残し、心正しい者たちの教会墓地に埋葬される運命なのだから。アイルランドを毎日どれほど飛び回るにしても、わたしがお前の話を書き留めることができるように毎晩わたしのところに来ることを約束してもらう」。

『スヴネの狂乱』

語りのなかで文字化する行為や指示は話の信憑性を保証しようとする合図だと考えることができるだろう。それはあとあとまで語り継がれることを意図した、いわば伝承装置なるものを組み込んでいるのかもしれない。

アイルランドにおける口承文化の担い手はフィリ(詩人)であった。フィリは初期アイルランド社会において高い地位の詩人にして予言者であり、下級の詩人バルドと一線を画していた。職業としては詩人のほかに、語り部、史家であり、サガやロマンス、称賛の辞、王の系譜、地誌を散文で書いた。とりわけフィリの風刺は鋭い言葉の武器として怖れられた。この職業は世襲制であるが、各フィリは王室に属していた。氏族の長に付くことができるフィリはある特定の家系に与えられた特権であった。厳しい知的訓練を受けながら、少なくとも12年間の修練を積むことによって、350の物語に精通し、謎めいた文句、伝承される隠喩、神話や儀式の引喩などが混ざった秘儀的言語を身に付けた。

初期アイルランド文学はこうした詩人たちによって語られたものだが、それが後に意図的にエピソードを挿入しながら書き留められたものもあり、多数の写本が残っているが、そのほとんどは作者不明である。なかには終わりの部分が欠けて不完全なもの、あるいは断片的なものも少なくない。アイルランドの物語の伝統は少なくとも7世紀中葉までは本質的には口頭である。

アイルランドのオラヴとフィリ

中期及び初期近代アイルランド語の語りは文字の媒体を通してのみ知ることができる。12世紀における社会的および文化的変化がもたらした最も重要な影響は、古い修道院の写字室という適切な環境のなかで何百年も文書を書かれてきたのが、そこを離れて世襲的な写字生が家で行うことになったことである。このような書の伝統の物理的な移動は口承の伝統にはなかった。ノルマン侵寇後の変化した環境が高貴な館で語られる物語の種類に様式の変化をもたらしたが、11世紀から13世紀にかけて着実に継続したと考えられている。

12世紀のフィリは350話のうち250話を主な話、100話を付属的な話に分け、タイトルの最初の語によって分けた。破壊、牛捕り、求愛・求婚、戦い、洞窟（隠れ場所・地下住居）、航海、死、宴、包囲戦、冒険、駆け落ち、殺害、（川や湖などの）噴出、遠征、追放、夢、幻、愛。そして、近年の研究では物語の主題や背景によって物語群に分類されるようになった。

ストーリーテリングは冬の夜に行われ、昼間に英雄の話を物語るのは不吉だといわれていた。『モンガーンの誕生』で、フィリのフォルゴルは王位にあったモンガーンに物語を語った。その語りがとてつもなくおもしろかったために、フォルゴル王は「サウィンからベルテーンまで」の長い期間にわたって毎夜モンガーンに語った。「サウィンからベルテーンまで」という語句は広く使われるようになり、伝統的にストーリーテリングの時節と考えられていた。

アイルランドにおいて公式の詩人であるフィリが衰退した後の13世紀から16世紀にかけて、それまで侮られてきたバルドは興隆を極め、アイルランドで最も重要な文人と見做された。その職務は詩を作り、哀歌を歌い、首長の先祖の行いを歌い、忠告や警告を発し、人々を勇気づけた。また、他の土地をさすらい、いたるところで歓待されたという。

（松村賢一）

50

アイルランドの物語群(1)

★神々と王と英雄★

初期アイルランドの物語は伝統的な語りのなかで生まれたが、近代の研究では物語の題材によって神話物語群、アルスター物語群、フィニアン物語群（フィン物語群、オシアン物語群）、歴史物語群（王の物語群）の四つに分類されることが多い。

アイルランドではキリスト教がやってくるまで過去を年代的にみることはしなかった。すべてはただ過去に起こったという見方である。大陸から歴史的、年代的な資料がやってきて、それまでの過去の溝を埋める歴史的な出来事は十分ではなかったため、過去は物語よって歴史へと換えられ、それぞれの時代が物語群にあてはめられた。

神話物語群は「創世記」の大洪水で始まるキリスト教の枠のなかで語られ、11世紀頃に成ったとされる疑似歴史書の『アイルランド侵寇の書』は、神々が6回にわたってアイルランドに侵寇し、戦いを交えたことが語られている。フィンタン一族の到来と大洪水による滅亡、パルトローンと鬼神の集団フォウォレとの戦い、ネウェドが侵入し、フォウォレとの交戦で敗退、フィル・ヴォルグはアイルランドを五分割——ウラド（アルスター）、コナハト、レギン（レンスター）、ムワ（マンスター）、ミ

赤枝の戦士団が集まる館のあったエヴィン・マハ

デ（ミーズ）。そして、トゥアタ・デー・ダナン神族が侵寇してフィル・ヴォルグとの戦いに勝利するが、スペインを領したゲール人の末裔ミールの息子たちに敗れる。

『モイ・トゥラの戦い』では技術や呪術に長けた女神族のトゥアタ・デー・ダナンがフィル・ヴォルグとの戦いに勝利する。だが、王のヌアドゥは戦いで片腕を失い、この体の欠陥のため王位を退かなければならず、ブレスが新しい王となる。ブレスは重税とむごい夫役を課したので、人々は退位を迫り、王はフォウォレに助けを求め、戦いが始まった。銀の義手をつけたヌアドゥが再びトゥアタ・デー・ダナンの王位に就いて戦うが、邪眼のバロルに殺され、一方、長腕のルー・マク・エトネンがバロルを倒し、トゥアタ・デー・ダナンが勝利する。

アルスター物語群は王や勇者、赤枝戦士団などにまつわる物語である。アルスターは古くはウラドとよばれた地で、コンホヴァル・マク・ネサ、その甥クー・フリンやコナル・ケルナハなどが主な人物として物語に登場する。コンホヴァル王はウラドの本塁エヴィン・マハにある赤枝の梁の館に住み、しばしば隣国コナハトのアリル王と王妃メドゥヴ（メーヴ）を敵に回す。アルスター物語群は神話物語群よりも後の時

第50章
アイルランドの物語群(1)

代で、フィニアン物語群や歴史物語群よりも古い時代とされるが、必ずしもそうとはいえない場合もある。

『トーイン』(牛捕り)としても知られる有名な『クアルンゲの牛捕り』は7~8世紀頃に成立したとされ、さまざまな手稿が残っている。

コナハト王国のメーヴ女王が、アリル王とクルアハンの要塞の寝室で財産比べをしたのがことの発端である。夫の所有する白い角をした雄牛フィンヴェナハのような誇れる雄牛がいないのに腹を立てたメーヴは、アルスターの褐色の雄牛ドン・クアルンゲを譲ってもらおうと所有者へ使者を遣わしたが、断られ、女王メーヴは力ずくで手に入れようともくろむ。

女王がコナハト王国とレンスター王国の軍勢を召集する頃、アルスターの男たちは、クー・フリンと父親を除き、マハによる「九日間の苦痛」の呪いによって肉体的に衰弱していた。二人はコナハト軍を迎え討つ準備をする。コナハトの軍勢はブレガとメルヘヴナに荒廃をもたらし、さらに東へ進むが、若き剛勇無双の英雄クー・フリンによって多数の兵士が虐殺される。それからクー・フリンがメーヴとの合意により浅瀬で敵兵と一対一で戦っている間に、メーヴは姿を消し、ドン・クアルンゲは連れ去られる。

ついにメーヴは勇士フェル・ディアを送り込む。クー・フリンとフェル・ディアはかつて里子兄弟として養育され、固い絆で結ばれていた。四日間にわたる二人の壮絶な戦いがこの物語の大団円となる。毎夜、クー・フリンはフェル・ディアに傷を癒す蛭と薬草を送り、フェル・ディアはクー・フリンに食物を送る。二人は投げ槍や細ぶりの槍、太い槍、太い剣で戦うが、勝負がつかず、ついにクー・フリンが、アルバで女戦士スカータハから兵法の訓練を受けたときの不思議な武器、ガイ・ボルガを手にし、浅瀬でフェル・ディアに突き刺して殺す。その瞬間、クー・フリンはフェル・ディアの死に悲嘆し、号泣する。

ドン・クアルンゲがクルアハンにやってくると、フィンヴェナハに戦いを挑む。翌朝、ドン・クアルンゲはフィンヴェナハの腸《はらわた》をまき散らしながらアルスターへ向かって疾走し、クアルンゲの境で心臓が破裂して息絶える。

他に多数の物語が残されている。なかでも、毎夜心地よいティンパンの音を響かせては姿を消す美しい乙女と彼女に恋いこがれるオイングスを物語る『オイングスの夢想』、ネラがサウインの夜にクルアハンの洞窟に入り、しまいには異界の住民となることが語られる『ネラの冒険』は味わいのある物語だ。また、『ウシュナの息子たちの流浪』ではデアドラがニーシァとその兄弟たちと一緒にコンホヴァル王から逃亡するが、王の策略にはまり、エヴィン・マハに戻ったニーシァたちが殺害される。これはデアドラの物語としてよく知られ、現代の多くの作品の素材になっているが、『トゥリンの息子たちの最期』や『リルの子たちの悲しい物語』とともに「ストーリーテリングの三大悲話」とよばれている。

『ダ・デルガの館の崩壊』では、鳥と人間の聖婚によって誕生したコナレはタルヴィシュという託宣の儀式によって王位につき、アイルランドを平和に統治していたが、あることがきっかけで次々とゲシュ（禁忌）を破り、しまいには川が貫流する広大な宿泊の館にたどり着く。1か所の入口と49室からなるこの円形の館を匪賊《ひ》が急襲し、コナレ・モール王は命を落とす。

（松村賢一）

51

アイルランドの物語群(2)

★戦士団と王の史話★

レンスターとマンスターが主な舞台になるフィニアン物語群はフィン物語群あるいはオシアン物語群ともいわれ、多数の語りが残っている。コルマック王配下の戦士団の首領フィン・マク・クウィル（フィン・マクール）にまつわる戦がフィリによって語られ、『レンスターの書』に『アルヴェの求婚』や『ディアルミドとグラーニャの追跡』、『ベン・エーディルに隠れて』などの多くの物語が記録されている。

『ディアルミドとグラーニャの追跡』はアルスター物語群の『ウシュナの息子たちの流浪』と似たところがある。10世紀頃の成立とされているが、残存するのは17世紀の初期近代アイルランド語で書かれたテクストのみである。

フィン・マク・クウィルは妻の死を悲しんでアレンの丘に立ち、「妻のいない男はよく眠られぬ」と嘆く。すると、戦士団の英雄で千里眼のディルイングがタラの王コルマックの姫君グラーニャがフィンに一番のお似合いだといい、フィンは直ちに使者を送る。婚約の祝宴で、グラーニャはフィンが自分の父親よりも年取っているのに愕然とし、若い美貌の戦士、ディアルミドが目に入る。グラーニャは眠り薬の入った酒を参列者たちに振る舞い、皆が眠ったところで、駆け落ちしようとディアルミドを誘う。彼は首領フィンに対する忠誠心から断るが、拒絶すると命取りになるという避けられないゲシュ（誓約）によりディアルミドと駆け落ちする。二人はシャノン川を渡って森へと入り、逃亡を続ける。やがて二人とフィンの間に和解があり、二人はスライゴーで平穏に暮らしていた。ある夜、獲物を追う猟犬の吠え声を聞いたディアルミドは、危険を警告するグラーニャを無視して猟犬についてゆくと、ベン・ブルベンの近くでフィンと戦士団の面々が集まっていた。死を予感しながらも、ディアルミドは昔の仲間たちと一緒に猪狩りをしたが、恐ろしく獰猛な猪に襲われて致命傷を負う。ディアルミドはフィンの魔法の泉水による助けを求めたが、斥けられて息絶える。

『古老たちの語らい』では、フィンの死と戦士団が壊滅した戦から150年が経ち、唯一の生存者であるフィンの息子オシーンとカイルテ（クウィールタ）が登場する。二人はフィンの乳母を訪れたあと互いに別れる。オシーンはトゥアタ・デー・ダナンの母親を訪ねようと北へ、カイルテは南のタラに向かった。途中、カイルテとその一行は聖パトリックに出会い、キリスト教徒となる。聖パトリックはアイルランドの伝統に関心があり、異教的な英雄時代に語られた多数の物語をカイルテから聞き出した。こうしてバラッドと対話詩をまとめて生まれたのが『古老たちの語らい』である。

歴史物語群は王の物語群ともいわれ、歴史上の王ならびに王権にまつわる作品群の総称で、著名な王が物語の中心になっている。最も古い人物は『ディン・リーグの殺戮』の主人公で、紀元前3世紀のレンスターの王とされるラヴリド・ロングシェフ、最も新しいのはアイルランドの上王ブリーアン・ボーラヴァとなっている。虚構と事実の融合はその関わる時代によってさまざまであるが、アイルランドの歴史の源泉を垣間みることができる。

　歴史物語群にはさまざまな人物が姿を見せる。W・B・イェイツの詩「バレとアイリン」にもうたわれる『ブアンの息子、美声のバレ』のバレとアイリン、『ベゴラへの求婚』のベゴラ、『カノ・マク・ガルトナーンの話』のカノ、コン・ケードハタハ(百戦のコン)、伝説的なタラの王コルマク・マク・アルト、『マグ・ラトの戦い』の背景となる上王ドウナル・マク・アイダ、3世紀にアイルランドを治めたルギド・マク・コン王、海神マナナーン・マク・リルの息子モンガーン、6世紀のムルヘルタハ・マク・エルカ王など。物語としては『マグ・ラトの戦い』、『スヴネの狂乱』、『マグ・ムクラヴァの戦い』、『幻影の予言』、『ブヘットの館の調べ』、『清らかな声のバレの物語』、『ローナーンの息子殺し』など多数にのぼる。

ディアルミドがフィン戦士団の猪狩に出向いたベン・ブルベンの山（スライゴー州）

　『マグ・ラトの戦い』では、637年の夏、上王ドウナル・マク・アイダとその里子でアルスターの王コンガール・クラインとの戦いが語られている。戦場は現在のダウン州モイラの近辺の森であった。ドウナルとコンガールの両者は宴の席で些細なことから角突き合わせることになり、大きな戦となった。コンガールとダルリアダの援軍は敗れ、コンガールは敗死した。アイルランドの詩人サミュエル・ファーガソンは叙事詩『コンガル』を1872年に発表し、モイラの戦いの模様を浮き彫りにしている。

稿本が12世紀に成立したとされる『スヴネの狂乱』は『マグ・ラトの戦い』の一面を語っているといってもよい。コルマーンの息子スヴネはダール・ナラデという小王国（ダルリアダの南部、ネイ湖を境とする領地）の王である。ある日、領地内で教会の敷地の線引きをしていた聖ローナーンの鐘の音が耳に入り、スヴネはかっとなって素っ裸で飛び出し、日課祈禱書をとりあげて湖に投げ捨て、彼を教会から引きずり出そうとしたとき、「モイラの戦い」を知らせにコンガール・クラインの使いがやって来た。スヴネは聖ローナーンを放って、急ぎ使者とともにその場を去った。聖ローナーンは裸で世界をさすらうようスヴネを呪った。

戦いが始まると、両軍から鬨《とき》の声が三度あがり、轟く声にスヴネはおののき、武器が手から落ち、体は震え、狂乱して鳥のように逃げた。スヴネは長い間アイルランドやアルバを飛び回り、ついに聖モリングの修道院（現カーロー州西端のバロー川沿いに位置する）にたどり着き、聖モリングにあたたかく迎えられた。だが、女の料理人が牛糞の穴にミルクを満たしてスヴネの面倒をみていると、これに嫉妬した豚飼いの夫は、ある晩ミルクを飲んでいるスヴネを槍で刺した。槍の柄のように空中を跳び、槍に突き刺されて死ぬという聖ローナーンの呪いが成就する。死に際にスヴネが聖モリングに罪を告白すると魂は天に昇った。

（松村賢一）

52

『マビノギオン』の幻想世界

★豊饒な想像力と独自の語り★

『マビノギオン』は中世ウェールズの生んだ、不思議な幻想世界の物語集である。日常的現実を超えた異世界で起こる出来事は、とてつもなく魔術的で神秘的でさえある。この物語集の豊かな想像力はケルト特有のものといってよく、ストーリーの展開や語りの口調は、自在で奔放である。ケルト系神話や伝説の数多い物語のなかでも、『マビノギオン』の持つケルト性は際立って高い。

『マビノギオン』に似た書名に『マビノギ』あるが、これらの書名は区分して理解される必要がある。『マビノギ』は正式には『マビノギの四つの枝』と題し、独立しているかのようにみえる四つの物語が連関した形でまとめられている物語集である。『マビノギ』は１３５０年頃に成立した『フラゼルフの白本』と１４００年頃に成立した『ヘルゲストの赤本』の二つの写本として現存する。

一方の『マビノギオン』は、19世紀に、英国の翻訳家シャーロット・ゲスト夫人（１８１２～95年）によって編集・発行された中世ウェールズの物語集で、『マビノギ』、つまり『マビノギの四つの枝』の４編のほかに、ウェールズに伝わる物語４編、宮廷ロマンス風物語3編、それにウェールズの詩人タリエシンについての物語1編、全部合わせて12編を収載している。ゲスト夫人はこれらの物語をウェールズ語から英語に翻訳し、1838年から1849年のあいだに発行した。『マビノギオン』にはウェールズ色、あるいはケルト色の濃い『マビノギの四つの枝』物語のほか、性格を異にする中世ロマンスも収載されており、『マビノギオン』全体をもってケルト性の高い文学とみなすのは適切ではない。

ここでは、『マビノギオン』の中核をなす『マビノギ』の四つの枝について述べることにする。

第一の枝では、ウェールズ南部のダヴェッドの王プイスが異界アンヌーヴンを訪れ、ふたたび現世へ戻った後、異界の女フリアノンと結婚し、息子プラデリがメイ・イヴに不思議な生まれ方をしたことが語られる。

プウィスが森で狩をしていたとき、異界アンヌーヴンの王アラウンと会い、アラウンの願いで1年間異界に滞在する。アンヌーヴンの宮殿はみごとな造りで、人々は最高の装いをしており、王妃も黄金色に輝く絹の衣装をまとっていた。プウィスの居城の近くにあるアルベルスの丘（塚）は不思議なことが起こる場所として描かれる。ここは現世と異世界との接点なのであろう。異界の女フリアノンは、馬に乗り、きらきら輝く絹の衣装をまとってプウィスらの眼前に現れた。だが、ほかの者がいくら馬を走らせても近づけなかったが、プウィスが近づくと彼女は止まり、会話ができた。フリアノンとプウィスは、障害を乗り越え結婚する。

ところが、二人のあいだに生まれた男の子は、生まれた夜に不思議にも姿を消してしまう。侍女たちによってフリアノンが殺したことに仕立てられ、フリアノンは罰として毎日馬に人を乗せて宮殿まで運ぶ任務を与えられた。一方、宮殿と別の場所イス・コイドのテイルノンの馬小屋では、男の子が消失したと同じ日の夜（メイ・イヴ）、窓から子馬を盗もうとした奇怪な爪のある腕をテイルノンが切りつける。気がつくと、馬小屋の外に高貴なおくるみに包まれた男の子が置かれていた。その子は消失したフリアンノンの子と確認され、プラデリと名づけられる。プラデリは異常に早い成育ぶりをみせた。

第二の枝では、ブリテンの王ベンディゲイドヴラーンの妹ブランウェンがアイルランド王マソルッフと結婚するが、結婚のいざこざが尾を引いて両国のあいだで戦争が起こり、ブリテンが敗北したことがテーマとなる。死者を蘇らせる魔法の大鍋が登場するほか、ヴラーンの切られた首が時間の止まった理想的世界を現出する。

救いを求めて使者となる鳥を放つブランウェン

ブリテンの生き残った戦士七人は、ヴラーンの切られた首の不思議な力によって、ハーレックで7年間、魔法の鳥の声を聴きながら楽しく過ごし、さらにグワレスの島で80年生きることができた。しかし開けてはいけないと言われていた扉を開けた途端、七人は現実世界に戻り、忘れていた悲しみを思い出し、安らぎを失ってしまう。

第三の枝では、ダヴェッドに魔法がかけられ、海神「スィール」の息子マナウィダンが苦難のなかで忍耐し、フリアンノンとプラデリを救出する。

第四の枝は、北ウェールズのグウィネッズのマース王とグウィディオン（ともに魔術師）が、不思議な出生をしたスレイ・スラウ・ガフェスが臨死体験をしたあと王位に就くのを、魔法を用いて手助けした物語である。王の甥ギルヴァエスウィとグウィディオンは南ウェールズの王プラデリのもつ異界の豚を魔法でだまし取ろうとしたために戦争が起こる。プラデリは一騎打ちで命を落とす。怒ったマース王は二人の甥を動物に変身させ罰した。

グウィディオンは呪いを受けた姉妹の子に、スレイ・スラウ・ガフェスの名を付け、武器をもたせ、マース王とともに魔法で花から作った乙女ブロダイウェズを、スレイの妻にしてあげる。しかし、ブロダイウェズの裏切りで、スレイは体に槍を受けたまま一羽の鷲に変身する。ブロダイウェズは梟に変身させられる。救出されたスレイは、グウィネッズの王になった。

『マビノギ』の四つの枝を含む『マビノギオン』は幾世紀もの時の流れを経て、今なお想像力を喚起する物語の源泉のひとつである。この物語集から創作の芸術的素材を得る人は多い。ファンタジー文学の盛んな現代にあって、『マビノギオン』は、ファンタジー文学領域での、古典中の古典といってよいだろう。幸いなことに、わが日本において、『マビノギオン』はウェールズ語原典から直接日本語に翻訳されており、身近に親しむことができる。

（木村正俊）

53

アーサー王物語のケルト的要素

★魔術師・妖精・異界・媚薬・聖杯★

「アーサー王物語」と総称されるロマンス群は、ブリタニアの神話上の王アーサーと円卓騎士団が繰り広げる、武勇と恋愛の物語である。その骨格を提供したのは、ジェフリー・オブ・モンマスがラテン語で著した『ブリタニア列王史』（1138年頃）（以下『列王史』と略記）である。12世紀後半以降、「トリスタン伝説」や「聖杯伝説」を取り込みながら、フランス語による韻文・散文の膨大な物語群が成立し、ヨーロッパ全域に伝播すると、さまざまな言語で書き継がれていく。トマス・マロリーが中世英語で著した『アーサーの死』（1470年頃）は、この文学ジャンルの集大成である。以下では、王とドルイド僧、支配権を握る王妃、アヴァロンの女王、媚薬と禁忌（ゲシュ）、聖杯の古層という五つのトピックを順に取り上げ、「アーサー王物語」のケルト的要素を抽出してみたい。

ジェフリーの『列王史』によると、ユーサー・ペンドラゴン王はコーンウォール公の妃に横恋慕し、魔術師マーリンに自分の姿を公の姿に変えさせて公妃と枕をともにし、アーサーをもうけている。このようにアーサーの異常出生をお膳立てしたマーリンは、『列王史』ではアーサーとの接点を持つことは

円卓騎士団の前に出現した聖杯の図（フランス国立図書館蔵）

ない。これに対してロベール・ド・ボロンが中世フランス語で著した『魔術師マーリン』（13世紀初頭）と、その続編『アーサー王の最初の武勲』（以下『最初の武勲』と略記）によると、マーリンは立派に成長したアーサーお抱えの相談役になり、予言者として的確な助言を惜しみなく与え続ける。ケルトの社会では王とドルイド僧が相補的な関係にあり、ドルイド僧は霊的・宗教的な分野を、王は世俗の権力を握っていた。こうした神話伝承を受け継ぐ「アーサー王物語」では、マーリンが完璧なドルイド僧を具現し、アーサーとともに王国を支配した。『最初の武勲』によると、マーリンは定期的に王宮に現れては姿を消していたが、実はノーサンバランドの森へ行き、そこに居を構えていた学僧ブレーズに、一段落した事件の報告をし、書き留めてもらっていた。過去と未来を知る能力を備えていたマーリンは全知の存在として、実質的な物語作者の位置にある。ブレーズに口述筆記を依頼したマーリンは、カエサルが『ガリア戦記』で証言しているように、口承に重きを置くドルイドの伝統に従っていたのである。こうしてブレーズが書き進めた物語はやがて、『聖杯の書』として結実する。

13世紀中頃までに成立した中世フランス語散文「聖杯物語群」によると、アーサーの妃グウィネヴィアは騎士ラーンスロットとの姦通愛により円卓騎士団の間で諍いを生み、王国崩壊の遠因となる。北イタリアにあるモデナ大聖堂の正面・北側面扉口上部には、アーサーが戦友たちとともに囚われの王妃の救出を目論む場面を描いた浮彫り群像（1120年頃の作）が見つかるが、クレティアン・ド・トロワ作『荷車の騎士』（1177～1181年頃）では冥界のごときゴール国へ拉致された王妃を、ラーンスロットが解放している。グウィネヴィアはラーンスロットの他にも、イデールなど数多くの騎士と性的関係を持ったとされるが、こうした不貞の王妃や誘拐される王妃は、獲得が困難な「支配権」を具現する存在なのである。アイルランドの「アルスター物語群」に登場するコナハト王妃メドヴはその典型例であり、常に愛人を隠し持っていた。ケルト世界では、「支配権」を握る女との婚姻を経て、王はようやく権力を掌握することができた。「聖娼」の様相を呈するグウィネヴィアはアーサー王国の基盤であり、彼女を失うことは王国の崩壊に等しいことだった。ウェールズ語で「白い幽霊」を指すグウィネヴィアの本来の姿は、異界の妖精に違いない。

「アーサー王物語」で最もケルト的な場所は、海の彼方に位置するアヴァロン島である。ジェフリー・オブ・モンマス作『マーリン伝』（1150年頃）によると、「至福の島」とも呼ばれたアヴァロン島では、自然があらゆるものを産み出すため、土地を耕し栽培する必要がなかった。アヴァロンは「リンゴ畑」を指すが、ケルト世界ではリンゴは不死を象徴する果物である。アヴァロンにはモーガン（モルゲン）を長女とする九人姉妹が住んでおり、九人の名にはMとGとTで始まる名が三つずつあった。これはガリアの母神マトレスや、アイルランドの女神ブリギッドのように、ケルトの単独の女神が取る三者一組の姿の名残である。「聖杯物語群」ではアーサーの姉妹となる妖精モーガンは、ソールズベリーの合戦で致命傷を負ったアーサーを船で迎えに来るが、それは彼女が治療術に熟練し、薬草の効能に通じていたからである。モーガンの雛形にあたるアイルランドの戦闘女神モリーガンは、慣例では「大女王」と解釈されているが、『コルマクの語彙集』（900年頃成立）が証言するように、本来は「夢魔の女王」を指していた。そのため霊魂導師としてアーサーを異界の島へと運ぶ妖精モーガンには、「夢魔の女王」の姿が重なりあってくる。

「トリスタン伝説」の山場は、トリスタンがアイルランドに渡り、巨竜を退治し褒賞として国王から王女イズーを勝ち得て、コーンウォールに向かう船のなかで、イズーとともに誤って媚薬を口にする場面である。ベルール作『トリスタン物語』（1160年頃）から推測すれば、「薬草入りのワイン」と呼ばれている媚薬の主成分は「聖ヨハネ祭の草」である。トリスタンは伯父マルク王の婚約者としてイズーを獲得したが、帰国後は媚薬のせいで、マルク王の妻となったイズーと逢瀬を重ねざるをえなくなる。絶対的で理不尽な恋愛の契機となる媚薬は、アイルランドの駆落ち譚の一つ『ディアルミドとグラーネの追跡』で、年老いたフィン・マク・クウィルとの結婚に不満な若き美女グラーネが、若き美男ディアルミドにかける禁忌（ゲシュ）と同じ役割を果たしている。グラーネはその名の通り「太陽」女神の化身であるため、「金髪のイズー」に対応している。

ロベール・ド・ボロン作『聖杯由来の物語』（1200年頃）により、聖杯はアリマタヤのヨセフが十字架上のキリストの脇腹から流れ出た聖血を受けた器だと解釈され、円卓騎士団による聖杯探索の物語が生まれた。しかし「聖杯」に相当する中世フランス語「グラアル」は本来、「広口の深い皿」を指す普通名詞だった。これが不可思議な器物として初めて出てくるのは、クレティアン・ド・トロワの遺作『聖杯（グラアル）の物語』（1182年頃）であり、主人公ペルスヴァル（パーシヴァル）が従兄の漁夫王の館で、「血の滴る槍」及び「肉切板」とともに目撃する。黄金製の「グラアル」を含む一連の器物は、トゥアタ・デー・ダナン族が北方の島々からアイルランドへ持ち込んだ「ファールの石」を始めとした四つの品と同じく「王家の神器」であり、ペルスヴァルが「グラアル」の行列を目撃したことは、王の有資格者であることの証なのである。

（渡邉浩司）

ラフカディオ・ハーンとケルト

コラム8　小泉　凡

『怪談』の著者、小泉八雲として知られるパトリック・ラフカディオ・ハーン（1850〜1904年）は2歳から13歳までの多感な子ども時代をアイルランドで過ごした。父はアイルランド人の軍医で母はギリシャ・キシラ島出身の女性だった。

晩年、ハーンは帝国大学の講義で自分の育まれた環境を次のように回想した。

「昔は、森や小川には目にみえないものたちが住んでいた。天使や悪魔が人の傍らを歩き、森には妖精が、山には子鬼が、沼地には飛び交う精霊がいた。死者は時々戻ってきてメーッセージを伝えたり、あるいは誤りを叱責したりした。踏みしめる大地、草木の茂る野、ふり仰ぐ雲、天なる光、いずれも神秘と霊性に満ちていた」（On Poetry）

おそらくダブリンを離れてウォーターフォード州のトラモアやメイヨ州のコングで過ごした夏の日々の体験を言ったのだろう。ハーンは1901年にW・B・イェイツに宛てて自分がアイルランドの事物を愛する理由は、「コナハト出身の乳母が妖精譚や怪談を語ってくれたから」だと告白している。幼いハーンにケルト口承文化の魅力を伝えたのは、キャサリン・コステロというゲール語を母国語とする乳母だった。母ローザは4歳のハーンを残してギリシャに帰ったため、キャサリンの感化は大きかった。小泉家には今もキャサリンが語ったというアイルランド民話「三つの願い」と「聴耳」が私の代（4代目）まで語り継がれていることからも想像できる。

さて、ハーンはケルト民族の妖精信仰についてより客観的な見解も述べている。

「アイルランド、イングランド、スコットランド、西フランスに住むケルト民族は、北方民族に征服された先住民であり、森や川に住む霊とか百体にも姿を変えられる霊についての、非常に風変わりな独自の信仰を抱いていた。キリスト教はこの種の信仰も大目にみたので、今でも消滅していない」（「妖精文学」『ラフカディオ・ハーン著作集』第9巻）

アイルランドの自然と異界が人間世界に近接し交渉する環境が、ハーンの民俗学的想像力を育み、怪談の再話に心血を注ぐ、作家小泉八雲を生み出す原動力になったのではないか。

じっさいハーンが愛した日本の民間伝承として盆行事、樹木信仰、輪廻の思想、口承文芸では浦島太郎、子育て幽霊譚、異郷訪問譚（とくに浦島太郎）などをあげることができる。そして、各々がアイルランドのフォーク

幼少時のラフカディオ・ハーンと養育者の大叔母サラ・ブレナン（ダブリンにて）

ロアと呼応していることが注目されよう。盆行事とケルト民族のサウィン、出雲地方の荒神のご神木はケルト民族の樹木崇拝、輪廻の思想はアイルランド神話にみられるいくつもの再生譚に見出され、浦島太郎はアシーン、松江でハーンがもっとも共感したと思われる大雄寺に伝わる子育て幽霊譚の類話はアイルランドにも存在する。また、最晩年に『臥遊奇談』から再話した「耳なし芳一」という一種の異郷訪問譚についても「魔法のフィドル」という類話がアイルランドに伝わっている。弦楽器の名奏者が異界と現世とに引き裂かれる物語で、民俗学者ケヴィン・ダナハーは、アイルランドの各地に広く伝承される物語だと言っている。

ハーンは1891年8月、小泉セツとの事実上の新婚旅行に出かけた。ちょうど盆の晩に鳥取県は浜村温泉の鈴木旅館（寛平楼）に泊まり、不思議な夢をみた。青白い敷石がある広い場所に出雲の女と思われる者が現れ、ケルトの子守唄に似た嘆きの歌を歌い、その女の黒髪が渦を描きながら石の上に落ちていくというものだ。（「日本海に沿って」）ハーンは、ケルト装飾のシンボルである渦巻きと夢に見た出雲の女のスパイラルを重ね、ケルト人と日本人の「生まれ変わり」の思想と人間世界では完結しない死生観の共通性を見出したのではないだろうか。

IX

ケルト復興

54

ケルト文化の再発見

★燃え上がる復興運動★

18世紀になってケルト文化のもつ価値への再認識が進み、各地でケルト文化を復興する動きがめざましく高まった。ケルト語やケルトの習俗、ケルトの遺跡などについて、研究者や愛好家たちがことさら熱いまなざしを向け、ケルトにかかわる各種の著作や物品などが世に送り出された。しかし、その動きは、ケルトのアイデンティティを確立し、ケルト意識を広める本質的な目標をもっていたとしても、一面では、ナショナリズムにとらわれすぎたり、ケルト性をロマン主義の色合いで解釈したり、ケルト性を少なからず誇張し、歪曲する場合もみられたこともたしかである。

ケルト文化の再発見と復興運動を盛んにした背景には、近代になって産業化が進展し、田園中心的なケルト圏諸地域では、伝統的な生活が多かれ少なかれ損なわれ、傷つけられる傾向がみられるようになった状況がある。ケルト圏諸地域では、人々の都市部への移住が増え、ケルト語話者の数が目立って減少した。ウェールズ人、スコットランド・ゲール人の場合は、自分の国内の都市部への移住がふつうであったが、アイルランド人の場合は、移住は一般に国外が多かった。

18世紀初めには、共通のケルト人という民族意識はまだ形成されてはいなかったとみられるが、各地域で使われるケルト語への学術的研究が進み、言語的類縁性が明らかになったことも、ケルト人意識をしだいに確固なものにするひとつの要因となった。

ケルト文化復興の先駆けとなったのは、ジョージ・ブキャナン（1506〜82年）の『スコッティア事物史』（1582年）である。スコットランドの知識人であったブキャナンは、この著でブリテン島のケルト語の系統について述べ、ブリテン島の先住民はケルト人であるとの見解を明らかにした。ブキャナンに増してケルト語研究で成果をあげたのは、ウェールズ出身の博物学者・言語学者、エドワード・スイド（1660〜1709年頃）である。彼はオックスフォード大学のアシュモール博物館に勤務中の1697年、ブリテン諸島の言語の起源を調べるためアイルランドへ船出し、続いてスコットランド、マン島、コーンウォール、ブルターニュへ渡り、資料を収集した。この広範囲な実地調査の動機は、これら五つの地域の言語とウェールズ語には密接な類似性があると認識したからである。1701年にオックスフォードに戻り、1707年に『ブリタニア考古学』（企画した4巻のうちの1巻のみ）を発行した。この書によって、彼は、アイルランド語も、ウェールズ語、コーンウォール語、ブルトン語などとともに、大陸ケルト語

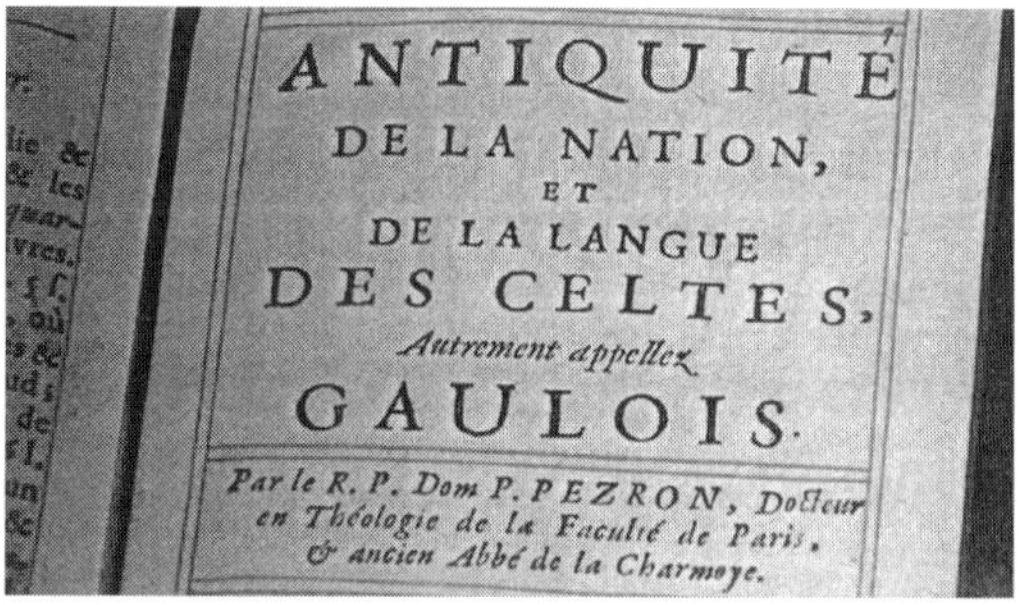

ペズロンの著作『ケルト人またの名ガリア人の民族と言語の古き時代』

ウィリアム・モルガヌグ（エドワード・ウィリアムズ）

から派生したことを明らかにした。

スイドと同時代人で、ブルターニュ出身の神学者・ケルト語研究家、ポール・ペズロン（1639／40～1706年）の『ケルト人またの名ガリア人の民族と言語の古き時代』は、1703年にパリで発行された。ペズロンは、ケルト語はヨーロッパ起源の言語であるとし、ガリア人はウェールズ人とブルトン人になったと主張した。1706年に英訳版が発行され、18世紀のケルト研究に影響を与えた。スイドは自著『ブリタニア考古学』の印刷中にペズロンの書を読んだという。ペズロンとスイズの著作が刊行されて数年以内に「ケルト」という言葉がしだいに広く使われるようになった。

18世紀はケルトへの関心が異様に高まり、歴史家や古物愛好家がこぞってケルト研究に打ち込んだ。なかでも最も影響力があったのは、古代研究家ウィリアム・ステュークリー（1687～1765年）で、彼はブリテンの古代遺跡をすべてケルト人のものと信じ、ドルイドと結び付けた。1740年に『ストーンヘンジ——蘇ったブリトン人のドルイド神殿』、1743年に『エイヴベリー——ブリトン人のドルイド神殿』を刊行した。ステュークリーの著作を好古家の風変わりな研究とみなすのが一般的であるが、実地調査に基づいた業績として評価する見解もある。いずれにしても、ステュークリーの影響は大きく、多くのドルイドマニアを生むことになった。

ケルトへの関心を爆発的に炎上させたのは、スコットランドのジェイムズ・マクファーソン（1736〜96年）が1760年に発行した『古詩断片』であった。この作品に続いて『フィンガル』（1762年）、『テモラ』（1765年）が発行されたが、これらはのちの合本版を加えて、まとめて『オシアン詩』とよばれる。『オシアン詩』では、スコットランドのハイランドの荒涼とした原野と山岳地を背景に、紀元3世紀頃のケルトの首領フィンの率いる戦士たちの勲功と衰退が語られる。古詩の語りのロマンティックな雰囲気が読者の心を激しくとらえ、バイロンなどロマン派の詩人やナポレオン、ゲーテらをも虜にした。メンデルスゾーンはヘブリディーズ諸島などを訪れ、「フィンガルの洞窟」を作曲した。だが、『オシアン詩』に対して贋作であるとの批判が出され、論争が巻き起こった。マクファーソンは、古代ケルト社会（3世紀）の盲目の詩人オシアンが書いたゲール語詩から翻訳したと主張したが、翻訳の底本を示すことができなかった。現在なお、正確な事実はわかっていない。

ウェールズでは、詩人・古物収集家ウィリアム・モルガヌグ（英名＝エドワード・ウィリアムズ、1747〜1826年）は、古代のドルイドの伝統が、ローマ帝国の支配やキリスト教などに破壊されることなく、ウェールズに現存すると主張し、ドルイドのイメージを自らに重ねて「自由の詩人」と称した。彼はまた、ウェールズの文化祭典アイステズヴォッドにドルイドの儀式を復活させたことでも知られる。しかし、彼のドルイドについてのほとんどの詩文に対しては、真正さを疑う見方があり、究明が必要である。

19世紀のアイルランドでは、文化とナショナリズムの関係が深まり、キリスト教以前のケルト世界の神話や伝説、初期キリスト教時代の芸術的達成など、自国の輝かしい文化伝統に目覚めるようになった。最初は研究者や古物愛好家のあいだの意識の高まりであったが、やがて若い世代の多くの人々に、政治目的もあって、アイルランドの古代文化復興を探求する動きが広まる。そうした趨勢のなか、19世紀半ばには、政治的、芸術的、社会的組織「若いアイルランド」の行動が目だった。

「若いアイルランド」の最も重要な唱道者はトマス・オズボーン・デイヴィス（1814～45年）であった。彼はチャールズ・ギャヴィン・ダフィ（1816～1903年）らと、1842年に運動の声ともなった雑誌『ザ・ネイション』を創刊した。

ブルターニュの文献学者ラ・ヴィルマルケ（1815～95年）は、1839年に、ブルターニュの農民から収集したバラッド集『バルザス・ブレイス』を発表し、ケルトの民族的特性はブルターニュにのみ残っていると主張した。

（木村正俊）

55

古物への愛好と憧憬

★「ケルトの過去」との絆を求めて★

19世紀のケルト圏世界では、伝統的ケルト文化への認識が深まり、ケルト人の遺した価値ある古物や建造物、美術品などを愛好する風潮が高まった。懐古趣味といえばそれまでだが、むしろ古代以来ケルト人が構築してきた唯一無二の文化価値を、本質的に再評価しようとする時代趨勢としてとらえるべきであろう。19世紀のケルト文化圏の各地は、国家的、民族的アイデンティティを維持するために、ほとんどすべての人が、「ケルトの過去」との絆を希求した。

アイルランドの場合でいえば、19世紀初め以降、政治的にも文化的にも、アイルランドはイングランドとは異なっているべきだとの意識が強まった。文化面での指導者たちは、過去、ことに中世の偉大な文化的達成へ注意を向けさせることによって、アイルランドの自尊心を回復できると認識し始める。多くの歴史家や好古家たちがアイルランド各地に残る教会建造物や高十字架、美術品、歴史的記録や物語の手稿、音楽などを調査し、その結果を公表した。

19世紀初頭以降の古物愛好家、地誌研究者として最も重要なのはジョージ・ピートリー（1790～1886年）である。彼

モナスターボイスのハイクロスを見上げる考古家たち

は早くも１８０８年にウィックロー州を調査し、その土地の古物や音楽について見解を発表した。すぐれた挿画入りの案内書は高い人気を得て、多くの人に読まれた。１８２８年に王立アイルランドアカデミーの会員となった。このアカデミーは18世紀に学術の進歩のために創立されたが、特に古物の収集と保存に力を入れていた。

ピートリーはアカデミーに付属博物館を開設し、すでに収蔵されている古物を整理しただけでなく、新たに発掘された貴重な古物を多く追加した。それらのなかには、コンの十字架、１８３９年にタラで出土の数個のトルク、１８５０年に発見され、１８６８年にアカデミーによって取得されたタラ・ブローチ、１８６８年に購入されたアーダーの聖杯など、金工品の傑作が含まれる。８世紀頃に作られたとみられる有名なタラ・ブローチは、メッキされた銀をベースに黄金、琥珀、色ガラスなどで装飾されている。アーダーの聖杯は8世紀に制作された銀製の聖杯で、取っ手付き半球型である。こうした収蔵品と研究者たちの活動のおかげで、アカデミーはアイルランドの文化遺産を保存し、研究するための重要なセンターとなった。

ピートリーはアイルランドの円塔研究にも業績を残した。彼は絵を描く修練をしたことがあったので、デッサンにすぐれ、各地の風景や建造物を正確に描出した。1818年に訪れたクロンマクノイス修道院では、300枚以上の線画を描いている。

アイルランドについての見解をまとめた著作『アイルランドにおける最上の風景および海岸光景の美しいスケッチ集』（1835年）は、ほかの二人の地誌を扱う画家、アンドルー・ニコル（1804〜86年）とヘンリー・オニール（1798〜1880年）との合作である。ニコルは風景画にすぐれた才能を発揮したが、アイルランドの古物の絵も多く描いた。1830〜40年代の作品はグレンダロッホやモナスターボイス、マッククロス、クロンマクノイスなどの景観にあふれている。それらはピートリーの絵画に通じるものがある。オニールは1857年に発行された『古代アイルランドの彫刻図像のある高十字架精選』で知られるが、その著作のなかでオニールは、ヨーロッパのほかの地域が野蛮状態に落ち込んだ時期に、アイルランドは高度な文明を築いたと述べ、古代アイルランドが歴史上最高の装飾芸術を生んだことを強調した。彼の著作は非常に正確なもので、アイルランドの主要な高十字架（ハイクロス）の装飾が誠実に、そして細密に再現されている。掲載されている絵図には、好古家が調査を進めているモナスターボイスの高十字架の絵や、母子が背をもたせかけているキルクリスペンの高十字架の絵などが含まれている。しかし、ピートリーにもみられることであるが、その取り上げ方は極めてロマンティックな印象を与える。

ピートリーらのほか、アイルランドの古物と古代ゲール社会にとくに関心の深かった有能な画家として、フレデリック・バートン（1816〜1900年）を挙げておかなければならない。彼はピートリーの友人にして旅行の同伴者でもあった。二人は1841年にケリー州の海岸を探索したが、バートンはのちにディングルでの蜂窩《ほうか》状家屋（ビーハイヴ・ハウス）〔ミツバチの巣箱型の石造住居〕のスケッチをピートリーに送った。

ベルファストに生まれ、弁護士であったサミュエル・ファーガソン（1810～86年）は、若くしてアイルランドの古物に関心をもち、遺跡をスケッチしたり碑文を書き写したりした。彼は、古物研究のほかに、詩の創作やゲール語詩からの翻訳、初期アイルランドの歴史・伝説研究の面でアイルランド文化復興に大きく寄与した。

フレデリック・バートンに賞賛されたデザイナーにマーガレット・ストークス（1832～1900年）がいる。彼女はダブリンの著名な医師ウィリアム・ストークス博士の娘で、古物研究家であったが、才能ある装飾画家でもあった。マーガレットの代表的作品は、サミュエル・ファーガソンの『ホウスのクロムレック』のタイトル頁である。ドラゴンの形をしたTの大文字は『ケルズの書』からのものである。組紐文様の装飾も見事である。ストークスの「聖パトリックの聖遺物箱」を細密に描写した絵も著名である。

ストークス博士の友人で同じく医師であったサー・ウィリアム・ワイルド（1815～79年）は、好古家としても名を馳せていた。いうまでもなく、彼は劇作家オスカー・ワイルドの父親であり、彼の妻は、愛国主義者で詩人のジェイン・ワイルド（筆名、スペランザ）である。サー・ウィリアム・ワイルドは1839年、ロイヤル・アイリッシュ・アカデミー会員に選ばれ、収集した古物のカタログを作成した。19世紀を通じて、アイルランドでは、このように古物への愛好と憧憬が、多くの人々を突き動かした時代であった。

（木村正俊）

56

『オシアン詩』の意義

★進歩する文明への懐疑★

スコットランドのジェイムズ・マクファーソンは、3世紀頃に存在したとされる古代ケルトの伝説的戦士であり詩人であるオシアンがつくったというゲール語古詩の翻訳作品群『オシアン詩』を発表した。その翻訳作品群は、『古詩断片』、『フィンガル』、『テモラ』、さらに『オシアンの作品』そして『オシアンの詩』から構成されている。

ゲール語が話されるハイランドにあるインヴァネスシャーに生まれ、子どもの頃からゲール語文化に慣れ親しんでいたマクファーソンにとって、1707年のイングランドとスコットランドの議会合同後のジャコバイトの蜂起を経て強化された、ハイランドに対する文化抑制政策は、民族的アイデンティティの喪失を意味していたのかもしれない。その抑制に対する不満とケルト的アイデンティティの復興への熱意が、マクファーソンにこの翻訳作品群を生み出させることになったとマクファーソンの翻訳の動機について説明できる。しかし、イングランドによるスコットランドの支配に対する民族的反発という構図を超越した『オシアン詩』の意義の解明が必要であろう。この解明には、1762年にエディンバラ大学修辞学・文学教授になる

ジェイムズ・マクファーソン

エディンバラの代表的知識人ヒュー・ブレアに注目することが重要である。

ブレアは、ゲール語古詩の翻訳を行わないことは母国に対する不当行為に等しいことになるのだとマクファーソンを説き伏せ、『古詩断片』を刊行させるに至った。この後もブレアは、『フィンガル』と『テモラ』が出版されるきっかけをつくった。ブレアは、マクファーソンと思想を共有していたからこそ、このようにマクファーソンが翻訳群を世に出すことに貢献したと言えるだろう。

ブレアは、『オシアンの作品』の第2巻巻末に収録された彼の論文「フィンガルの息子オシアンの詩に関する批評的論文」で、人間の社会は文明の度合いを時代の経過とともに高めるという発展段階説を紹介している。第一段階では狩猟、第二段階では牧畜、第三段階では農業、第四段階では商業を基にした生活を人間は営むことになり、これら四つの段階を経て人間社会は発展していくという考えである。ブレアは、『オシアン詩』で描かれている世界を第一段階に位置づけている。最初期段階の古代人の言語では比喩が特徴的であり、その比喩は古代人の際限ない想像力によってもたらされたとブレアは考えている。人間の想像力は第一段階において絶頂にあり、その後時代の経過とともに衰えていくという想像力後退説をブレアは提示する。このように、社会の発展と反比例して人間の想像力が次第に枯渇していくことは、ブレアにとって大きな問題であった。

古代人の比喩と想像力は、マクファーソンの『オシアン詩』に反映されている。『オシアン詩』にみられる比喩は、古代人と自然が密接な関係にあったことを教えてくれる。「[武器を操る] 汝の腕は嵐のようであった。汝の剣は太陽の光のように輝いた。汝の背丈は平原の岩のようであった。汝の目は竈の火のように燃えていた。武器をもって戦う時、汝の声は嵐よりも大きかった。少年が棒を振りまわして薊が薙ぎ倒されるように、戦士たちは汝の剣で倒れていった」という具合に勇者コンナルは自然を使った比喩で描写される。このような比喩を生み出す古代ケルト人の想像力の豊かさを『オシアン詩』は例示している。

『オシアン詩』に頻出する亡霊からも古代ケルト人の想像力を知ることができる。その想像力は、現世と来世の境界をとり払い、その境界を自由に往来する亡霊を登場させる。旅の途中戸外で眠らなければならなかった古代人は、風や滝など厳しい自然にさらされることによって、精神的な重苦しさを感じ、その結果彼らの想像力は超自然的な亡霊を生み出すことになったとマクファーソンは『オシアンの作品』につけた註で述べている。

この古代ケルト人の想像力が、18世紀の詩人マクファーソンの想像力に刺激を与えた。想像力の連鎖が、翻訳の読者の想像力も掻き立てることになった。古代人の想像力に霊感を与えられたマクファーソンは、発展段階説に従えば最も進化してはいるが、想像力においては最も後退している第四段階の商業文明を批判的にとらえている。『オシアンの作品』の第1巻の巻頭に収録された「フィンガルの息子オシアンの詩の古さ等に関する論文」において、マクファーソンは、ハイランドにおいて太古の昔から伝えられてきたケルトの伝統文化が、商業文明の影響で危機的状況に陥っていることを指摘している。オシアンが歌った想像力あふれる詩は、耳を傾けられたり暗唱されたりすることはもはやなくなり、後の世代に伝承されなくなってしまう可能性をマクファーソンは危惧しているのである。

マクファーソンは、人間社会が発展する過程を逆に辿って、『オシアン詩』が提示する最初期段階に戻ってこそ、商業文明にはない豊富な想像力を未開人たちがもっていたことを知ることができると言わんとしている。マクファーソンとブレアは、想像力が消え失せてしまっている商業的段階にある18世紀にあって、最初期段階の想像力豊かな古代人に、商業文明に毒された現代人にとっての一種の理想を見出そうとしている。そして彼らは、スコットランドで支配的になっていたイングランドの英語文化に対する抵抗を示すと同時に、そのような二つの文化の対立というレヴェルをはるかに超越した、あらゆる人間の社会の進歩とそれにともなう文明の発展に対する疑義を『オシアン詩』を通して唱えたのである。

（三原　穂）

57

アイルランドの文芸復興

★政治運動と文学運動の相克★

アイルランドの文芸復興は「ケルトの復興」あるいは「ケルトの薄明」とも呼ばれる。英国化が急速に進んだ19世紀後半のアイルランドにおいて独自の国民文学を創造することにより、ケルト文化を国柄として普及させることをめざしたナショナリズム運動である。アイルランドは１８４５年から１８４９年にかけて、ジャガイモの疫病が大発生し、壊滅的な被害を受ける。国民の３割がジャガイモに食料を依存していたので、少なくとも国民の２割が飢餓や病気で亡くなり、１～２割が国外へ脱出し、最終的には総人口が最盛期の半分になった。その結果、アイルランド語話者が激減し始めるという深刻な事態が生じたのである。そのうえ１８９１年には、チャールズ・スチュアート・パーネル（１８４６～１８９１年）が不倫スキャンダルで失脚して失意のうちに亡くなる。自治法案成立に献身し、「無冠の帝王」と称えられた不世出の議会政治家である。アイルランドは政治的にも文化的にも危機的な状況に陥った。このような時代背景のもとに文芸復興の主導者たちが目指したのが、演劇活動を土台にしてそれまでなかった国民文学を築き上げることであった。独立のための政治運動に品位と大義名分を与え、沈

アイルランド文芸復興を盛り立てた
W．B，イェイツ

滞した国民に自尊心と連帯感を回復させることを願ってのことであった。

1893年に詩人・劇作家W・B・イェイツ（1865〜1939年）は『ケルトの薄明』（1893年）と題する民話伝説集を公刊する。ケルト文化が残存するとされる西部の農村に伝わる民話や伝説を村人から聞き取り、英語で翻案して紹介したもので、当時この運動の声明書とみなされた。イェイツは序文で「私はアイルランドの顔のようなものを一つのヴィジョンとしてわがアイルランドのすべての人々に示したかったのである」と明言している。しかし、運動の具体的な路線を決定したのは、1897年にイェイツがレイディ・グレゴリー（1852〜1932年）やエドワード・マーティン（1859〜1923年）と相談して作成した「アイルランド文芸劇場」という名の国民演劇組織の構想案である。資金募集のためにイェイツが関係者に書き送った声明文にはその目的が極めて具体的に述べられているので、主旨を箇条書きしてみよう。

1　アイルランドの深い思想と感情を舞台にかけることで、実験の自由を確保したい。このような自由は英国の劇場には見られないものだが、これなしには文学や芸術の新しい運動が成功することはおぼつかない。
2　アイルランドが道化と安っぽい感傷の国ではなく、遠い昔から存続する理想主義の国であることを示したい。
3　毎春、高い志で書かれたケルト的でアイルランド的な劇をダブリンで上演し、ケルト的でアイルランド的な演劇文学学校を創設し、堕落とは無縁で想像力豊かな観客をアイルランドに創出したい。
4　アイルランド文芸劇場で上演するのはアイルランド人を分裂させるあらゆる政治問題の圏外にある作品である。

この声明文が示唆するように、文芸復興の指導者たちは、英国からの独立を目指す党派的な政治運動と、政治から自由なアイルランド独自の優れた国民文学を産み出すための文学運動の間で相克することを強いられたのである。英国の劇団が英国人の作家の作品を上演する既存の劇場とは異なり、彼らはアイルランドの劇団がアイルランド人の作家の作品を上演する国民劇場の創設をめざした。1903年には「アイルランド文芸劇場」を改組して「アイルランド国民演劇協会」を設立した。翌年にはダブリンにアベイ劇場が完成する。ここを拠点に本格的な国民演劇活動が開始されるのである。上演されたのは運動の主導者たちの書いた古代や現代のアイルランドを背景とした劇作品であった。たとえば、イェイツ、グレゴリー、ジョージ・ラッセル（1867～1935年）、ジョージ・ムア（1852～1933年）などの手になるアイルランドの民話や神話を素材とした象徴主義的な作品や、マー

アベイ劇場での満席の告知

ティンやJ・M・シング（１８７１〜１９０９年）やショーン・オケイシー（１８８４〜１９６４年）らの書いた現代アイルランド人の実生活を描いた写実主義的な作品であった。しかし、アイルランド演劇の古典作品がほとんど存在しないという実情もあって、シェイクスピアやモリエールなどの外国人作家の作品も上演された。

　アイルランドの文芸復興の理念や活動内容については、当時から最近に至るまで賛否両論からなるさまざまな議論がなされている。たとえば、国民文学の構築のためにはアイルランド語と英語のどちらを用いて創作活動をすべきかをめぐり論戦が展開された。ゲール語連盟の初代会長ダグラス・ハイド（１８６０〜１９４９年）がアイルランドにおける脱英語化の必要性を主張したことに対してイェイツらが反論したのである。また、アベイ劇場で上演されたイェイツの『キャスリーン伯爵夫人』やシングの『西の国の伊達男』などがカトリック教徒の観客の道徳感情を傷つけて暴動を招き、芸術と道徳の関係をめぐる議論が生じた。さらに、この運動が少数派のプロテスタントを擁護し、多数派のカトリックを蔑ろにしているという主張もなされている。運動の主導者たちの大部分がプロテスタント支配体制に属する文学者だったからである。ケルト文化という単一の文化を国柄として設定することの妥当性を問う批評家もいる。当時も今もアイルランドは雑種混交の国であるからである。ケルト文化を国柄として想定した運動の理念自体を問い直すべきだという見解も存在する。ケルト民族が紀元前にヨーロッパの中央部から鉄器文化を持ってブリテン島やアイルランド島に移住したというこれまでの定説を考古学界や歴史学界で疑問視する風潮があるからだ。

これに対して、この運動の主導者たちが創出したケルト文化の豊かな表象やその所産を検証するほうが生産的だという提案が行われている。アイルランド英語がアイルランド人の内面生活を表現する文学にふさわしい成熟した言語であることをアイルランド国民に知らしめ、彼らの意識と誇りが高まり、独立に貢献したことなどが所産の実例として指摘されている。イェイツのアイルランド観を発明された神話だとして嘲笑しても不毛な自己満足しか得られないという反論も提出されている。ユダヤ人やアメリカ人に典型的に見られるように、民族や国家の本質を希求するのは独立や統一を志向するすべての国民に共通する自意識の表れであり、決して不毛ではないからである。

アイルランドの文芸復興をめぐるこれらの議論の中心課題は民族や国家のアイデンティティとは何かという我々日本人にとっても決して無縁とは言えない難問である。今後の議論の成り行きが注目されるのである。

（山崎弘行）

58

アイルランド演劇運動の展開

★辺境から響く世界文学の声★

アイルランド人は詩と音楽を愛好し、演劇においても言葉の豊かな表現力を駆使してユニークな才能を発揮してきた。しかし長い間英国の支配下に置かれ、文学・演劇活動の中心がロンドンにあったため、その独自性が認められるようになったのは、19世紀の終わりになってからである。ロンドンを拠点とするアイルランド生まれの二人の劇作家が、1890年代に相次いで野心作を発表して脚光を浴びる。バーナード・ショーとオスカー・ワイルドである。いずれも英国の階級社会の硬直した価値観・因習を鋭く批判しただけでなく、ヴィクトリア時代の社会通念を破って新しい女性像を描いた。ワイルドは、自身の性的スキャンダルによって訴追され、失意のうちに世を去ったが、ショーはノルウェーの劇作家イプセンの演劇理念を受け継いで、その後ますます旺盛な執筆活動を展開し、『人と超人』『ジョン・ブルのもう一つの島』『バーバラ少佐』など、鋭い社会諷刺を武器に演劇の新しい可能性を切り開いた。

19世紀末〜20世紀初頭、アイルランド独立を目指すナショナリズムの機運に呼応するように、英国の商業演劇と一線を画して、アイルランド人によるアイルランド人のための演劇を創出する企てが精力的に進められる。運動の主導者はW・B・イェイツ、レイディ・グレゴリー、エドワード・マーティン、ジョージ・ムアらで、やや遅れてJ・M・シングが加わり強力な推進者になった。その中心は、プロテスタント支配層の英国系アイルランド人であり、カトリックが大半を占める社会では少数派であったが、宗派・党派を越えてアイルランド人本来の精神を問い直し、新しい国民精神の礎《いしずえ》を築くために「国民演劇協会」を結成し、新作劇を上演した。そして、英国人の資産家で芸術活動の後援者アニー・ホーニマンの資金提供を受け、1904年、ダブリンにアベイ劇場を開設。劇団専属のこの劇場が、文芸復興期の演劇の拠点になった。しかし資金難のほかに、当初から演目の選定・俳優の登用をめぐる内部対立をかかえていた。神話的題材を取り上げ、アイルランド精神を表現する詩劇を第一とするもの（イェイツ『バーリャの浜辺で』『デアドラ』など）と、現実の社会と人間を取り上げるリアリズムの散文劇（マーティン『ヒースの原野』、コラム『土地』など）を重視するものとの対立は、やがて修復できない分裂を引き起こすが、この劇場初期の活動で最も注目されるのは、レイディ・グレゴリーとJ・M・シングの活躍である。

レイディ・グレゴリー

レイディ・グレゴリーは、設立当初から、実務能力と豊かな包容力によって劇団運営の柱だったが、50歳前後から劇作に取り組み、『噂の広がり』『月の出』『救貧院の病室』などの名作を皮切りに、驚くべき筆力を発揮して1907年から約20年間に37本もの作品を発表した。演目は喜劇、悲劇、歴史劇、翻訳劇（モリエール劇の翻案）など多岐にわたり、かつゴールウェイ地方の土地言葉（アイルランド英語）を巧みに用いて独自の舞台言語を考案した。もう一つ重要なのは、イェイツとともに収集した民間伝承を文字化し、民衆の智慧を共有財産にし得たこと。また、流麗な英語によるアイルランド神話の再話版『ムイルヘヴナのクーフリン』『神々と戦士たち』を著し、劇作家だけでなく同時代の多くの文学者に霊感を与えたことである。

　シングの演劇活動はわずか7年、作品は未完の2篇を含めて7篇にすぎないが、ウィックローとアラン島の土地言葉を生かして、アイルランド英語を斬新な舞台言語に練り上げ、演劇に新風を吹き込んだ。登場人物で目立つのは、〈放浪者〉とか〈エグザイル〉に重要な意味と役割が与えられていていることだ。これは既成の宗教・政治・社会制度などのイデオロギーが、いかに深く人間精神の自由と生命の喜びを阻害しているかを示す。このような彼の思想形成に寄与したのは〈アラン島経験〉である。当時のヨーロッパで最も原始的な生活が営まれていたこの島で、島民と生活をともにしたことにより、彼らの日常の暮らしに〈古代〉と〈現代〉が重なり合っている重層性と、キリスト教とそれ以前の自然宗教とが混在する独特の宗教性を発見した。〈辺境〉であるがゆえに可能なこのような共同生活のありかたは、前近代の土俗性というよりも、西欧近代の進歩の観念と人間認識の歪みを浮かび上がらせた。この原型を鏡として、悲劇性と喜劇性が分かちがたく絡み合う人間経験の諸相を、彼は劇的に表現した。『谷間の蔭』『海に騎《の》りゆく者たち』から『聖者の泉』『鋳掛け屋の婚礼』へ、さらに最高傑作『西の国の人気者』に至る彼の演劇的ヴィジョンのかなめは、そこにある。

リアリズム劇優先の劇場運営と、カトリック・ナショナリストの上演妨害など、観客の無理解な反応に失望したイェイツは、重役として劇場の仕事は続けたが、盟友シングの死（1909年）を境に劇作活動の対象と場を他に移した。神話を素材に〈超自然〉を〈自然〉に組み入れる詩劇への道が、やがて思わぬ方角から開けた。フェノロサ＝パウンド訳による日本の「能」との出会いである——最小限の舞台装置と劇行動、仮面・舞踏・言葉による様式化された感情表現、そして現世と他界との境界を越えて往還する魂の動きを舞台化する手法の発見である。その第一作『鷹の泉』（1916年）は、ロンドンの上流人士の客間で演じられ、踊り手に伊藤道郎が起用されて好評を博した。以後、『エマーのただ一度の嫉妬』『骨の夢』『猫と月』などが、それぞれ前衛的手法で書かれた。約20年の空白の後、イェイツは『窓ガラスの言葉』でスウィフトの亡霊とともにアベイ劇場に帰ってくる。最晩年の傑作『煉獄』は、反時代的姿勢をつらぬいた彼の劇作活動の到達点を示している。

J. M. シング

1910年代のアベイ劇場は、レイディ・グレゴリーと若手演出家・劇作家のレノックス・ロビンソンの献身的な奮闘にもかかわらず、人気が低迷し財政的にも逼迫した。この危機を救ったのがショーン・オケイシーの登場（1923年）である。第一次世界大戦の勃発、復活祭蜂起、英愛独立戦争を経て「自由国」が成立したこの激動期に、ダブリンを舞台に『狙撃兵の影』『ジューノウと孔雀』『鋤と星』を発表、初めて下層民の生活と心情をリアルに描いた。劇場は押し寄せる観客の熱気にあふれたが、『鋤《すき》と星』（1926年）は、復活祭蜂起の英雄を冒瀆するとしてナショナリストに攻撃され、初演は暴動によって上演不能になった。しかし現在では彼の最高傑作として、アベイ劇場の重要なレパートリーである。

ちなみに、イエイツ、レイディ・グレゴリー、シングは、同時代の若い日本人文学者たちに注目され、ほとんどリアルタイムで読まれた。なかでも芥川龍之介と菊池寛はシングを熱読し、とくに『聖者の泉』に刺激されて、それぞれ興味深い戯曲を創作した。また松村みね子は、イエイツ、グレゴリーの翻訳だけでなく、『シング戯曲全集』を単独で翻訳・出版している。

（松田誠思）

59

諸地域のケルト文化復興

★「最後のとりで」を守る動き★

現代においても、ケルト語が用いられ、ケルト文化の伝統を引き継いでいる諸国（地域）では、住民のケルト意識に支えられ、衰退傾向を食い止めるためのさまざまな文化復興対策が講じられている。ケルティック・フリンジ（ケルト周縁）とよばれるアイルランド（アイルランド共和国・北アイルランド）、スコットランド、マン島、ウェールズ、コーンウォール、ブルターニュ。これらの諸地域では、言語や習俗、芸術など伝統的なケルト文化の独自性が失われる傾向にあるとの基本的な認識があり、そうした傾向に反発し、本来の独自性を回復させようとする動きが目立っている。国や地域、住民が、いわばケルト文明の「最後のとりで」を守るため、一体となって取り組んでいるといってよいだろう。

スコットランドでは、大学による民俗文化の学術的調査や資料収集・管理が進められている。１９５１年にエディンバラ大学に創設された民俗文化の研究機関「スクール・オブ・スコティッシュ・スタディーズ」は、長らくスコットランドの民俗学研究をリードした。民謡、民俗音楽、民話、写真、音声記録などの貴重な資料を豊富に収蔵している。

ウェールズの詩人祭「アイステズヴォッド」のメイン・イベントであるゴルセズの儀式

スコットランドの民俗音楽はこれまで何度か衰退の危機に見舞われたが、力強く生き抜いた。バグパイプは、ハイランド地方でクラン制度や軍隊と結びついて演奏され続け、伝統が今に受け継がれている。祭りや結婚式などで欠かせない楽器として人気が高い。世界規模でのパイパーによる演奏コンクールが、毎年グラスゴーで開かれている。また、スコットランドでは、民俗音楽と結合したスコティッシュ・カントリー・ダンスやハイランド・ダンスが盛んである。さまざまな場でショーとしてのダンスが披露されるが、競技ダンスとしても重要視され、毎年チャンピオンを選ぶ競技大会が開かれる。毎夏、エディンバラで催されるエディンバラ・フェスティバルでも、ハイランドダンサーたちのマスゲームの演技が繰り広げられ、喝さいをあびる。

ウェールズ語文化を復興させるために、ウェールズでは、１９５９年にウェールズ作家協会、１９６９年にウェールズ芸術協議会、さらに１９８５年にはウェールズおよびケルト高等研究センターが設立された。ウェールズ中西部にあるアバリストウィス大学など、ウェールズの五つの大学がケルト文化の研究や再興に大きく寄与している。19世紀に大学で徹底した文学教育を行ったことで、文学を活性化させ、ウェールズ語による創作を盛んなものにした。ウェールズ語詩の厳密な韻律の伝統を守って詩を作る詩人も多い。
ウェールズの伝統ある芸術の祭典アイステズヴォッドは、毎年8月、全国から詩人や音楽家、芸術家などが集まり開催され、ウェールズ語を使用して、詩の朗読、ロックミュージック、歌唱、演劇などの芸術領域で覇を競う。開催地は、毎年南部と北部で交互に設定され、それぞれの地域文化を活性化するのに大きく寄与している。この祭典では、イオロ・モルガヌグ（1741～1826年）らが最初に取り入れた、詩人たちによる色彩豊かなドルイド的な儀式がハイライトである

アイルランドでのケルト文化復興には、ナショナリズムが大きく作用した。18世紀末から政治的ナショナリズムが台頭し、それと呼応して伝統的文化を再評価する文化ナショナリズムが高まった。19世紀末には、ゲール語復興運動と文芸復興運動となってめざましい展開をみせる。1876年、アイルランド語保存協会が結成され、学校教育にアイルランド語（ゲール語）を導入する活動が始まった。すぐれたゲール文化研究者で、自らゲール語で詩や戯曲を書いたダグラス・ハイド（1860～1945年）は、1893年、ゲール語連盟を設立、アイルランド語復興だけでなく、その後の独立運動や言語政策にも影響を与えた。

アイルランドでのケルト文化復興に大きく貢献したのは、詩人で劇作家のウィリアム・バトラー・イェイツ（1865～1939年）である。彼は、劇作家のレイディ・グレゴリーやジョン・ミリントン・シングらと新しい芸術を生み出すために演劇復興運動を起こし、ダブリンに国立劇場としてアベイ劇場を創立する計画を実現させた。アイルランドの神話や伝説、民間伝承などを題材にした、同時代作家たちによる多くの戯曲がアベイ劇場で上演された。

1922年に独立後は、アイルランド共和国はゲールタハト（アイルランド語を公用語とする地域）の保護や支援政策を推進している。1972年にはアイルランド語のラジオ局、1996年にはアイルランド語テレビ局が解説されている。しかし、アイルランドではアイルランド語を日常生活の場で用いる人は少なく、アイルランド語を維持しようとする人々は増えているものの、復興の対策がウェールズのように効果をあげているとはいいがたい。

フランス北西部のブルターニュで使われるブルトン語はウェールズからの移民が多かったことから、ウェールズ語に近いケルト語である。ブルトン語は、フランス語を唯一の言語として優位に置こうとするフランス政府とその政策支持者によって抑圧されたりした。ブルターニュでは反フランス意識が強く、ブルトン語話者たちは、連帯して迫害に抗ってきた経緯がある。ブルターニュでは伝統芸術への関心が高く、ブルターニュ地方のロリアンでは、毎年8月に、ケルト文化を広く紹介するために、40年間の伝統をもつロリアン・インターケルティック・フェスティバルが開催され、コンサートやダンスなどの行事が繰り広げられる。バグパイプを演奏したり、民族衣装を着てパレードしたり、ケルト色の濃い祭典は世界的に知られる大きなイベントである。

スペインの北東部に位置するガリシア地方もケルト文化が今に息づく土地である。フランコ独裁政権によってガリシアの伝統音楽は抑圧されたが、復興への意志が実って、ガリシア音楽の伝統は途絶えていない。最近では、とくにガリシアが生んだ天才パイプ奏者カルロス・ヌニェスの活躍が目立っている。彼はガリシア地方の代表的楽器ガイタ（バグパイプ）やフルートの奏者で、次代のケルト音楽界をリードする存在である。

（木村正俊）

アイリッシュ・ハープへの誤解――濫用されてきた用語について

寺本圭佑

私は金属弦のアイリッシュ・ハープを専門としており、演奏や講演、教育、ハープ製作などを通して、この楽器の普及運動に携わっている。ある日、生徒さんから「本当のアイリッシュ・ハープは教えていないのか？」と尋ねられ、「これ（金属弦ハープ）が本当のアイリッシュ・ハープですよ」と訂正せねばならなかった。このような誤解はアイリッシュ・ハープの歴史と用語にまつわる問題に起因している。

アイリッシュ・ハープには、古来、金、銀、真鍮、鉄などの金属弦が張られていた。これを長くとがらせた爪で奏でることで長く美しい響きが得られた。ところが、数百年にわたるアイリッシュ・ハープの伝統は、聴衆の趣味の変化等により、19世紀末にいったん途絶えてしまう。それと入れ替わるように、ガット弦（近年ではナイロンやカーボン弦）が張られたハープが登場、アイリッシュ・ハープと称して日本を含む全世界に普及するようになった。だが、それは本来のアイリッシュ・ハープとは構造や奏法、とりわけ音色がまったく異なる楽器だった。一方、幻の楽器として久しく忘れられていた金属弦のアイリッシュ・ハープは、ようやく１９８０年代末から復興運動が始まり少しずつ演奏されるようになった。それでも今日なお、ナイロン弦ハープがアイリッシュ・ハープとして誤認されているため、わざわざ「金属弦の」アイリッシュ・ハープと特記せねばならないのだ。

用語の濫用は複雑な様相を呈している。まず、モダンなナイロン弦のアイリッシュ・ハープには、同じ楽器に対してケルティック・ハー

金属弦アイリッシュ・ハープ
（寺本圭佑・製作）

プ、クラルサッハ、フォーク・ハープ、ノンペダル・ハープなどさまざまな異称がある。加えて、ケルティック・ハープやクラルサッハという語は、ナイロン弦ハープと金属弦ハープの両方に区別なく用いられており、ややこしい。

ちなみに、ケルティック・ハープは20世紀以降新たに創られた用語で、古い文献には見当たらない。そもそもケルトの国や地域では歴史的にそれぞれ異なる種類のハープが演奏されていた。ケルティック・ハープという用語は、まるで昔からケルトに共通するハープがあったかのような誤解を与えるおそれがある。しかし、そのような楽器は存在しなかった。おそらく、ケルトの音楽を演奏するハープという意味で使われるようになったのだろう。

他方、近年ではより適正な用語が模索されつつある。つまり、金属弦ハープはアイルランドだけではなく、スコットランドのゲール語を話す地域でも18世紀末まで伝統的に演奏されていたため、「ゲーリック・ハープ」という用語が新たに提唱されているのである。

　ひとつのハープに対してこれだけ多くの呼び方があり、他方でひとつの用語が二種のハープに無分別に使用され、さらに新たな用語も次々と創られているのだから、混乱を招くのも無理はない。

　このように濫用された用語を適切に分類し、正しい知識を広めていくことが音楽学者のやるべき仕事だろう。研究者はガットやナイロン弦の新しいハープを「ネオ・アイリッシュ・ハープ」と呼び、金属弦アイリッシュ・ハープと厳密に区別しているが、残念ながらまだ広く定着しているとは思えない。めいめいが好き勝手な呼称を使っているのが現状だ。これから先、金属弦アイリッシュ・ハープの復興運動が加速し、人々がその美しい音色に気づきはじめれば、アイリッシュ・ハープの楽器と用語が正しく理解されるようになるだろう。

X

いま鼓動するケルト

60

ケルト語復興に向けて

★新しい世代への教育と放送の効果★

何らかの原因で言語の使用者数が減少したり、地理的な使用範囲や社会的な使用領域が縮小したり、個人あるいは社会において使用頻度が低下したりすることがある。そのような状態から脱却し、言語の機能を取り戻そうとする時、それは言語の「復興」、「再生」、「再活性化」などを目指す試みと呼ばれる。ケルト諸語に属するスコットランド・ゲール語、アイルランド語、マン語、ウェールズ語、コーンウォール語、ブルトン語は、いずれも英語やフランス語などの大言語の影響によって上記のような状態にある。これらの言語の「復興」が進められてきた経緯や目的、運動を主導する担い手、達成すべき目標はそれぞれ異なる。本章ではそれらの取り組みの一つとして、スコットランド・ゲール語の状況を紹介する。

1881年の国勢調査では、スコットランド・ゲール語の話者は約23万1600人であったが、その数は減少の一途をたどり、最新の2011年の国勢調査では約5万7000人であった。しかし前回調査が行われた2001年に比べると、ゲール語話者の減少は1000人ほどに留まり、ゲール語を話したり読んだり書いたりできないまでも理解できると回答した住民は約2

万3000人にのぼった。また、ゲール語を理解できる20歳以下の住民は増加しており、全体的な減少の減速と合わせて、「復興」への明るい兆しと受けとめられている。

地域言語・少数言語を取り巻く環境は、その言語が使用される国や地域の行政に左右されることがある。スコットランドでは1997年に独自の議会の設置を問う住民投票が行われ、1999年にスコットランド議会が開会された。これにより軍事と外交を除く幅広い領域の自治権を有することになり、地域言語・少数言語を含むスコットランド文化の振興策にもスコットランド議会の見解が明確に反映されるようになった。スコットランド・ゲール語は英語と並んで議会の公用語と定められ、議場での使用に備えた語彙の整理や、スコットランド・ゲール語担当官の採用などによって、社会的地位の向上が図られている。

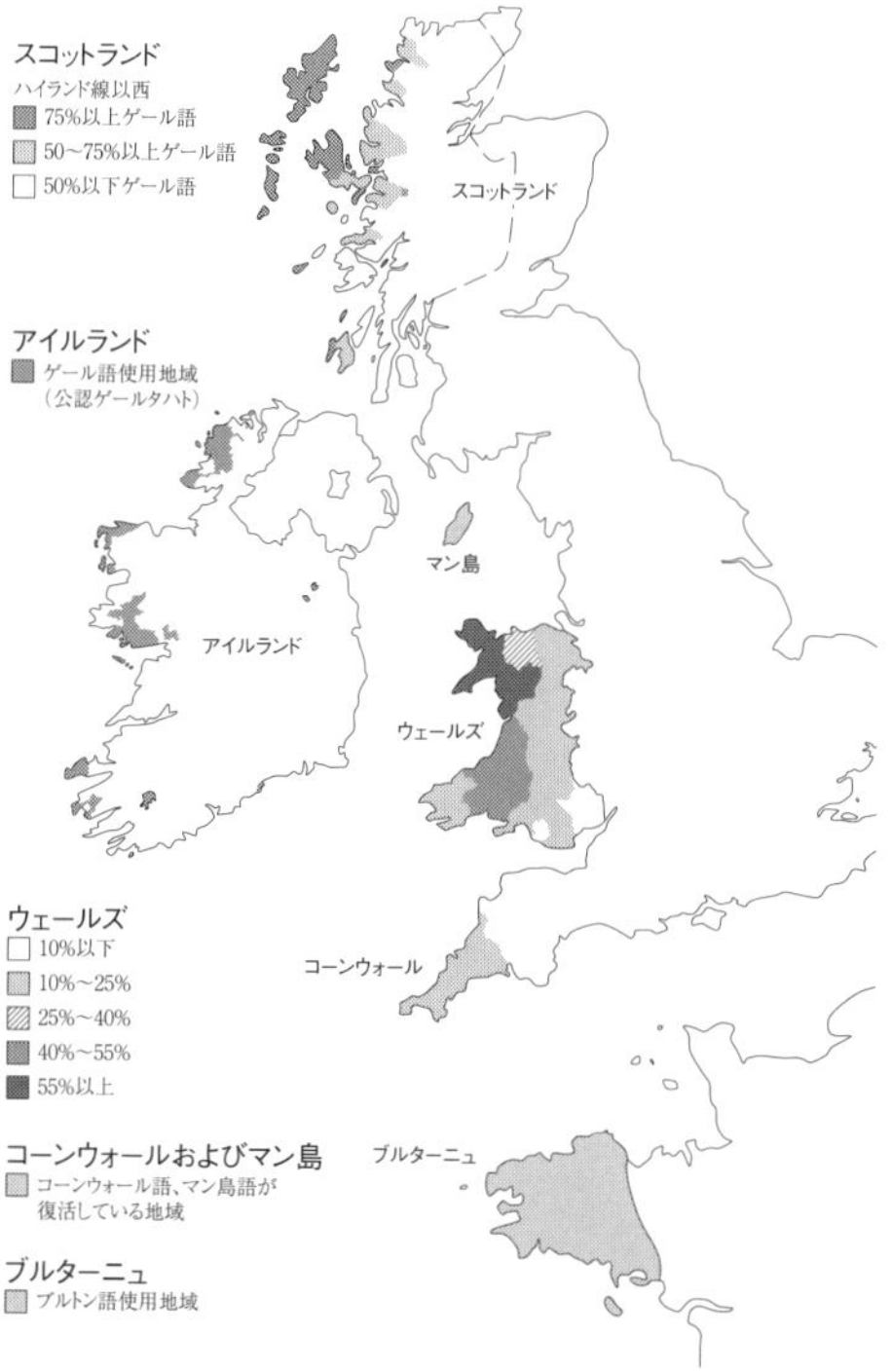

現在ケルト語を使用している地域を示す地図

スコットランド・ゲール語は、欧州評議会の「地域言語・少数言語欧州憲章」にイギリス政府が署名（2000

年）および批准（２００１年）して以降、選択した領域で積極的な使用が保障されている。その領域とは、「教育」、「司法機関」、「行政機関・公共サービス」、「メディア」、「文化活動・文化施設」、「経済的・社会的生活」、「国境を越えた交流」で、特に「教育」と「文化活動・文化施設」の分野が重視されている。欧州評議会は、憲章の規定が当該言語に適用されているかどうか定期的に査定し、改善が必要な場合は勧告を行っている。スコットランド・ゲール語に関する勧告は、２００５年のゲール語法によって設立されたゲール語委員会を通してスコットランド政府の閣僚に伝えられる。同委員会は、スコットランド・ゲール語の使用と同言語への理解を促進するために、２００７年にゲール語国家計画を立案した。その主要な目的は、スコットランド・ゲール語の話者数を増大させ、同言語を使用する機会を奨励して話者や学習者に自信を抱かせることである。同委員会とともにさまざまな公共団体が計画の実行にかかわり、スコットランド・ゲール語の文化と教育の発展を目指している。

スコットランド・ゲール語の振興策に対する欧州評議会の評価は、概して一定の水準を維持していると言ってよいだろう。中でも、国家財源から助成を受けてスコットランド・ゲール語の番組を企画、制作、放映しているテレビ局ＢＢＣアルバは、大きな成功を収めている。アルバ（Alba）とは、スコットランド・ゲール語でスコットランドを意味する。ＢＢＣアルバは、あらゆるジャンルのスコットランド・ゲール語の番組を夕方から夜半にかけて毎日放映している。番組によっては、英語またはスコットランド・ゲール語の字幕が付されている。アニメーションや幼児向けの番組も豊富で、スコットランド・ゲール語の学習番組とともに高い教育効果があると評価されている。

とくに初等前教育と初等教育では、スコットランド・ゲール語を教授言語として導入することが重視されている。スコットランド・ゲール語話者の割合が比較的高いハイランズおよび島嶼地方や、代表的な都市部のゲール語圏であるグラスゴーなどを中心に、スコットランド・ゲール語で教育が受けられる学校が設立されている。小学校に保育施設が併設されている場合も多く、２０１３年８月にエディンバラに開校した小学校もその一例である。２０１６年５月には、スコットランド・ゲール語を教授言語とするグラスゴーの小学校で、放課後のクラブ活動も同言語を通して行われるようになった。高等教育でもスコットランド・ゲール語の使用が推進されている。アバディーン大学、ストラスクライド大学、ハイランズ・アイランズ大学では、スコットランド・ゲール語で教職課程を履修できる。これらの大学に加えてエディンバラ大学やグラスゴー大学などでは、スコットランド・ゲール語で博士号の取得も可能である。スコットランド資格局は、スコットランド・ゲール語による専門的職業訓練の資格認定を行っており、学んだ内容を職業選択に生かす制度が整えられている。また、２０１３年に創立40周年を迎えたスカイ島のゲール語大学ソール・モール・オスティグのように、島嶼部の伝統的なゲール語圏が、スコットランド・ゲール語に関する学術研究の拠点として発信力を強めている。

その一方で、教員と教材の不足や、学校の設備が不十分な点、小・中・高・大という教育機関の連携が徹底されていない点などが指摘されている。解決策の一つとして、スコットランド・ゲール語のあらゆるレベルに対応する学習サイトの開設や、オンラインの遠隔教育など、ＩＴを活用した学習形態が普及しはじめている。同じ言語系統に属するアイルランド語とマン語の関連団体を含め、各地に散在するゲール語の機関が関係を緊密化しているのも顕著である。教員の養成や教材の開発を通して、スコットランド・ゲール語を学ぶ機会だけではなく、同言語によって学習する機会を広げ、教育の質を高めることが求められている。

スコットランド国立図書館やスコットランド国立博物館などの文化施設では、職員のゲール語能力を重視する方針がとられている。スコットランド国立図書館はスコットランド・ゲール語の資料のデジタル化に着手し、文献だけではなく、他の機関と協力しながらスコットランド・ゲール語の著作家による絵画作品や音楽作品の収集に努めている。

「復興」に向けたこのような取り組みの成果は、国際的な指標による判断にも反映されている。世界の言語データベース「エスノローグ」によると、スコットランド・ゲール語は「教育上使用されている段階」にあると位置づけられており、「公的教育によって識字が継承されている」状態であると認められている。同データベースは言語の使用状況を13の段階に分けているが、スコットランド・ゲール語は消滅する危険性が低い順から四番目の段階にある。ウェールズ語とアイルランド語は、スコットランド・ゲール語よりも消滅の危険性がさらに低いとみなされている。それぞれの地域において、ウェールズ語は「マスメディアと行政サービスで使用されている段階」、アイルランド語は「社内及び社外の職務に使用されている段階」である。これらの段階を目標に据え、スコットランド・ゲール語のさらなる「復興」の実現が期待されている。

（米山優子）

61

ケルトのフェスティバル

★伝統文化と観光文化の新しい融合★

現在、ヨーロッパだけではなく世界中でケルト文化のフェスティバルが開催されている。ここではフェスティバルを非日常の大規模な祝祭や競技会から日常的な催事まで幅広く捉え、音楽や舞踏、あるいは文学や食事など何らかのケルト文化を核として多くの人々が集うイベントとして整理してみたい。

ケルト文化のフェスティバルはどこで開催されているのだろうか。真っ先に思い浮かぶ開催地は、アイルランドやスコットランド、コーンウォール、マン島、そしてブルターニュといった西ヨーロッパの「辺境」だが、それだけではない。ヨーロッパのなかでは他にもイタリアやスペインなど、ケルト文化のフェスティバルが多く開催されている地域がある。ヨーロッパの外側に視野を広げると、カナダやアメリカといった北アメリカはもちろん、オーストラリアやニュージーランドといったオセアニアでもケルト文化のフェスティバルが開催されている。日本でも長らくスコットランドの競技会であるハイランド・ゲームズがおこなわれてきた。アイルランドの守護聖人の命日である聖パトリックの祝日のパレードまで含めれば、このアジアの島国でも驚くほどたくさんのケルト文化関連のフェスティバルが開催されていることに気がつく。

なぜ、これほどまでに世界各地でケルト文化のフェスティバルが開催されているのだろうか。

その理由の一つめは、ケルト文化のフェスティバルが、現代に生きるケルト系を自負する人々による伝統文化の保護と継承、そしてアイデンティティの確認といった目的と結びついているからである。その背景には、EU（欧州連合）における地域文化の保護への積極的な関与と、世界各地に離散したケルト系移民とその子孫たちによる伝統文化の継承への関心が背景にある。

ケルト文化の本拠地と目されるヨーロッパでは、伝統的とされるケルトのフェスティバルが各地で開催されていて、その中心を担うのは音楽である。ウェールズのアイステッズヴォドは、伝統的歌唱の技を競う祭典で、その起源は12世紀ごろまでさかのぼるとされている。スコットランドにはモッドという、アイステッズヴォドの影響を大きく受けた同種の祭典がある。なかでも格式の高いものが19世紀に端を発するロイヤル・ナショナル・モッドで、ゲール語による歌謡だけではなく、詩の朗読や物語の披露、バグパイプやフィドルといった楽器の演奏なども含む総合的な競技会である。近年では、マン島やコーンウォールでも、やはりケルトの民俗音楽を中心としたフェスティバルが開催されるようになっている。こうした地域の伝統に重きを置いたフェスティバルでは、他のケルト地域との横のつながりを強調するものも多く、その代表例はアイルランドのパンケルティック・フェスティバルだろう。このコンテストに正式に参加が許された六つの地域（アイルランド、スコットランド、ウェールズ、コーンウォール、マン島、ブルターニュ）のミュージシャンが集い、ケルト諸語の普及を目的としながらそれぞれの技を競っている。

そして、世界中でフェスティバルが開催されている理由の二つめは、国や地域の観光資源としてケルト文化を活用することで、そこに多くの人を集めるためである。音楽や歌、そして場合によっては酒を伴う賑やかなケルトのフェスティバルは、旅行先を思案する観光客にとっては格好の目的地になっている。近年はロックやポップスなどのポピュラーカルチャーとケルト音楽を融合するミュージシャンたちを交えた「フェス」形式のケルト音楽祭も人気を博しており、よりいっそうレジャー産業と密接に結びつきつつある。

ハイランド・ゲームズのパイプバンド（スターリング）

こうした現代的なフェスティバルの集客力は驚くほど大きい。毎夏、ブルターニュのロリアンで開催されるインターケルティック・フェスティバルは、１９７１年から開催されており、音楽やダンスなど５０００人のパフォーマーが世界中から集まり、およそ70万人の集客がある。スペインのガリシア地方のオルティゲイラでも、毎夏、ケルト国際フェスティバルが１９７８年から開催されており、４日間で数千人の集客があるという。１９９４年から毎冬、スコットランドのグラスゴーで開催されるケルティック・コネクションズは、２０１６年には世界中から２５００人のミュージシャンが招聘され、18日間で10万人の集客があったと発表された。自国の若者や外国からの観光客にとって、レジャーやポピュラーカルチャーが伝統的なケルト文化に関心を持つきっかけになっているとすれば、商業的な「フェス」も伝統文化の継承と無関係とは言い切れない。

人々を惹きつけるのは、ケルトの音楽だけではない。スコットランドのエディンバラでは、初夏にベルテイン・ファイア・フェスティバルという火祭りが開催される。全身を赤く塗った半裸の人々が、夜に真っ赤に燃える松明を持って集う様子は、一目みると忘れられないほどのインパクトがある。これは豊穣を祈り夏の到来を告げるケルト文化の祭典として位置付けられている。スコットランドで大晦日に新年の到来を祝うホグマニーも、近年ではエディンバラやグラスゴーで大規模化しており、多くの観光客を惹きつけるフェスティバルとなっている。日本におけるお盆やお正月といった感覚で、より日常に近いところにもケルト文化のフェスティバルは存在している。

伝統と観光。これら二つの目的が複雑に絡み合い、ケルト文化のフェスティバルは世界中で開催されている。ケルト人としての当事者にとっても、そうではない旅人やよそ者にとっても、フェスティバルはケルト文化と親しむ良いチャンスである。かくいう私もスコットランド留学中には、町内会の夏祭りに出かけるような気軽さでハイランド・ゲームズの見物に出かけたことを思い出す。２００８年から始まったゲール語テレビ放送「ＢＢＣアルバ」では、ある夜、英語の字幕をつけてケルト音楽のフェスティバルが中継されており、私はお気に入りのミュージシャンが出ているという理由だけでその放送を視聴し、結果としてゲール語に関心を抱くきっかけにもなった。普段は意識しないのだが、こうした数々の非日常および日常的な文化的経験の積み重ねが、縁もゆかりもないケルト文化に私たちをつなぎとめているのだろう。

（加藤昌弘）

62

ケルト音楽と歌い手たち

★グローバルに移動し、生まれ変わる音楽★

ケルト音楽は、近現代世界におけるグローバル化をよく反映する音楽ジャンルである。それほど昔の話ではないが、アイルランド音楽とケルト音楽がほぼイコールで結ばれていた時期があった。しかし今ではその認識は覆され、アイルランドに加えてイギリスのスコットランドやウェールズ、コーンウォール、マン島、フランスのブルターニュ、さらにはスペインのガリシアといった西ヨーロッパの諸地域の民俗音楽を含めてケルト音楽が捉えられるようになっている。さらには、カナダやアメリカ、オーストラリアやニュージーランドといった地域でもケルト音楽は盛んに演奏されているし、日本にも多くの愛好家が存在する。これほどまでにケルト音楽が音楽的にも空間的にも拡大してきたのは、グローバル化によって促進されてきた人間と文化の国際移動に大きな原因がある。

そもそもケルト音楽が、特定の習慣や伝承と深く結びついたヨーロッパの民俗音楽としての側面を強く有しているのは、その出自のせいである。ケルト音楽が民俗音楽として世界中で広く知られるようになったきっかけは、1980年代の英国から展開された「ワールド・ミュージック」の流行にある。ワール

日常的な場でも音楽は演奏される（スコットランド）

ド・ミュージックとは、欧米のレコード会社が有する世界各地の伝統音楽の録音に商品としての価値を与え、それらを販売していくための商業戦略に他ならなかったが、結果として世界中の民俗音楽を発掘し、系統別に分類し、世界地図のなかに秩序立てて配置していく作業を進めていくことになった。

西ヨーロッパの「辺境」に配置されたケルト諸地域の民俗音楽は、ワールド・ミュージックというジャンルのなかで突出した人気を博し、やがて独自のジャンル「ケルティック・ミュージック」へと成長した。現在は日本でラジオＤＪとして活躍するピーター・バラカンは「今はルーツ・ミュージックとかワールド・ミュージックが人気あるんだけど、アイルランド音楽・ケルト音楽はそのなかでも特別」だったと、１９９７年のインタビューで当時の様子を回顧している。まさに英国と日本を横断するバラカンが感じていた通り、１９９０年代には世界各地の大型のＣＤショップに立ち寄れば必ず独立した「ケルト」の棚が存在するまでになり、それは日本の都市部に展開した外資系ＣＤショップでも同様であった。

その後のケルト音楽は、民俗音楽として広く認知されていく一方で、さまざまなジャンルと混ぜ

第62章
ケルト音楽と歌い手たち

合わされながら、さらに変化していく。ワールド・ミュージックにおいては、ハープやバグパイプ、フィドルといった楽器の使用、あるいは独特の音階や奏法・リズムといった様式によってケルト音楽は他の民俗音楽と区別されていた。しかし時代を経るにつれ、ポップスやロックといったポピュラーミュージック、さらにはシンセサイザーやサンプリングマシーンを用いるダンスミュージックなど、ケルト音楽は常にその様式を他のジャンルと混ぜ合わされ、リニューアルされながら演奏され続けている。ケルト音楽の影響を受けたと思われるポップスやロックの民俗音楽風のアレンジや、ゲームや映画のサウンドトラックなどで「ケルトっぽい」と形容される音楽まで含めれば、その数は膨大である。

このようなジャンルを超えたケルト音楽の世界的な広がりを象徴するのが、アイルランドのエンヤであろう。エンヤの音楽は、シンセサイザーや音声の多重録音を特徴としたものが中心で、土着的な民俗音楽の要素は薄い。それでも日本でケルト音楽の歌い手といえば、おそらくはエンヤの名前がまず想起されるだろう。２００８年の『第59回ＮＨＫ紅白歌合戦』に彼女が「歌姫」として特別枠で出場した事実は、すでにエンヤが日本においても国民的な存在であったことを示している。世界的に彼女の名がよく知られるようになったのは、英ＢＢＣが１９８６年に制作し、日本ではＮＨＫで１９８７年に放映されたドキュメンタリ・シリーズ『幻の民・ケルト人』のテーマ曲を担当したことがきっかけのひとつである。その後、１９９１年にリリースしたアルバム『シェパード・ムーン』は、日本を含めて世界25か国でリリースされ、計７００万枚を超える大ヒットとなった。このアルバムはアメリカだけでも３００万枚売れ、日本を含めたヨーロッパの外側でのケルト音楽のイメージ形成に大きな影響を与えた。

ケルト音楽の世界的な広がりは、こうした音楽性の拡大に加えて、演奏家や歌い手といったミュージシャンの世界的な分布とも深く関連している。民俗音楽としてのケルト音楽は、その本拠地を西ヨーロッパに位置付けられていたが、今や世界中にケルト音楽のミュージシャンがいる。これは主に近代以降、西ヨーロッパから多くの人々が世界各地に移民してきたからで、その結果としてカナダやアメリカ、オーストラリアといった地域でも多くのケルト音楽のミュージシャンが活躍している。

それに加えて、日本のように、西ヨーロッパと人間の移動におけるつながりがそれほど見出されない地域においても、ケルト音楽が盛んに演奏され、愛好されていることもある。これはケルト音楽の広がりをよく示している。アメリカの「黒人音楽」に端を発するロックやヒップホップが、人種や民族を問わず世界中の人々に受け入れられている事実に鑑みると、ケルト音楽もケルト文化地域だけのものと考える理由もない。現代のケルト音楽は、もはや特定の地域性をルーツとしながらもそれを超えつつあり、世界の誰もが歌や演奏で参加することができるひとつの音楽ジャンルになっているように思われる。

最後に、このような状況を予見したかのようなエッセイを紹介しよう。1995年12月の『スタジオ・ボイス』誌に、翻訳家でありアイルランド音楽の研究家としても知られる大島豊が「ケルト音楽概論」として発表した文章である。そこで彼はケルト音楽の多様性について触れたのち、こう言っている。「われわれは日本人としてケルト音楽を聴き、演奏するのではない。その時だけ、日本に生まれ育ったケルト人になっている」——彼はこう言って、日本の、そして世界中のケルト音楽の歌い手と聴き手たちを認め、人類共有の音楽としてケルト音楽を位置付けてみせたのである。

このように、1980年代頃から民俗音楽として知られるようになったケルト音楽は、その範囲を拡大し続けている。音楽の様式は他のジャンルと混ぜ合わされ、もはや境界線が曖昧なほどである。しかもそういったケルト音楽の担い手は、もちろん西ヨーロッパのケルト諸地域に多く見出されるだろうが、今やそれだけに限定されるわけではない。ケルト音楽は、民俗音楽という「古い」音楽ではあるが、常に時代に合わせて「新しい」音楽へと変化し、愛好されてきた歴史を持っている。まさにケルト音楽は、グローバル化とともに成長してきた音楽であると言えるだろう。

（加藤昌弘）

63

ケルティック・ダンスとドレス

★ルーツは一つ、大陸と島のダンス★

ケルティック、と広範な意味の形容詞でよばれると、ダンスもまたその昔ヨーロッパの先住民であったケルトにまで遡りたくなる。ローマに追われる民族大移動の途、ケルトはスペインのバスクとフランスのブルターニュに部族を残した。大陸に残った彼らは、他の部族と共存し、影響を受けながらも、ケルトの文化と伝統を顕著に維持している。さらに海を越えて島に至ったケルトは、より濃厚にそれらを維持している。霧のかなたの歴史といわれるほど遠くて曖昧な昔に、大陸と島に隔てられた部族なのに、ダンスのなかには容易にその繋がりが見て取れるのだ。それが実に面白く、また感動的である。バスク・ブルターニュ・アイルランド・スコットランドのダンスに共通する特徴が三つある。第一にダンス・シューズ。長い靴紐でレース状に編み上げる「ギリー・シューズ」である。第二に姿勢。頭と背筋を真っ直ぐに保ち、上体は捻ったり曲げたり反らせたりしない。第三に徹底して足技である。高い跳躍、美しく激しく速く正確な足の動きを競っている。ダンスには、技を見せるソロ・ダンスと踊って楽しむソシアル・ダンスがあるが、第三に挙げた踊り方の特徴は、より歴史の古いソロ・ダンスにおいて、とくに顕著である。また、現代のスコティッシュ・ダンスの、最も特徴のあるステップの名前にも、大陸のケルトとの繋がりが見える。パ・デ・バスク（バスクのステップ）とずばりそのものである。島のケルトで今に残るのは、スコットランドとアイルランド、ウェールズであるが、文化遺産としてダンスを維持、発展させているのは、スコットランドとアイルランドだろう。

スコットランドには、スコティッシュ・カントリー・ダンス（ソシアル）とハイランド・ダンス（ショウと競技）がある。前者は17世紀のフランス宮廷で盛んに踊られたウオーキング・ステップで踊るイングリッシュ・カントリー・ダンスが、スコットランドの社交界に伝わり、ステップがスコットランド伝来の活発なものに取って代わり、貴族だけでなくあらゆる階級が楽しむソシアル・ダンスとして、今に伝わるものである。全国的に隆盛を極めたこのダンスも、19世紀に入ると、ワルツなど新しいものに押されて下火になり、また踊り継がれるうちに変形も余儀なくされてきた。

スコットランドのセットダンス

1923年に、当時グラスゴーのジョーダンヒル・カレッジの体育教師であったジーン・ミリガン女史が、このダンスの散逸と衰退を惜しみ、アーガイルのガールズ・ガイド団長イゾベル・ステュワート夫人とともに立ち上げたのが現在世界的な組織となっているロイヤル・スコティッシュ・カントリー・ダンス・ソサエティ（RSCDS）である。女史の目的はダンスを文化遺産として保存することではなく、インターナショナル・ダンスとして、あらゆる国

スコットランドのソロ・ダンス（ナショナル・ダンス）

の人々に提供して普及発展を図り、ダンスを通してファミリーの輪を広げて、この世界から戦争を追放したいというものであった。現在、支部は世界中にあり、協会が提供する資料と教師養成の制度に支えられて、ダンス活動は活発である。

ダンスのスタイルは、男女4人が対面二列に並ぶロングワイズのセット・ダンスで、男性の左肩が正面の楽団に向く位置に立つ。ダンスはパートナーへのお辞儀で始まり、トップの組は踊り進むにしたがって順次下の組と入れ替わり、4組全部が平等にトップの位置で踊り、元の位置へ戻って、またパートナーへの礼で終わる。時に3組、5組などで踊るものもあり、4組がそれぞれ正方形の四辺の中央に、女性を右にして立つカドリール形式のダンスもある。ステップは速いテンポの音楽、6／8拍子のジグや4／4拍子のリールに用いられる3種とゆっくりとした4／4拍子のストラスペイ用の2種がある。ダンスは2小節、4小節、8小節など種々のフォーメーション（定められた動き）を、主として32小節に組み合わせたものなので、ダンサーは5種類のステップと、基本的なフォーメーションを身につければ、すぐにダンスを楽しむことができる。また、習得したフォーメーションが増えれば、より多くの複雑な踊りが楽しめるので、段階的に上達が図れる。ダンスは論理的に構成されていて、日本人にはすこぶる馴染みやすく思われる。

アイルランドのセットダンスは、ロング・ワイズよりもカドリール形式の方が好んで踊られているように見える。ステップは、速いテンポの6／8拍子のアイリッシュ・ジグ、4／4拍子のホーンパイプやリールで踊る、小気味よく歯切れ良い3種ほどで、やはりフォーメーションの組み合わせで踊られるイングリッシュダンスとの類似性を、色濃く持っている。これに比べ、古くから踊られてきたソロ・ダンスのほうは、それぞれの国独自で高度な技術とスタイルを固持しつつ、目覚しい発展を遂げて、今日に至っている。

毎年6月から9月にかけてスコットランドでは、ドルイド教に端を発するハイランド・ゲームズが、全国津々浦々で行われ、この国独特のスポーツ種目や、ハイランド・ダンス、バグ・パイプの競技が行われる。その昔、戦士の鍛錬や戦勝の祝い、またその占いにも使われたというハイランド・ダンスは、かつては男性のものであったが、今日では圧倒的に女性ダンサーが多い。また、海外からの挑戦者も多く、世界チャンピオンはスコットランド人ではないこともしばしばである。ハイランド・ダンスは、競技種目であると同時にショウの花形種目という側面も持っている。ホテルやホールで催されるスコティッシュ・ナイトには、欠かせない演目だ。まして毎年夏に行われる世界に有名なエディンバラ・フェスティバルでは、城の前庭一杯にダンスのマスゲームを繰り広げるハイランド・ダンサーの演技は、観客の万雷の拍手で迎えられている。年毎に趣向を変え、実に見事な演技をみせている。

アイリッシュ・ダンスと聞けば、誰もがリバーダンスを連想するまでに、アイルランドのソロ・ダンスは技術と芸術性で飛躍的な発展を遂げ、ショウの世界にその存在を確立した。速いアイリッシュ・ジグのリズムにのり、上体は涼しげに気品高く伸びやかに保ちながら、足だけは嵐のように素早く動いて床を打ち叩き、伸ばし、蹴り上げる、目にも留まらぬその足技の見事さには、息を呑むばかり、

アイルランドのソロ・ダンス

の感がある。ましてそれを舞台一杯にライン・ダンスさながらの群舞で披露するのだから、世界中が熱狂するのも、もっともであろう。

大陸のケルトと島のケルトは、信仰に結びついた祭りの場で、古来のソロ・ダンスの競技会を保ち続けている。ギリー・シューズの紐をきりりと締め、上体は真っ直ぐに凛と保ち、足技の素晴らしさを競うのだ。形は違うが、まがうことなきバグ・パイプが奏でる曲にのって。霧に包まれた遠い歴史のかなたで別れたケルトに、脈々と繋がる魂を感じるではないか。

スコットランドとアイルランドのドレスには、共通なところと、全く異なるところがある。例えば、どちらの国でも男性はキルトを身につけるが、スコットランドではタータンであり、アイルランドでは、グリーンかサフラン色の無地である。タータンは、家族の氏（クラン）によって柄が決まっており、男性は普通父方のクラン・タータンを選ぶ。タータン・プレイド（肩掛け）の留め金も、クラン・バッジ（氏族の紋章）である。

一方グリーンは、アイルランドの国の色であり、サフランはアイルランドで最も早くから使われた染料である。留め金は、国の守護神セント・パトリックのエンブレムだ。

（岡田昌子）

64

現代美術にみるケルト的表現

★文様の織りなす抽象性★

ケルト美術は、ギリシアやローマの美術のように大規模でなく、作品数も少ないために、広く認知されることはないが、内実は非常にすぐれている。古代中世においては、金属工芸品や彫刻、貨幣、彩飾写本などに、高度に洗練された造形美をもつ作品が制作された。古くからの輝かしい伝統をふまえた美術作品は、今もなおケルト文化圏で再生産され続けており、ケルト美術への高い評価は揺らぐことがない。

といっても、ケルト美術は地域や時代、視点などによって多彩な様相をみせ、単一概念でくくることはできない。ケルト人の想念の多様さと奥深さが、その美術へ微妙に反映しているからである。森の民であったケルト人は、移動することが多かっただけに、彼らの宇宙観、自然観、信仰などには固有の発想と表現の仕方がある。そのことと美術作品を切り離して考えることは適切でない。

ケルト人はギリシア・ローマ人のように、自然の外形に目を向け写実にとらわれることはなかった。彼らは自然の生命の内に宿る動きに注目し、抽象的に表現することを好んだ。その表現には、流動・変化・回転といったダイナミズムがあふれてい

ジョン・ダンカン画『トリスタンとイゾルデ』（1912、エディンバラ市立美術館＆アート・ギャラリー蔵）ではケルト文様が際立っている

る。それはまた、超自然的な次元へ通じるものにさえみえる。ケルト的な文様のパターンとされる渦巻文様、組紐文様、動物文様、そして三つ巴などは、ケルト人の思考の形象化であろう。ケルトの現代美術にも、そうしたケルト文様への限りないこだわり、あるいは執着がこもっている。

ケルト文化を再認識し、復興しようとする動きが高まった19世紀の半ば以降、ケルト美術はケルト性をアピールする美術が隆盛した。１８４０年代までにケルトのブローチやほかの金属製品がダブリンを中心に流行し始めていたが、１８５０年にタラ・ブローチの発見に刺激され、エディンバラやロンドンなどほかの地域へも流行が広まった。組紐文様などのケルト文様が建造物の装飾にしきりに用いられ、その流行は19世紀終わりから20世紀初め頃まで続く。アイルランドのアーツ・アンド・クラフツ運動はケルトの装飾様式を取り込んだが、１９２０年代には役割を終え、ケルト文様を強調するデザインは潮を引き始めた。とはいえ、組紐文様はケルト性を表象するデザインとして愛好され、アイルランドをはじめケルト圏では長らく使われ続けた。

１８５０年頃から１９２０年頃にかけて、アイルランドでは絵画領域でも創作が盛り上がるが、グループの運動にまで高まらず、功績は個別の画家に帰するにとどまる。代表的な画家としては、たとえば、ナサニエル・ホーン、ロデリック・オコナー、ウォルター・オズボーン、ジョン・バトラー・イェイツ、サー・ウィリアム・オープン、そしてサー・ジョン・レイヴァリーらの名を列挙できる。なかでもこの時期の最も画才を発揮したのは、肖像画家ジョン・バトラー・イェイツ（1839〜1922年）である。彼はアイルランド復興の意味と自らの使命をしっかりと意識していた。彼の肖像画家としての活躍は、1902年、ロンドンからダブリンへ戻ってきてから本格的に始まった。彼は息子の詩人ウィリアム・バトラー・イェイツや劇作家ジョン・シングのすぐれた肖像画などを描いた。

詩人イェイツの弟で風景画家のジャック・バトラー・イェイツ（1871〜1957年）は、構図と線の単純な力強さを学び、風景や人物の動きのある決定的な瞬間をとらえた絵を描いた。アイルランドの風景や馬、サーカスなどのテーマを好んだ。彼の絵には類まれな力強さがある。

スコットランドのこの時期の美術は、アーツ・アンド・クラフツ運動と密接な関りをもちながら、絵画、宝飾品、ステンドグラスなど多岐にわたる分野で活動が目立った。ケルト美術の復興に関わった重要人物は、生物学者で都市計画者のパトリック・ゲデス（1854〜1932年）である。彼は1890年代に美術文芸季刊誌『エヴァーグリーン』（全4巻）を創刊し、スコットランドのケルト復興運動の推進者たちに寄稿の場を与えた。この季刊誌には、復興運動の時期の代表的画家ジョン・ダンカン（1866〜1945年）の名もみられる。ダンカンは、アーサー王物語をテーマにした絵画を発表したが、代表作の『トリスタンとイゾルデ』（1912年）では、渦巻文様と組紐文様を際立った色彩で表現した。彼はまた、瀕死の重傷を負ったアーサー王が、アヴァロンの妖精たちに手当てを受ける場面を描いた絵も残している。

20世紀の終りに、現代のケルトのアイデンティティに対し批判の意見が出され、過去においてさえ共通のケルト文化は存在しなかったとの主張がなされたが、ケルト圏の美術家たちは、共有するケルト意識を支えに、大いに独自性を発揮している。スコットランドの画家でケルト美術研究家ジョージ・ベイン（1881〜1968年）が『ケルト美術――構成の技法』を1951年に刊行し、ケルト美術の装飾方法を一般に広めた。ベインの著作には、現代的な「ケルトの結び目」（ケルティック・ノッツ）〔組紐文様〕の多様なデザインが掲載されている。ベインの著作から影響を受け、「ケルトの結び目」をデザインに使用する人が多い。アイルランドでは、画家のジム・フィッツパトリックが、1970年代半ばから自著のシリーズで、ケルト美術の新たな展開に注意をうながした。1980年代以降、ケルト関連の美術書が市場に多く出回ったり、古代のケルト美術の価値が見直されたりしている。

現代のケル圏の美術は、一様にはいえないが、展覧会などに出品される絵画、彫刻、敷物などから察するに、古代のモチーフを駆使しながら、抽象的で象徴的な世界の創出を目指しているかにみえる。なかには、シュルレアリストの力強い手法で、アイデンティティを表現しようとする姿勢も時折みられる。人物像とケルト文様が絡み合い、重なり合い、三次元的世界を描いている場合もある。色彩は鮮やかで華麗であり、幻想的なものも多い。そこに感じ取られる、流動と変容と転回のリズムは、ケルト的認識の表れにほかならない。それは、古代ギリシア・ローマの人が用いたリアリズムとはまったく対照的な美である。現代ケルト美術は、伝統の装飾性をふまえながら、視覚的革新への道を進んでいるのであろうか。

（木村正俊）

65

ケルト人の民族意識

★諸地域に実在する可能性は？★

現代スコットランドの地域主義を研究する者にとって「ケルト」と「民族意識」は悩みの種である。というのも、西ヨーロッパ北西部がケルト文化を色濃く残し、諸地域が自文化保護や分離独立を主張しているとしても、それらの運動が必ずしも強いケルト民族意識と直結されるわけではないからだ。そもそもケルト人とは、特定の民族を指すわけではなく、「ケルト語を話す人々の集団」を指す概念として、比較言語学などによって19世紀以降に定義されたものだ。それ以前の時代のケルト人の、とりわけ英国での実在をめぐっては考古学を中心に研究が続いており、そもそも民族と呼びうる集団がいたのかどうかが論点となっている。

私が専門とするスコットランドでは、自治政府の政策文章をみる限り、スコットランド人をケルト民族とみなす表現はみられないし、ケルト民族意識に基づいて独立すべしとはどこにも書かれていない。スコットランドという地域に暮らす多様な民族すべてがひとつのスコットランド国民だと考えられている。エディンバラにあるスコットランド国立博物館でも、「ケルト人のもの」と書かれた展示物を探すことは難しい。自分たち国民を単一の民族と直結させないという考えが徹底されている。したがって近年のスコットランド独立運動の原動力は、少なくとも公式にはケルト民族主義とは言えない。より多くのスコットランド人にとっての「より平等な社会」をつくるために必要な民主主義を実現するための地域単位の運動、いわゆる「地域主義」であると考えるのが妥当であるように思われる。

しかしながら、物事はそのように単純に割り切れないから悩みの種であり、「ケルト」の面白い部分でもある。近年は西ヨーロッパ諸国においても多文化・多民族化の進展に危機感が高まりつつあり、あらためて民族や人種の違いが強調され、社会を分断する要因になっている。移民や難民といったさまざまな新参者を世界各地から迎え入れているヨーロッパの先住民は「白人」であり、そのルーツは他ならぬケルト民族だと強調する人々も確かに存在する。多民族化への反感や、白人の自民族意識に相乗りしようとする極右や新右翼と呼ばれる政治勢力も各国で躍進しつつある。そういった場では、ケルト人としての民族意識と呼びうるものが人々の意識のなかに確かに存在しているようなのである。

したがって本章では、西ヨーロッパのケルト諸地域における地域主義が民族意識に立脚するものであるとは必ずしも考えられないことを強調したうえで、近年のヨーロッパ社会においてケルト民族への人々の愛着が生じたり、積極的なケルト民族意識の表明が確かになされている点に注目する。そしてその民族意識が、先史時代のケルト民族の実在とは異なる次元において表明される現代的な現象であり、「少数派の声」と「多数派の声」という二つの意味を有することを指摘してみたい。

まず、「少数派の声」としてのケルトの民族意識について考えてみよう。民族意識はしばしば国家や社会における少数派の主張を正当化するために用いられる。とくにこれまで抑圧されてきた人々が民族性を単位として結集し、政治的権利の拡大や自文化の保護を訴えるとき、集団の民族意識は大きな力となる。そういった民族集団は少数民族（エスニック・マイノリティ）と呼ばれ、欧州連合でも文化や権利を保護する対象として考えられてきた。

この捉えかたは、ケルト諸地域と相性が良い。西ヨーロッパに点在するケルト諸地域は、アイルランド以外は独立国家を形成した歴史を有さず、現在に至るまで政治的独立を保持していない。ケルト人が多く住む地域は、英国やフランス、スペインといった国民国家のなかの一部分にすぎない。北西ヨーロッパのケルト人は、まさにエスニック・マイノリティなのである。

１９６０年代にはケルト諸地域においてそれぞれの国家内における差別の是正や文化的な保護や優遇を訴えようとする運動が生じ、ヨーロッパでケルト人は抑圧される少数民族であるという考えかたが定着した。１９６１年にアイルランド、スコットランド、ウェールズ、コーンウォール、マン島、ブルターニュの地域主義政党が「ケルト連盟（ケルティック・リーグ）」を結成したことは象徴的だ。言語の問題だけを考えてみても、例えば英国では近代以降の学校教育の「国語」として英語が用いられてきたが、ウェール

スコットランド独立運動に他のヨーロッパ地域も関心を寄せている（エディンバラ）

ズではウェールズ語、スコットランドではゲール語やスコッツ語など、地域的な少数言語が存在する。そういった言語は、国家や地域を単位として保護しなければ、やがて消滅してしまう。自治や独立を求めない場合でも、自分たちの文化を保護するためには、学校教育を司るようなある程度の政治的な権力や、所属する国家による優遇処置が必要とされる。こうした「少数派の声」としてのケルト諸地域での地域主義によって、英国においてはスコットランドやウェールズなどへの政治権限の委譲が進んだ他、それぞれの地域的な伝統言語での学校教育が試みられるようになるなど、一定の成果を生み出してきた。

さて、少数派の次は「多数派の声」としてのケルトの民族意識について考えてみたい。民族意識は少数派だけではなく、多数派が既得権益を守ろうとする際に高揚する場合もある。特に、移民や難民といった少数のよそ者たちが、ヨーロッパの先住民である白人の権利や伝統文化を脅かしていると感じている人々にとっては、自分たちの民族性は心の拠り所となる。そうした人々にとっての共通のルーツになりうるものが、他ならぬケルト人である。

1991年にイタリアのヴェネチアで開催された展覧会『ケルト、最初のヨーロッパ人』が示したように、民族としてのケルト人への関心は、ヨーロッパ統合と歩調を合わせた汎ヨーロッパ的な「共通の祖先」探しという性格を有していた。しかしながら、そのようなケルト民族意識を、移民労働者や難民といった非白人の「よそ者」たちは共有できない。20世紀から21世紀にかけての世紀転換期から西ヨーロッパ諸国で躍進した極右勢力の視点に立つと、ケルトとはヨーロッパ白人の誇るべき民族的ルーツである。移民労働者の定着は、ヨーロッパ人に対する民族的・文化的な侵略である。ケルト文化への愛着が排外主義と接続された例としては、北イタリアの北部同盟や、英国のイギリス国民党などがあげられる。例えばイギリス国民党のレトリックは、「私たちは外国人の文化を尊重する、だから外国人も私たちの文化を尊重して、この国から出て行ってほしい」といった比較的穏健なもので、暴力を伴うわけではない。しかし、その穏健さゆえの問題の根深さは、血ではなく文化を基準に人間を区別する「新しい人種主義」として批判的に捉えられている。

このように、同じケルト人としての民族意識も、それが少数派に利用されるか多数派に利用されるかという違いはあるが、どちらも現代ヨーロッパ社会における必要性に基づいている。もちろん民族意識が自分たちと他者を根本的に違うものとして区別する考え方である以上、多文化・多民族化が否応無く進行している現代の諸地域においては、社会を分断する要因になりうる点には注意が必要である。しかしどちらにも共通しているのは、現代社会における何らかの困難に立ち向かう当事者たちにとっての、遥か昔に存在したケルト人と自分たちを結びつける民族意識のリアルさだろう。確かにケルト人という民族は実在しなかったかもしれないのだが、だからといって現代のケルト民族意識が消失するとは到底思われないのである。

民族意識は、それがどれだけ古いものに見えたとしても、現代的な現象である。現代の民族意識という問題はおそらく世界各地のあらゆる社会に共通する課題で、決して西ヨーロッパとケルトだけに限定されるものではない。その意味では取り組む価値はありそうだが、日本からスコットランドという地域を研究するものにとっては、まったく悩みの種なのである。

（加藤昌弘）

コラム10

ケルトのシンボル――聖性をもつオークやトルクなど

木村正俊

　ケルト文化圏には民族的なシンボルとなるさまざまな事物がある。いずれもケルト人の歴史や生活、習俗、信仰などと深いかかわりがあり、アイデンティティの確固とした支えとなるものが多い。ドルイドが宗教的に重要視したとされるオークの木は、シンボルのなかでもとりわけ精神的意味の比重が大きい。オークは、ドルイドが儀式などを行った聖域の中心に存在したとされる。巨樹になり、不死や永世を象徴するので、王権ともかかわると信じられた。

　古来ケルト人のシンボルとして広く知られるのはトルク（首環）である。ヨーロッパ大陸でもブリテン諸島でも、黄金製のトルクが着用された。上流階級の人が地位や権威を象徴する飾りであったが、頭部を守る力をもつとして霊力が崇められ、宗教的意味をもった。動物の王ケルヌンノスが首にトルクを着けている図像は聖性の象徴といってよい。

　島のケルト文化圏の各地域には、それぞれ固有の象徴物があって興味深い。スコットランドではアザミが国花とされ、格別にシンボル性が高い。国花とされた由来は、15世紀頃、アザミがスコットランドを救ったという歴史的エピソードにある。スコットランドに侵入してきた敵兵が、夜陰にまぎれスコットランド軍の兵舎に近づいたところ、アザミを踏んでしまい、あまりの痛さに大声をあげた。そのために、眠っていたスコットランドの兵士たちが目を覚まし、敵の襲撃から危うく救われたのだという。スコットランドのアザミは野性的で、木のように育つものがある。アザミはスコットランドの国家的な誇りを表すことは、いまも変わりない。スコットランドではイヌワシが国鳥として公認されている。

　ウェールズでは、リーキ（ニラネギ）がラッパ

アイルランドの各種シンボルが集約された図

スイセンと並んで国花・国章である。リーキはウェールズで食用に供されることが多い。3月1日の聖デイヴィッドの日にはリーキを身に着ける習慣がある。リーキの代わりに、黄色いラッパスイセンをつける人が増えている。また、ウェールズでは、赤いドラゴンが民族的シンボルとして旗などで用いられている。

　アイルランドでシンボル性がとりわけ高いのはシャムロックである。シャムロックはマメ科のクローバー、ウマゴヤシ、ミヤマカタバミなど、3枚葉植物の総称。聖パトリックがシャムロックの3枚の葉をキリスト教の「三位一体」にたとえて布教に用いたとされる。シャムロックが芸術面で一般的に使用されるようになったのは18世紀である。サー・ジョシュア・レノルズが1751年に発表した戯画には、楽器を手にし、帽子に飾りを着けた4人の紳士が描かれるが、そのうち1人は帽子にリーキを、1人は

シャムロックを飾っている。19世紀初期にはシャムロックの使用が広範囲に及んだ。

シャムロックに次いでエンブレムとして一般的なのはハープであろう。ハープは18世紀にエンブレムとしてしばしば用いられるようになり、19世紀には、いわゆる「ブライアン・ボルーのハープ」型のエンブレムがお好みのモデルとなった。

アイルランドに特徴的なほかのシンボルは、アイリッシュ・グレイハウンド（猟犬）、円塔などがあるが、建造物などに装飾される女神像も際立って目につく。女神像の象徴性は、政治、宗教、芸術などの面からも、もっと考察されてよいのではないだろうか。

◎『ケルトを知るための65章』 参考文献（50音順）

【総合的文献（辞典・事典、歴史地図、全体の章にわたるもの）】

カンリッフ、バリー『図説ケルト文化史』蔵持三三也監訳、原書房、１９９８年。

木村正俊『ケルト人の歴史と文化』原書房、２０１２年。

木村正俊・松村賢一編『ケルト文化事典』東京堂出版、２０１７年。

ジェームズ、サイモン『図説　ケルト』鶴岡真弓監訳、吉岡昌子・渡辺充子訳、東京書籍、２０００年。

鶴岡真弓・松村一男編『図説ケルトの歴史［新装版］』河出書房新社、２０１７年。

パウエル、Ｔ・Ｇ・Ｅ『ケルト人の世界』笹田公明訳、東京書籍、１９９０年。

バーンズ、イアン『地図で読むケルト世界の歴史』鶴岡真弓監修、桜内篤子訳、創元社、２０１３年。

原聖『ケルトの水脈（興亡の世界史９）』講談社学術文庫、２０１６年。

ヘイウッド、ジョン『ケルト歴史地図』井村君江監訳、倉嶋雅人訳、東京書籍、２００３年。

マイヤー、ベルンハルト『ケルト事典』鶴岡真弓監訳、平島直一郎訳、創元社、２００１年。

マルカル、ジャン『ケルト文化事典』金光仁三郎、渡邉浩司訳、大修館書店、２００２年。

『ユリイカ』特集〈ケルト〉、青土社、１９９１年３月号。

【第Ⅰ部　ヨーロッパ文化の基層】
オニール、トム「欧州の辺境に息づくケルトの心」『ナショナル・ジオグラフィック　日本版』12巻４号、日経ナショナル・ジオグラフィック社、２００６年４月。

風間喜代三『印欧語の故郷を探る』岩波新書、1993年。

川田順造編『ヨーロッパの基層文化』岩波書店、1995年。

クルータ、ヴァンセスラス『ケルト人』鶴岡真弓訳、白水社、1991年。

『芸術新潮』特集〈ケルトに会いたい〉1998年7月号。

ディレイニー、フランク『ケルト―生きている神話』鶴岡真弓監修、森野聡子訳、創元社、1994年。

パウエル、T・G・E『ケルト人の世界』笹田公明訳、東京書籍、1990年。

ヘルム、ゲルハルト『ケルト人』関楠生訳、河出書房新社、1979年。

柳宗玄・遠藤紀勝『幻のケルト人　ヨーロッパ先住民族の神秘と謎』社会思想社、1994年。

脇明子『魔法ファンタジーの世界』岩波新書、2006年。

【第Ⅱ部　移動するケルト人】

エリュエール、クリスチアーヌ『ケルト人――蘇るヨーロッパ〈幻の民〉』鶴岡真弓監修、創元社、1994年。

クルータ、ヴァンセスラス『ケルト人』鶴岡真弓訳、白水社、1991年。

ゲルツァー、マティアス『ローマ政治家伝1　カエサル』長谷川博隆訳、名古屋大学出版会、2013年。

柴田三千雄・樺山紘一・福井憲彦編『世界歴史大系フランス史1』、山川出版社、1995年。

高橋宏幸『カエサル『ガリア戦記』　歴史を刻む剣とペン』岩波書店、2009年。

鶴岡真弓・月川和雄・中沢新一『ケルトの宗教ドルイディズム』岩波書店、1997年。

ディオドロス『神代地誌』飯尾都人訳、龍溪書舍、1999年。

パウサニアス『ギリシア案内記』上下巻、馬場恵二訳、岩波文庫、1991―2年。

ベック、シュー『ケルト文明とローマ帝国』遠藤ゆかり訳、創元社、2004年。

ポリュビオス『歴史』全4巻、城江良和訳、京都大学学術出版会、2004―13年。

ポンペイウス・トログス、ユニアヌス・ユスティヌス抄録『地中海世界史』合阪学訳、京都大学学術出版会、1998年。

吉村忠典編『ローマ人の戦争』講談社、1985年。

リウィウス『ローマ建国以来の歴史』2、岩谷智訳、京都大学学術出版会、2016年。


【Ⅲ部　ブリテン諸島のケルト人】

青山吉信『アーサー伝説　歴史とロマンスの交錯』岩波書店、1985年。

ジェフリー・オヴ・モンマス『ブリタニア列王史』瀬谷幸男訳、南雲堂フェニックス、2007年。

新納泉『鉄器時代と中世前期のアイルランド』岡山大学文学部研究叢書37　岡山大学文学部、2015年。

チャールズ=エドワーズ、トマス編『オックスフォード　ブリテン諸島の歴史2 ポスト・ローマ』鶴島博和日本語監修、常見信代監訳、慶應義塾大学出版会、2010年。

南川高志『海のかなたのローマ帝国――古代ローマとブリテン島』(増補新版) 岩波書店、2915年。

盛節子『アイルランドの宗教と文化　キリスト教受容の歴史』日本基督教団出版局、1991年。

ロベール・ド・ボロン『魔術師マーリン』横山安由美訳、講談社学術文庫、2015年。

渡邉浩司「クマをめぐる神話・伝承――アーサー王伝承を例に」天野哲也・増田隆一・間野勉編『ヒグマ学入門』北海道大学出版会、2006年。


【第Ⅳ部　ケルト社会の特徴】

カエサル、ユリウス『ガリア戦記』近山金次訳、岩波文庫、1964年：2001年。

カエサル、ユリウス『ガリア戦記』国原吉之助訳、講談社学術文庫、1994年。

カエサル、ユリウス『ガリア戦記』高橋宏幸訳、岩波書店、2015年。

カンブレンシス、ギラルドゥス『アイルランド地誌』有光秀行訳、青土社、1996年。

【Ⅴ部　ケルト人の生活】
木村正俊・中尾正史編『スコットランド文化事典』原書房、２００６年。

【Ⅵ部　ケルト人の宗教】

グリーン、ミランダ・J『図説ドルイド』井村君江監訳、大出健訳、東京書籍、２０００年。

シャーキー、ジョン『ミステリアス・ケルト』鶴岡真弓訳、平凡社、１９９２年。

中央大学人文科学研究所編『ケルト　伝統と民俗の想像力』中央大学人文科学研究所研究叢書8　中央大学出版部、１９９５年。

中央大学人文科学研究所編『ケルト　生と死の変容』中央大学人文科学研究所研究叢書16　中央大学出版部、１９９９年。

中沢新一・鶴岡真弓・月川和雄編著『ケルトの宗教　ドルイディズム』岩波書店、１９９８年。

パウエル、T・G・E『ケルト人の世界』笹田公明訳、東京書籍、１９９５年。

ピゴット、スチュアート『ケルトの賢者「ドルイド」　語りつがれる「知」』鶴岡真弓訳、講談社、２０００年。

松岡利次『アイルランドの文学精神　7世紀から20世紀まで』岩波書店、２００７年。

松村賢一『ケルトの古歌「ブランの航海」序説　補遺　異界と海界の彼方』中央大学出版部、１９９７年。

ルーカーヌス『内乱――パルサリア』上下巻　大西英文訳、岩波文庫、２０１２年。


【Ⅶ部　ケルト美術の輝き】

朝日新聞社文化企画局編『古代ヨーロッパの至宝――ケルト美術展』図録　朝日新聞社、１９９８年。

佐原六郎『塔のヨーロッパ』ＮＨＫブックス、１９７１年。

鶴岡真弓『ケルト美術』ちくま文庫、２００１年。

鶴岡真弓『ケルト／装飾的思考』ちくま学芸文庫、１９９３年。

高橋哲雄『アイルランド歴史紀行』ちくまライブラリー、1991年。

ミーハン、バーナード『ケルズの書』鶴岡真弓訳、創元社、2002年。

柳宗玄・遠藤紀勝『幻のケルト人　ヨーロッパ先住民族の神秘と謎』社会思想社、1994年。

ラング、ロイド&ジェニファー『ケルトの芸術と文明』鶴岡真弓訳、創元社、2008年。

【Ⅷ部　神話と伝説の語り】

アレクサンダー、マグダ・レヴェツ『塔の思想――ヨーロッパ文明の鍵』池井望訳、河出書房新社、1972年。

井村君江『ケルトの神話　女神と英雄と妖精』ちくま文庫、1990年。

オング、ウォルター・J『声の文化と文字の文化』桜井直文・林正寛・糟谷啓介訳、藤原書店、1991年。

鎌田東二・鶴岡真弓編著『ケルトと日本』角川書店、2000年。

グリーン、ミランダ・J『ケルトの神話』市川裕見子訳、丸善ブックス、1997年。

グリーン、ミランダ・J『ケルトの神話・伝説事典』井村君江監訳、渡辺充子・大橋篤子・北川佳奈訳、東京書籍、2006年。

サトクリフ、ローズマリー『ケルト神話　炎の戦士クーフリン』灰島かり訳、ほるぷ出版、2003年。

サトクリフ、ローズマリー『炎の戦士クーフリン／黄金の戦士フィン・マックール――ケルト神話ファンタジー』灰島かり・金原瑞人・久慈美貴訳、ちくま文庫、2013年。

田中仁彦『ケルト神話と中世騎士物語「他界」への旅と中世騎士物語』中公新書、1995年。

中央大学人文科学研究所編『ケルト復興』中央大学人文科学研究所研究叢書25　中央大学出版部、2001年。

中央大学人文科学研究所編『ケルト　口承文化の水脈』中央大学人文科学研究所研究叢書38　中央大学出版部、2006年。

中央大学人文科学研究所編『ケルティック・テクストを巡る』中央大学人文科学研究所翻訳叢書8　中央大学出版部、

２０１３年。

中央大学人文科学研究所編『アーサー王物語研究　源流から現代まで』中央大学出版部、２０１６年。

ツァイセック、イアン『図説ケルト神話物語』山本史郎・山本泰子訳、原書房、１９９８年。

鶴岡真弓『ケルト／装飾的思考』ちくま学芸文庫、１９９３年。

鶴岡真弓『ジョイスとケルト世界』平凡社、１９９７年。

ディレイニー、フランク『ケルトの神話・伝説』鶴岡真弓訳、創元社、２００５年。

テットロウ、アダム『ケルト紋様の幾何学　自然のリズムを描く』山田美明訳、創元社、２０１４年。

トンヌラ、エルネスト、ゲルハルト・ロート、フェリクス・ギラン『ゲルマン、ケルトの神話』清水茂訳、みすず書房、１９７５年。

中沢新一・鶴岡真弓・月川和雄編著『ケルトの宗教　ドルイディズム』岩波書店、１９９７年。

バーバー、リチャード『アーサー王　その歴史と伝説』高宮利行訳、東京書籍、１９８３年。

ブレキリアン、ヤン『ケルト神話の世界』上下巻　田中仁彦、山邑久仁子訳、中公文庫、２０１１年。

風呂本武敏編『アイルランド・ケルト文化を学ぶ人のために』世界思想社、２００９年。

ベルトゥロ、アンヌ『アーサー王伝説』村上伸子訳、創元社、１９９７年。

マッカーナ、プロインシアス『ケルト神話』松田幸雄訳、青土社、１９９１年。

松村賢一『異界への通路――中世アイルランドの航海譚をめぐって』中央大学人文科学研究所、２０１４年。

『マビノギオン』中野節子訳、ＪＵＬＡ出版局、２０００年。

八住利雄『イギリスの神話伝説』名著普及会、１９８７年。

吉津成久「ラフカディオ・ハーンから小泉八雲へ――極西愛蘭（アイルランド）と極東日本の接点をめぐって」佐藤泰正編『異文化との遭遇』笠間書院、１９９７年。

渡邉浩司『クレチアン・ド・トロワ研究序説　修辞学的研究から神話学的研究へ』中央大学出版部、２００２年。

【第Ⅸ部　ケルト復興】

木村正俊編『アイルランド文学　その伝統と遺産』開文社出版、２０１４年。

木村正俊編『文学都市ダブリン　ゆかりの文学者たち』春風社、２０１７年。

河野賢司『周縁からの挑発――現代アイルランド文学論考』溪水社、２００１年。

杉山寿美子『アベイ・シアター１９０４―２００４　アイルランド演劇運動』研究社、２００４年
中央大学人文科学研究所編『ケルト復興』中央大学出版部、２００１年。

風呂本武敏編『アイルランド・ケルト文化を学ぶ人のために』世界思想社、２００９年。

ボイド、アーネスト『アイルランドの文藝復興』向山泰子訳、新樹社、１９７３年。

松村賢一『アイルランド文学小事典』研究社出版、１９９９年。

原聖編『ケルト諸語文化の復興』女子美術大学、２０１２年。

三原穂『学術研究と文学創作の分化――18世紀後半イギリスの古詩編集』音羽書房鶴見書店、２０１５年。


【第Ⅹ部　いま鼓動するケルト】

岡田昌子『Costume of Scotland　スコットランドの服装――ハイランドドレス』改訂版　フォークロア・インスティテュート、１９９２年。

『スタジオ・ボイス』〈特集　ケルト・螺旋のコスモロジー〉Vol.２４０　インファス、１９９５年12月。

高松晃子『スコットランド　旅する人々と音楽――「わたし」を証明する歌』音楽之友社、１９９９年。

高松晃子「日本の「ケルト」受容に関する一考察――「エンヤ」以降の音楽を中心に」『福井大学教育地域科学部紀要Ⅳ（芸術・体育学・音楽編）』36号、２００３年。

西川長夫・宮島喬編『ヨーロッパ統合と文化・民族問題――ポスト国民国家時代の可能性を問う』人文書院、１９９５年。

原聖『〈民族起源〉の精神史――ブルターニュとフランス近代』岩波書店、２００３年。

ボールマン、フィリップ・V『ワールドミュージック／世界音楽入門』柘植元一訳、音楽之友社、２００６年。

宮島喬・若松邦弘・小森宏美編『地域のヨーロッパ』人文書院、２００７年。

山尾敦史編『アイリッシュ＆ケルティック・ミュージック』音楽之友社、１９９７年。

ワトソン、マイケル『マイノリティ・ナショナリズムの現在』浦野起央・荒井功共訳、刀水書房、１９９５年。

西暦	ケルトの歴史・文化関連事項
19 世紀末— 20 世紀初期	ゲール語・ゲール文化復興運動、アイルランド演劇運動高まる
1895	スコットランドで美術・文学の季刊誌『エヴァーグリーン』創刊
1916	アイルランドのダブリンで、独立を求めるイースター蜂起。16 名が処刑される
1922	イギリス連邦自治領「アイルランド自由国」発足
1949	アイルランド共和国発足
1971	ブルターニュで第 1 回インターケルティック・フェスティバル開催
1972	北アイルランドのロンドンデリーで「血の日曜日」事件
1991	ヴェネツィアで、「ケルト、最初のヨーロッパ人」展が開かれる
1998	東京で「古代ヨーロッパの至宝　ケルト美術展」が開かれる
2014	スコットランドで独立賛成か反対かで国民投票実施。反対派が勝利
2015 — 16	ロンドンで「ケルト展」が開かれる

（作成・木村正俊）

西暦	ケルトの歴史・文化関連事項
1210	ジョン王アングロ＝ノルマン政府を樹立。アイルランド諸侯が臣従を誓う
13 世紀前半	ウェールズで物語の文字化が始められる。『アネイリン書』は 1265 年頃、『マビノギ』は 14 世紀から 15 世紀頃に、それぞれ現存の写本完成
13 世紀末	イングランドとスコットランドの戦争
1328	イングランド、スコットランドの政治的独立認める
1488	ブルターニュの領主たちノルマン王朝に敗れ、独立終わる
1532	ブルターニュ、フランスに併合
1536	ウェールズ、イングランドに併合
1542	アイルランド王国成立
1603	スコットランドとイングランドの同君連合
1649	クロムウェルのアイルランド侵攻。イングランド人入植
1703	フランスのポール・ペズロン『ケルト人、またの名ガリア人の民族と言語の古き時代』
1707	スコットランドとイングランドの議会合同。「グレート・ブリテン王国」となる エドワード・スルウィッド『ブリタニア考古学』
1760 — 63	スコットランドのジェイムズ・マクファーソン、「オシアン詩篇」を発表
1789	最初の近代アイステズヴォッド（詩人の祭典）をウェールズ（バラ）で開催
1792	ブルトン語使用禁止
18 世紀末	コーンウォールのネイティヴ・スピーカー消滅
1800	イングランド、アイルランドを併合
1829	アイルランドでカトリック解放宣言
1845 — 48	ジャガイモの葉枯れ病による大飢饉
1858	最初の全国的規模のアイステズヴォッド開催（サンゴセン）
1867	マシュー・アーノルド『ケルト文学の研究について』

ケルト関連年表

西暦	ケルトの歴史・文化関連事項
500 頃	アイルランドのダルリアダ王国がスコットランドのアーガイルに入植
5 — 6 世紀	ウェールズとコーンウォールからブルターニュへ大量移住
5 世紀末	聖ブリジッド、アイルランドで最初の女子修道院を建立 ケルト修道院の黄金時代（6 — 9 世紀初頭）
540 — 550	聖デイヴィッドがウェールズをキリスト教化
6 世紀半ば	聖コルンバ（コルム・キレ）、デリー、ダロウ、ケルズに修道院建設
563	聖コルンバ、スコットランドにアイオナ修道院建立。ピクト人への布教に努める
7 — 10 世紀	高十字架（ハイクロス）が多く制作される
680 頃	『ダロウの書』
698 頃	『リンディスファーン福音書』
731	タラ・ブローチ（アイルランド）
787	ヴァイキング（デーン人）、ブリテン島へ来襲
793	ヴァイキング、リンディスファーンを襲撃
800 頃	『ケルズの書』 アイルランドの航海物語『マイル・ドゥーンの航海』、『聖ブレンダンの航海』
806	ヴァイキング、アイオナ修道院を襲撃
843	ダルリアダ王国、ケネス・マカルピン王がピクト王国を併合し、スコットランドを統一
851	ブルターニュ王国成立
11 世紀	神話・伝説など口承されてきた物語がアイルランドで文字化され始める
1066	ウィリアム征服王率いるノルマン人がブリテンを征服
1169	アングロ＝ノルマン連合軍のアイルランド侵入開始
1171	イングランドヘンリー２世ウォーターフォードに上陸
12 世紀	アイルランドの物語『アイルランド侵寇の書』

西暦	ケルトの歴史・文化関連事項
50 頃	ガロ＝ローマ文化始まる ストラボン『地理誌』
1 世紀末	コリニーの暦

［AD］	
43	ローマ皇帝クラウディウスがブリテン南部へ侵略。ローマのブリテン占領始まる。 大プリニウス『博物誌』
60	アグリコラ、ブリテンで最初の指揮をとる
60 — 61	イースト・アングリアのイケニ族の女王ボウディカがローマに対し反乱を起こす。ボウディカ、スエトニウス・パウリヌスに敗北し自決
74 — 84	アグリコラ、スコットランドへ遠征
122 頃	皇帝ハドリアヌスがブリテン北部に防壁（ハドリアヌスの長城）を建設
395 — 405	アイルランド人がブリテン西部を襲撃
5 世紀初め	ケルト人（のちのブルトン人）がコーンウォールからアルモリカ（ブルターニュ）へ移住
410	ローマ皇帝オノリウスがブリテンを放棄し、ローマ軍が撤退。以後サクソンやピクトなど外部民族の侵入が激化
432	聖パトリックがアイルランドへ到着、布教を始めたとされる
5 世紀	ウェールズにキリスト教が伝えられる
450 頃	アイルランド人がブリテン北部と西部に王国を建てる。キリスト教がブリテン諸島に浸透
450 — 850 頃	アングル人、サクソン人、ジュート人がブリテンへ来襲。ブリトン人（ケルト人）が激しく抵抗するが、領地を奪われる
476	西ローマ帝国滅亡
499	伝承では、「アーサー王」、カムランの戦いで最期をとげる

ケルト関連年表

西暦	ケルトの歴史・文化関連事項
275	ガラティア人、セレウコス朝シリアノアンティオコス1世に敗北
264—241	第1次ポエニ戦争
250—150	ラ・テーヌ文化（II期）。ブリテンでラ・テーヌ文化栄える
240頃	ガラティア人、ペルガモン王国のアッタロス1世に敗北
225	テラモン（イタリア）の戦いでポー川南の全ケルト部族が大敗北 ローマ支配権が拡大
218—201	第2次ポエニ戦争でケルト人が傭兵として雇用される
202	ハンニバル敗北。ケルト諸部族のローマ化がしだいに拡大
2—1世紀	ゴネストロップの大鍋
190頃	ペルガモンのガリア人像（トルコ）
150—50	ラ・テーヌ文化（III期）
149—146	第三次ポエニ戦争
135	シリアの歴史家ポセイドニオスがケルト圏を広く旅行し、（おそらく）諸部族の内情を伝える
133	ガラティアが半自治的なローマの属州となる ヌマンティア（スペイン）陥落
124	アントルモン（フランス）陥落
121	ガリア・ナルボネンシス（ガリア南部）がローマ領に併合 ケルト社会の衰退顕著になる
75頃	ベルガエ族が海峡を渡ってブリテン南部へ移住
58—51	ユリウス・カエサルがガリアを制圧
55	カエサル、ブリテンへ最初の遠征
54	カエサル、ブリテンへ二度目の遠征
52	アレシア（フランス）の戦い。ウェルキンゲトリクス、カエサルに敗れる カエサル『ガリア戦記』

ケルト関連年表

西暦	ケルトの歴史・文化関連事項
［BC］	
3000 — 2500	ストーン・ヘンジ（イングランド）、ニューグレンジ（アイルランド）
2000 — 1500	青銅器・骨壺葬を特徴とする原ケルト文化
2000 — 1000	ハルシュタット文化（A）
1000 — 800	ハルシュタット文化（B）
800 — 600	ハルシュタット文化（C）
600 — 400	ハルシュタット文化（D）
6 世紀	ブリテン島、アイルランド、イベリア半島まで最初のケルト人が拡散？ ホイネブルグの要塞(ドイツ)
520 頃	ヴィクスの王女の墓（フランス）
500 頃	ブリテンでゴイデリック語（Q ケルト語）とブリソニック語（P ケルト語）の分派 ギリシアの歴史家ヘカタイオス、ケルト人について最初に言及
484 — 425	ギリシアの歴史家ヘロドトスがケルト人の起源がドナウ川沿岸にあると報告
450 — 250	ラ・テーヌ文化（I 期）
450 頃	ケルト人の最初の一派がイタリアに侵入
387	ケルト人がアリア川でローマ軍に勝利 ケルト人が（カピトリウムを除いて）全ローマを略奪
335	ケルト人使者がドナウ川でアレクサンドロス大王と会見 フラゴン型ワイン容器（フランス） ヴァルトアルゲスハイム様式（ドイツ）
300 頃	アイルランドでラ・テーヌ期始まる
295	セノネス族、センティヌムでローマ軍に敗北
280 頃	ケルト人が小アジアのガラティア（トルコ）へ移住
279	ケルト人がデルフォイ攻略

図版出典一覧

169 H.F. McClintock, *Handbook on the Traditional Old Irish Dress.*

175 T.W. Rolleston, *Myths & Legends of the Celtic Race* (London: George G. Harare Co., 1949).

179 C.S. Minto, *Victorian and Edwardian Scotland from Old Photographs* (London: B.T. Batsford, 1970)

180 木村正俊撮影

183 松村賢一作成

201 *Oweynagat—the Cave of Cruachain, Archaeology Ireland* Heritage Guide No.22 (Bray, Co. Wicklow: Wordwell Ltd, 2003).

205 石原孝哉撮影

207 石原孝哉撮影

210 By PeteHarlow <aclass=“external free” href=” http://commons.wikimedia.org/wiki/File

212 By USGS - World Wind (go), Public Domain, https://commons.wikimedia.org/w/index.php?curid=4302322

215 松村賢一撮影

260 松村賢一撮影

271 Charles Hamilton Smith, *Ancient Costumes of Great Britain and Ireland* (New York: Arch Cape Press,1989).

274 松村賢一撮影

279 松村賢一撮影

283 John Matthews, *Celtic Myth & Legends* (Hampshire: The Pitkin Guides, 1989).

291 小泉凡提供

310 木村正俊撮影

318 Ronald Hutton, *Blood and Mistletoe: The History of the Druids in Britain* (New Haven: Yale University Press, 2009).

322 寺本圭佑提供

333 加藤昌弘撮影

336 木村正俊撮影

341–344 岡田昌子作画

351 加藤昌弘撮影

355 Jeanne Sheehy, *The Rediscovery of Ireland's Past: The Celtic Revival 1830-1930* (London: Thames and Hudson, 1980).

図版出典一覧

※ 本文中に収蔵場所を記載した図版については、一覧では除外
※ 図版提供者名の敬称は省略

頁　図版出典

21 Barry Cunliffe, *The Illustrated History of the Celtic Race: Their Culture, Customs and Legends* (New York: Greenwich House, 1986).

38 木村正俊撮影

40 木村正俊撮影

63 D.H. Lawrence, *Etruscan Places* (London: Olive Press, 1986).

81 Simon James, *Exploring the World of the Celts* (London: Thames & Hudson, 2005).

85 John Davies, *The Celts: Prehistory to Present Day* (London: Cassell & Co, 2000).

89 Fitzroy Maclean, *Scotland: A Concise History* (London: Thames & Hudson, 2000).

91 Gienna Matson, *Celtic Mythology A to Z* (New York: Chelsea House, 2010).

96 Nigel Pennick, *The Sacred World of the Celts* (Rochester: Inner Traditions International, 1997).

103 Peter Berresford Ellis, *Celt and Saxon: The Struggle for Britain AD 410-937* (London: BCE, 1993).

109 Stewart Cruden, *The Early Christian and Pictish Monument of Scotland* (Edinburgh: Her Majesty's Stationary Office, 1964).

112 木村正俊・松村賢一編『ケルト文化事典』(東京堂出版、2017) より転載

119 Barry Cunliffe, *The Illustrated History of Celtic Race: Their Culture, Customs and Legends.*

122 Miranda Green (ed.), *The Celtic World* (London: Routledge, 1995).

126 John Davies, *The Celts: Prehistory to Present Day.*

130 木村正俊『ケルト人の歴史と文化』(原書房、2012) より転載

132 John Davies, *The Celts: Prehistory to Present Day.*

136 Barry Cunliffe, *The Ancient Celts* (Oxford: Oxford University Press, 1997).

147 (Lindow Man) Miranda Green (ed.), *The Celtic World.* (Tollund Man) Helen Litton, *The Celts: An Illustrated History* (Dublin: Wolfhound Press, 2003).

151 John Davies, *The Celts: Prehistory to Present Day.*

159 Gienna Matson, *Celtic Mythology A to Z.*

164 H.F. McClintock, *Handbook on the Traditional Old Irish Dress* (Dundalk: Dundalgan Press, 1958).

米山優子（よねやま・ゆうこ）[16, 17, 60]
静岡県立大学講師
専攻：言語社会学、スコットランドの言語・文化
主な著書：『ヨーロッパの地域言語〈スコッツ語〉の辞書編纂――「古スコッツ語辞書」の歴史と思想』（ひつじ書房、2013年）、『ディラン・トマス――海のように歌ったウェールズの詩人』（共著、彩流社、2015年）、『エリザベス・ボウエンを読む』（共著、音羽書房鶴見書店、2016年）。

渡邉浩司（わたなべ・こうじ）[53, コラム3]
中央大学教授
専攻：中世フランス文学
主な著書・訳書：『クレチアン・ド・トロワ研究序説』（中央大学出版部、2002年）、『フランス中世文学を学ぶ人のために』（共著、世界思想社、2007年）、『アーサー王物語研究』（編著、中央大学出版部、2016年）、J・マルカル『ケルト文化事典』（共訳、大修館書店、2002年）、P・ヴァルテール『中世の祝祭』（共訳、原書房、2007年）。

松村賢一（まつむら・けんいち）［36, 39, 49, 50, 51, コラム 5, 7］
中央大学名誉教授
専攻：アイルランド文学、ケルト文化
主な著書：『ケルトの古歌「ブランの航海」序説』（中央大学出版部、1997 年）、『アイルランド文学小事典』（編著、研究社出版、1999 年）、『ケルト復興』（共著、中央大学出版部、2001 年）、『異界への通路――中世アイルランドの航海譚をめぐって』（中央大学人文科学研究所、2014 年）、『ケルト文化事典』（共編著、東京堂出版、2017 年）。

三原　穂（みはら・みのる）［56］
琉球大学法文学部准教授
専攻：18 世紀英文学
主な著書：『十八世紀イギリス文学研究 5 ――共鳴する言葉と世界』（共著、開拓社、2014 年）、『大人のためのスコットランド旅案内』（共著、彩流社、2015 年）、『学術研究と文学創作の分化――18 世紀後半イギリスの古詩編集』（音羽書房鶴見書店、2015 年）。

望月規史（もちづき・のりふみ）［40, 41, 43, 44］
九州国立博物館文化財課研究員
専門：金工史
主な著書：『ケルト文化事典』（共著、東京堂出版、2017 年）。

山崎弘行（やまさき・ひろゆき）［57］
大阪市立大学名誉教授
専攻：アングロアイリッシュ文学
主な著書：『イェイツ――決定不可能性の詩人』（山口書店、1986 年）、『イェイツとオリエンタリズム――解釈学的立場から』（近代文藝社、1996 年）、『英文学の内なる外部――ポストコロニアリズムと文化の混交』（共編著、松柏社、2003 年）。

吉田育馬（よしだ・いくま）［2］
明治学院大学文学部非常勤講師
専攻：印欧比較言語学、古代ケルト諸語、ラテン語、古代ギリシャ語
主な著書：下宮忠男編『英語学文献解題 第 1 巻』（共著、研究社、1998 年）、『ケルト文化事典』（共著、東京堂出版、2017 年）。

野口結加（のぐち・ゆか）［29］
料理研究家
専門：スコットランドの食文化、マクロビオティック料理
主な著書：『イギリス文化事典』（共著、丸善出版、2014 年）、『大人のためのスコットランド旅案内』（共著、彩流社、2015 年）、『ケルト文化事典』（共著、東京堂出版、2017 年）。

疋田隆康（ひきだ・たかやす）［4, 7, 8, 9, 11, 12, 20, 25］
京都女子大学非常勤講師
専攻：西洋古代史
主な著書：「古代ガリア社会におけるケルトの伝統」『史林』86 巻第 4 号（2003 年）、「古代ケルト社会の『祭司と剣』」『古代王権の誕生』第 4 集（角川書店、2003 年）、「アイルランドにおける古典の伝承とケルト・イメージ」『今を生きるケルト』（英宝社、2007 年）ほか。

松下晴彦（まつした・はるひこ）［32］
法政大学経済学部・現代福祉学部・スポーツ健康学部兼任講師
専攻：18・19 世紀ハイランド史
主な著書：『スコットランド文化事典』（共著、原書房、2006 年）、『大人のためのスコットランド旅案内』（共著、彩流社、2015 年）、『スコットランドを知るための 65 章』（共著、明石書店、2015 年）、『ケルト文化事典』（共著、東京堂出版、2017 年）。

松田誠思（まつだ・せいし）［58］
神戸親和女子大学名誉教授
専攻：アイルランド文学・文化
主な訳書：『イェイツ戯曲集』（共訳、山口書店、1980 年）、『ユング　錬金術と無意識の心理学』（訳著、講談社、2002 年）、ロバート・J・リフトン『ヒロシマを生き抜く——精神史的考察』上・下（共訳、岩波書店、2009 年）ほか。

松村一男（まつむら・かずお）［33, 48, コラム 6］
和光大学表現学部教授
専攻：比較神話学、宗教史学
主な著書：『神話思考 I　自然と人間』（言叢社、2010 年）、『神話思考 II　地域と歴史』（言叢社、2014 年）、『図説　ケルトの歴史』［新装版］（共著、河出書房新社、2017 年）、『ケルト文化事典』（共著、東京堂出版、2017 年）。

主な著書：『英米文学に描かれた時代と社会』（共著、悠光堂、2017年）、『英国スパイ物語』（中央公論新社、2018年）、『スペイン現代史の旅』（人間社、2018年）、『書物の歴史』（共著、丸善出版、2018年）、『スペイン内戦（1936～39）と現代』（ぱる出版）。

＊木村正俊（きむら・まさとし）[1, 3, 6, 13, 18, 19, 21, 22, 23, 24, 26, 27, 28, 31, 34, 35, 42, 45, 47, 52, 54, 55 ,59, 64, コラム 1, 2, 4, 10]
編著者紹介を参照。

小泉　凡（こいずみ・ぼん）[コラム 8]
島根県立大学短期大学部教授
専攻：民俗学
主な著書：『民俗学者・小泉八雲』（恒文社、1995年）、『文学アルバム小泉八雲』（共編著、恒文社、2000年）、『八雲の五十四年――松江からみた人と文学』（共著、松江今井書店、2003年）、『怪談四代記――八雲のいたずら』（講談社、2014年）ほか。

立野晴子（たての・はるこ）[30, 46]
立正大学非常勤講師
専攻：19・20世紀イギリス文学、ケルト文化研究
主な著書：『スコットランド文学――その流れと本質』（共著、開文社出版、2011年）、『ディラン・トマス――海のように歌ったウェールズの詩人』（共著、彩流社、2015年）、『エリザベス・ボウエンを読む』（共著、音羽書房鶴見書店、2016年）。

田中美穂（たなか・みほ）[15]
大分工業高等専門学校准教授
専攻：中世アイルランド史
主な著書・訳書：『アイルランドの経験――植民・ナショナリズム・国際統合』（共著、法政大学出版局、2009年）、訳書：『オックスフォード　ブリテン諸島の歴史4　12・13世紀　1066年―1280年頃』（共訳、慶應義塾大学出版会、2012年）。

寺本圭佑（てらもと・けいすけ）[コラム 9]
アイリッシュ・ハープ奏者、研究者、製作者
専攻：音楽学
主な著書：『18世紀アイルランドにおけるハープ音楽――その興亡の資料的検証』（明治学院大学大学院、2010年）、『ケルト文化事典』（共著、東京堂出版、2017年）。

執筆者紹介（＊は編者、［　］は担当章、50音順）

石原孝哉（いしはら・こうさい）［37, 38］
駒澤大学名誉教授
専攻：ルネッサンス英文学
主な著書：『シェイクスピアと超自然』（南雲堂、1991年）、『イギリス文学の旅』Ⅰ、Ⅱ、（丸善ブックス、1995年、1996年）、『幽霊のいる英国史』（集英社新書、2003年）、『イギリス大聖堂・歴史の旅』（丸善ブックス、2005年）、『ロンドンを旅する60章』（共編著、明石書店、2012年）、『悪王リチャード三世の素顔』（丸善プラネット、2013年）。

市川　仁（いちかわ・ひとし）［14］
中央学院大学教授
専攻：イギリス文学
主な著書・訳書：『スコットランド文学　その流れと本質』（共著、開文社出版、2011年）、『英米文学に見る検閲と発禁』（共著、彩流社、2016年）、訳書：『D. H. ロレンス全詩集【完全版】』（共訳、彩流社、2011年）。

岡田昌子（おかだ・まさこ）［63］
ロイヤル・スコティッシュカントリーダンス協会公認教師、イラストレーター、絵本作家
主な著書：『Costume of Scotland』（フォークロア・インスティチュート、1977年、1999年改訂）、『スコットランド文化事典』（共著、原書房、2006年）、『イギリス文化事典』（共著、丸善出版、2014年）。

加藤昌弘（かとう・まさひろ）［5, 61, 62, 65］
名城大学人間学部助教
専攻：スコットランド現代史、メディア文化研究
主な著書：「オルタナティブ・メディアとしての「海賊ラジオ」――現代の地域主義とラジオ・フリー・スコットランド」、志村真幸編『異端者たちのイギリス』（共和国、2016年4月）、「現代スコットランドの独立問題における「国民文化」――「ひとつのスコットランド、たくさんの文化」の歴史的考察」『CALEDONIA』44（2016年9月）。

川成　洋（かわなり・よう）［10］
法政大学名誉教授
専攻：スペイン現代史、現代イギリス文学

◉ 編著者紹介

木村正俊（きむら・まさとし）
神奈川県立外語短期大学名誉教授
専攻：アイルランド文学、ケルト文化論
主な著書・訳書：『ケルト　生と死の変容』（共著、中央大学出版部、1996年）、『ケルト復興』（共著、中央大学出版部、2001年）、『ケルト　口承文化の水脈』（共著、中央大学出版部、2006年）、『スコットランド文化事典』（共編著、原書房、2006）、『スコットランドの歴史と文化』（共著、明石書店、2008年）、『文学都市エディンバラ──ゆかりの文学者たち』（編著、あるば書房、2009年）、『スコットランド文学──その流れと本質』（編著、開文社出版、2011年）、『ケルト人の歴史と文化』（原書房、2012年）、『イギリス文化事典』（共編著、丸善出版、2014年）、『アイルランド文学──その伝統と遺産』（編著、開文社出版、2014年）、『スコットランドを知るための65章』（編著、明石書店、2015年）、『ディラン・トマス　海のように歌ったウェールズの詩人』（共編著、彩流社、2015年）、『イギリスの歴史を知るための50章』（共著、明石書店、2016年）、『文学都市ダブリン──ゆかりの文学者たち』（編著、春風社、2017年）、『ケルト文化事典』（共編著、東京堂出版、2017年）、訳書：『ケルティック・テクストを巡る』（共訳、中央大学出版部、2013年）など。

エリア・スタディーズ　162
ケルトを知るための65章

2018年 2 月10日　初版第1刷発行

編著者　木　村　正　俊
発行者　大　江　道　雅
発行所　株式会社　明石書店
〒101-0021 東京都千代田区外神田6-9-5
電 話　03（5818）1171
FAX　03（5818）1174
振 替　00100-7-24505
http://www.akashi.co.jp
組　版　有限会社秋耕社
装　丁　明石書店デザイン室
印刷・製本　モリモト印刷株式会社

（定価はカバーに表示してあります）　ISBN978-4-7503-4613-7

エリア・スタディーズ

1 **現代アメリカ社会を知るための60章**
明石紀雄、川島浩平 編著

2 **イタリアを知るための62章【第2版】**
村上義和 編著

3 **イギリスを旅する35章**
辻野功 編著

4 **モンゴルを知るための65章【第2版】**
金岡秀郎 著

5 **パリ・フランスを知るための44章**
梅本洋一、大里俊晴、木下長宏 編著

6 **現代韓国を知るための60章【第2版】**
石坂浩一、福島みのり 編著

7 **オーストラリアを知るための58章【第3版】**
越智道雄 著

8 **現代中国を知るための44章【第5版】**
藤野彰、曽根康雄 編著

9 **ネパールを知るための60章**
日本ネパール協会 編

10 **アメリカの歴史を知るための63章【第3版】**
富田虎男、鵜月裕典、佐藤円 編著

11 **現代フィリピンを知るための61章【第2版】**
大野拓司、寺田勇文 編著

12 **ポルトガルを知るための55章【第2版】**
村上義和、池俊介 編著

13 **北欧を知るための43章**
武田龍夫 著

14 **ブラジルを知るための56章【第2版】**
アンジェロ・イシ 著

15 **ドイツを知るための60章**
早川東三、工藤幹巳 編著

16 **ポーランドを知るための60章**
渡辺克義 編著

17 **シンガポールを知るための65章【第4版】**
田村慶子 編著

18 **現代ドイツを知るための62章【第2版】**
浜本隆志、髙橋憲 編著

19 **ウィーン・オーストリアを知るための57章【第2版】**
広瀬佳一、今井顕 編著

20 **ハンガリーを知るための60章【第2版】** ドナウの宝石
羽場久美子 編著

21 **現代ロシアを知るための60章【第2版】**
下斗米伸夫、島田博 編著

22 **21世紀アメリカ社会を知るための67章**
明石紀雄 監修　赤尾千波、大類久恵、小塩和人、落合明子、川島浩平、高野泰 編

23 **スペインを知るための60章**
野々山真輝帆 著

24 **キューバを知るための52章**
後藤政子、樋口聡 編著

25 **カナダを知るための60章**
綾部恒雄、飯野正子 編著

26 **中央アジアを知るための60章【第2版】**
宇山智彦 編著

27 **チェコとスロヴァキアを知るための56章【第2版】**
薩摩秀登 編著

28 **現代ドイツの社会・文化を知るための48章**
田村光彰、村上和光、岩淵正明 編著

29 **インドを知るための50章**
重松伸司、三田昌彦 編著

30 **タイを知るための72章【第2版】**
綾部真雄 編著

31 **パキスタンを知るための60章**
広瀬崇子、山根聡、小田尚也 編著

32 **バングラデシュを知るための66章【第3版】**
大橋正明、村山真弓、日下部尚徳、安達淳哉 編著

33 **イギリスを知るための65章【第2版】**
近藤久雄、細川祐子、阿部美春 編著

エリア・スタディーズ

34 現代台湾を知るための60章【第2版】
亜洲奈みづほ 著

35 ペルーを知るための66章【第2版】
細谷広美 編著

36 マラウィを知るための45章【第2版】
栗田和明 著

37 コスタリカを知るための60章【第2版】
国本伊代 編著

38 チベットを知るための50章
石濱裕美子 編著

39 現代ベトナムを知るための60章【第2版】
今井昭夫、岩井美佐紀 編著

40 インドネシアを知るための50章
村井吉敬、佐伯奈津子 編著

41 エルサルバドル、ホンジュラス、ニカラグアを知るための45章
田中高 編著

42 パナマを知るための70章【第2版】
国本伊代 編著

43 イランを知るための65章
岡田恵美子、北原圭一、鈴木珠里 編著

44 アイルランドを知るための70章【第2版】
海老島均、山下理恵子 編著

45 メキシコを知るための60章
吉田栄人 編著

46 中国の暮らしと文化を知るための40章
東洋文化研究会 編

47 現代ブータンを知るための60章
平山修一 著

48 バルカンを知るための66章【第2版】
柴宜弘 編著

49 現代イタリアを知るための44章
村上義和 編著

50 アルゼンチンを知るための54章
アルベルト松本 著

51 ミクロネシアを知るための60章【第2版】
印東道子 編著

52 アメリカのヒスパニック＝ラティーノ社会を知るための55章
大泉光一、牛島万 編著

53 北朝鮮を知るための51章
石坂浩一 編著

54 ボリビアを知るための73章【第2版】
真鍋周三 編著

55 コーカサスを知るための60章
北川誠一、前田弘毅、廣瀬陽子、吉村貴之 編著

56 カンボジアを知るための62章【第2版】
上田広美、岡田知子 編著

57 エクアドルを知るための60章【第2版】
新木秀和 編著

58 タンザニアを知るための60章【第2版】
栗田和明、根本利通 編著

59 リビアを知るための60章
塩尻和子 著

60 東ティモールを知るための50章
山田満 編著

61 グアテマラを知るための65章
桜井三枝子 編著

62 オランダを知るための60章
長坂寿久 著

63 モロッコを知るための65章
私市正年、佐藤健太郎 編著

64 サウジアラビアを知るための63章【第2版】
中村覚 編著

65 韓国の歴史を知るための66章
金両基 編著

66 ルーマニアを知るための60章
六鹿茂夫 編著

エリア・スタディーズ

67 **現代インドを知るための60章**
広瀬崇子、近藤正規、井上恭子、南埜猛 編著

68 **エチオピアを知るための50章**
岡倉登志 編著

69 **フィンランドを知るための44章**
百瀬宏、石野裕子 編著

70 **ニュージーランドを知るための63章**
青柳まちこ 編著

71 **ベルギーを知るための52章**
小川秀樹 編著

72 **ケベックを知るための54章**
小畑精和、竹中豊 編著

73 **アルジェリアを知るための62章**
私市正年 編著

74 **アルメニアを知るための65章**
中島偉晴、メラニア・バグダサリヤン 編著

75 **スウェーデンを知るための60章**
村井誠人 編著

76 **デンマークを知るための68章**
村井誠人 編著

77 **最新ドイツ事情を知るための50章**
浜本隆志、柳原初樹 著

78 **セネガルとカーボベルデを知るための60章**
小川了 編著

79 **南アフリカを知るための60章**
峯陽一 編著

80 **エルサルバドルを知るための55章**
細野昭雄、田中高 編著

81 **チュニジアを知るための60章**
鷹木恵子 編著

82 **南太平洋を知るための58章** メラネシア ポリネシア
吉岡政德、石森大知 編著

83 **現代カナダを知るための57章**
飯野正子、竹中豊 編著

84 **現代フランス社会を知るための62章**
三浦信孝、西山教行 編著

85 **ラオスを知るための60章**
菊池陽子、鈴木玲子、阿部健一 編著

86 **パラグアイを知るための50章**
田島久歳、武田和久 編著

87 **中国の歴史を知るための60章**
並木頼壽、杉山文彦 編著

88 **スペインのガリシアを知るための50章**
坂東省次、桑原真夫、浅香武和 編著

89 **アラブ首長国連邦（UAE）を知るための60章**
細井長 編著

90 **コロンビアを知るための60章**
二村久則 編著

91 **現代メキシコを知るための60章**
国本伊代 編著

92 **ガーナを知るための47章**
高根務、山田肖子 編著

93 **ウガンダを知るための53章**
吉田昌夫、白石壮一郎 編著

94 **ケルトを旅する52章** イギリス・アイルランド
永田喜文 著

95 **トルコを知るための53章**
大村幸弘、永田雄三、内藤正典 編著

96 **イタリアを旅する24章**
内田俊秀 編著

97 **大統領選からアメリカを知るための57章**
越智道雄 著

98 **現代バスクを知るための50章**
萩尾生、吉田浩美 編著

99 **ボツワナを知るための52章**
池谷和信 編著

エリア・スタディーズ

100 **ロンドンを旅する60章**
川成洋、石原孝哉 編著

101 **ケニアを知るための55章**
松田素二、津田みわ 編著

102 **ニューヨークからアメリカを知るための76章**
越智道雄 著

103 **カリフォルニアからアメリカを知るための54章**
越智道雄 著

104 **イスラエルを知るための60章**
立山良司 編著

105 **グアム・サイパン・マリアナ諸島を知るための54章**
中山京子 編著

106 **中国のムスリムを知るための60章**
中国ムスリム研究会 編

107 **現代エジプトを知るための60章**
鈴木恵美 編著

108 **カーストから現代インドを知るための30章**
金基淑 編著

109 **カナダを旅する37章**
飯野正子、竹中豊 編著

110 **アンダルシアを知るための53章**
立石博高、塩見千加子 編著

111 **エストニアを知るための59章**
小森宏美 編著

112 **韓国の暮らしと文化を知るための70章**
舘野晳 編著

113 **現代インドネシアを知るための60章**
村井吉敬、佐伯奈津子、間瀬朋子 編著

114 **ハワイを知るための60章**
山本真鳥、山田亨 編著

115 **現代イラクを知るための60章**
酒井啓子、吉岡明子、山尾大 編著

116 **現代スペインを知るための60章**
坂東省次 編著

117 **スリランカを知るための58章**
杉本良男、高桑史子、鈴木晋介 編著

118 **マダガスカルを知るための62章**
飯田卓、深澤秀夫、森山工 編著

119 **新時代アメリカ社会を知るための60章**
明石紀雄 監修　大類久恵、落合明子、赤尾千波 編著

120 **現代アラブを知るための56章**
松本弘 編著

121 **クロアチアを知るための60章**
柴宜弘、石田信一 編著

122 **ドミニカ共和国を知るための60章**
国本伊代 編著

123 **シリア・レバノンを知るための64章**
黒木英充 編著

124 **EU（欧州連合）を知るための63章**
羽場久美子 編著

125 **ミャンマーを知るための60章**
田村克己、松田正彦 編著

126 **カタルーニャを知るための50章**
立石博高、奥野良知 編著

127 **ホンジュラスを知るための60章**
桜井三枝子、中原篤史 編著

128 **スイスを知るための60章**
スイス文学研究会 編

129 **東南アジアを知るための50章**
今井昭夫 編集代表　東京外国語大学東南アジア課程 編

130 **メソアメリカを知るための58章**
井上幸孝 編著

131 **マドリードとカスティーリャを知るための60章**
川成洋、下山静香 編著

132 **ノルウェーを知るための60章**
大島美穂、岡本健志 編著

エリア・スタディーズ

133 **現代モンゴルを知るための50章** 小長谷有紀、前川愛 編著
134 **カザフスタンを知るための60章** 宇山智彦、藤本透子 編著
135 **内モンゴルを知るための60章** ボルジギン・ブレンサイン 編著 赤坂恒明 編集協力
136 **スコットランドを知るための65章** 木村正俊 編著
137 **セルビアを知るための60章** 柴宜弘、山崎信一 編著
138 **マリを知るための58章** 竹沢尚一郎 編著
139 **ASEANを知るための50章** 黒柳米司、金子芳樹、吉野文雄 編著
140 **アイスランド・グリーンランド・北極を知るための65章** 小澤実、中丸禎子、高橋美野梨 編著
141 **ナミビアを知るための53章** 水野一晴、永原陽子 編著
142 **香港を知るための60章** 吉川雅之、倉田徹 編著
143 **タスマニアを旅する60章** 宮本忠 著

144 **パレスチナを知るための60章** 臼杵陽、鈴木啓之 編著
145 **ラトヴィアを知るための47章** 志摩園子 編著
146 **ニカラグアを知るための55章** 田中高 編著
147 **台湾を知るための60章** 赤松美和子、若松大祐 編著
148 **テュルクを知るための61章** 小松久男 編著
149 **アメリカ先住民を知るための62章** 阿部珠理 編著
150 **イギリスの歴史を知るための50章** 川成洋 編著
151 **ドイツの歴史を知るための50章** 森井裕一 編著
152 **ロシアの歴史を知るための50章** 下斗米伸夫 編著
153 **スペインの歴史を知るための50章** 立石博高、内村俊太 編著
154 **フィリピンを知るための64章** 大野拓司、鈴木伸隆、日下渉 編著

155 **バルト海を旅する40章** 7つの島の物語 小柏葉子 著
156 **カナダの歴史を知るための50章** 細川道久 編著
157 **カリブ海世界を知るための70章** 国本伊代 編著
158 **ベラルーシを知るための50章** 服部倫卓、越野剛 編著
159 **スロヴェニアを知るための60章** 柴宜弘、アンドレイ・ベケシュ、山崎信一 編著
160 **北京を知るための52章** 櫻井澄夫、人見豊、森田憲司 編著
161 **イタリアの歴史を知るための50章** 高橋進、村上義和 編著
162 **ケルトを知るための65章** 木村正俊 編著

——以下続刊

◎各巻2000円
（一部1800円）

〈価格は本体価格です〉